BusinessVillage

Brigitta C. Kemner

DAS WELLEN MUT PRINZIP

Den Höhen und Tiefen des Lebens frei und erfüllt begegnen

BusinessVillage

Brigitta C. Kemner
Das Wellenmut-Prinzip
Den Höhen und Tiefen des Lebens frei und erfüllt begegnen
1. Auflage 2017
© BusinessVillage GmbH, Göttingen

Bestellnummern
ISBN 978-3-86980-357-9 (Druckausgabe)
ISBN 978-3-86980-358-6 (E-Book, PDF)

Direktbezug www.BusinessVillage.de/bl/1004

Bezugs- und Verlagsanschrift
BusinessVillage GmbH
Reinhäuser Landstraße 22
37083 Göttingen
Telefon: +49 (0)5 51 20 99-1 00
Fax: +49 (0)5 51 20 99-1 05
E–Mail: info@businessvillage.de
Web: www.businessvillage.de

Layout und Satz
Sabine Kempke

Foto auf dem Umschlag
Sabine Kempke

Fotos im Buch
Ilona Voss, http://fotodesign-voss.com

Druck und Bindung
www.booksfactory.de

Copyrightvermerk
Das Werk einschließlich aller seiner Teile ist urheberrechtlich geschützt. Jede Verwertung außerhalb der engen Grenzen des Urheberrechtsgesetzes ist ohne Zustimmung des Verlages unzulässig und strafbar.
Das gilt insbesondere für Vervielfältigung, Übersetzung, Mikroverfilmung und die Einspeicherung und Verarbeitung in elektronischen Systemen.
Alle in diesem Buch enthaltenen Angaben, Ergebnisse und so weiter wurden von dem Autor nach bestem Wissen erstellt. Sie erfolgen ohne jegliche Verpflichtung oder Garantie des Verlages. Er übernimmt deshalb keinerlei Verantwortung und Haftung für etwa vorhandene Unrichtigkeiten.
Die Wiedergabe von Gebrauchsnamen, Handelsnamen, Warenbezeichnungen und so weiter in diesem Werk berechtigt auch ohne besondere Kennzeichnung nicht zu der Annahme, dass solche Namen im Sinne der Warenzeichen- und Markenschutz-Gesetzgebung als frei zu betrachten wären und daher von jedermann benutzt werden dürfen.

Inhaltsverzeichnis

Über die Autorin 7

Danksagung 8

Einleitung 9

1. Haben wir eine Chance? 17
   1.1 Bist du wellenMUTIG? 18
   1.2 Und plötzlich kam der Sturm 26
   1.3 Multitasking-Gesellschaft – Glück oder Fluch? 34
   1.4 Sind wir alle geisteskrank? Der große Irrtum 41
   1.5 Das Leben ist eine schöpferische Reise 46
   1.6 Ergreife deine Chance zur Selbsterfüllung 52

2. Aufwachen! Wo stehst du eigentlich? 55
   2.1 Mein persönlicher Tsunami 56
   2.2 Ist das, was du willst, auch das, was du brauchst? ... 60
   2.3 Die Geschichte von der perfekten Trauminsel 64
   2.4 Gefangen im Swimmingpool 68
   2.5 Das zu volle Gefäß 71
   2.6 Kernwert und Marktwert 73
   2.7 Was einen Freigeist ausmacht 81
   2.8 Die drei Ursachen für Leid – und wie leidest du? ... 84

3. Reisevorbereitungen 87
   3.1 Welche mentalen Gepäckstücke brauchst du? 88
   3.2 Auf welchen Ballast solltest du verzichten? 91
   3.3 Gewohnheiten und ihre Tücken 94
   3.4 Natürliche Reisebedingungen 96
   3.5 Deinen inneren Kompass verstehen 100
   3.6 Schutzimpfung: Spiritueller Materialismus 109

4. Die Reise zur Selbsterfüllung 115
   4.1   Selbstgewahrsein: Die Tiefe des Meeres erfassen 116
   4.2   Reisewoche 1 bis 4: Achtsamkeit entwickeln 120
   4.3   Reisewoche 5 bis 8: Kernselbstwertgefühl stärken 139
   4.4   Die Sache mit dem Glück 151
   4.5   Reisewoche 9 bis 12: Heilsame Wurzeln fördern
          und Leid auflösen 153
   4.6   So findest du dein Glück 165
   4.7   Endlich frei sein 167
   4.8   Reisewoche 13 bis 16: Qualitäten eines Freigeistes verankern .. 168
   4.9   Reisewoche 17 bis 20: Ziele erreichen und Sinn finden 178
   4.10 Reisewoche 21 bis 24: Selbstbalance als Erfolgsfaktor 200

5. Dein Reiseziel erreichen 239
   5.1   WellenMUT ist Lebendigkeit 240
   5.2   Seenot überwinden 240
   5.3   Innere Gesetze für wellenMUTIGEN Erfolg 242
   5.4   Der mittlere Pfad 246

Anhang 251
   Übersicht der wellenMUTIGEN Übungen 252
   WellenMUT Trainingsplan 253
   WellenMUT Dehnungs- und Mobilisationsübungen 254
   WellenMUTIGE Kräftigungsübungen 258
   WellenMUT Frühstücksmüsli 261
   WellenMUT Frühstücksidee: Vitalschüssel 262
   WellenMUT Frühstücksidee: Gemüserührei 263
   Gutes gegen Stress 264
   Happy Food 265
   Zweite Basis-Meditation: Liebende Güte 267
   Lesenswertes 269

Über die Autorin

Brigitta Christina Kemner ist Personal Coach und Business Coach und begleitet seit 2003 Führungskräfte, Unternehmer, Leistungsträger und Privatpersonen bei persönlichen und beruflichen Veränderungen. Ihre Schwerpunkte liegen in drei zentralen Bereichen des Menschseins: Selbstbalance und Lebenserfüllung, Menschenführung und Kommunikation.

Für die ehemalige Hochleistungssportlerin im Marathon stehen Bewusstheit und Präsenz im Mittelpunkt. Sie zeigt Menschen einen Ausweg aus dem Hamsterrad und ermöglicht Zugang zu innerer Freiheit, neuen Ressourcen und Potenzialen.

Gemäß ihrem Lebensmotto: »Neue Wege entstehen, indem wir sie gehen« hat Brigitta C. Kemner ein ganz eigenes und nachhaltiges Konzept für Veränderung entwickelt und möchte Menschen dazu bewegen, mehr Eigenverantwortung und Bewusstsein für sich selbst und das eigene Handeln zu entwickeln.

Sie berührt Menschen und bringt sie dazu, wach zu werden und innezuhalten.

Kontakt
info@brigitta-kemner.com
www.brigitta-kemner.com

Danksagung

Ein Buch ist niemals ein Alleingang, sondern kann nur durch bewusste und unbewusste Unterstützung von Menschen erschaffen werden. Durch dieses Buch habe ich die wundervolle Möglichkeit erhalten, ein großes Herzensprojekt zu verwirklichen. Deshalb möchte ich zunächst Danke sagen und die Menschen erwähnen, die mit dazu beigetragen haben, dass meine Worte dich als Leser berühren können.
Mein Buch ist gewachsen wie ein Baum, der irgendwann Früchte trägt.
Mein Dank gilt meinen Eltern, ohne die ich dieses Buch niemals hätte in die Welt bringen können. Ich danke meiner Familie und allen Wegbegleitern, die mich geprägt haben, mir gezeigt haben, was ich bin, was ich nicht bin, was ich sein möchte, und letztendlich alle auf ganz unterschiedliche Art Einfluss darauf hatten, dass ich meinen Weg gehe und diesen wundervollen Beruf ausübe, den ich gegen keinen anderen tauschen möchte. In diesem Buch stecken viele Jahre persönlicher Erfahrung, Erfahrung mit Klienten und Sammlung von Wissen. Ich bin allen meinen Lehrern, Klienten, Freunden, Seelenpartnern und Gefährten dankbar für Begegnung, Lehrstunden, Spiegelung, Liebe, Schmerz, Freude, Vertrauen, gemeinsamen Erfolg und Herausforderungen.
Damit ein Buch erscheinen kann, braucht es nicht nur den Autor, sondern auch die Menschen, die an ihn glauben, die Idee mittragen und ihm helfen.
Danke an den Verlag und das ganze Expertenteam für die konstruktive Zusammenarbeit. Ebenso möchte ich meiner PR-Agentin und meinem Designer danken, die mich mit fachlichem Rat, Kreativität und toller Arbeit unterstützt haben.
Und natürlich danke ich meinem Partner von Herzen für die Geduld, den guten Zuspruch und die Bereitschaft, mir den Freiraum zu geben, dieses Projekt zu verwirklichen.
Zum Schluss möchte ich meinen Labrador und Gefährten Skimmy erwähnen und ihm danken, da er das Buch durch seine natürliche Präsenz und seine bedingungslose Liebe in jeder Phase unterstützt hat.

Düsseldorf, den 31. August 2016

Einleitung

Es ist Zeit für eine Veränderung

Es ist Zeit für eine Veränderung. Nicht nur, weil wir vielleicht gerade persönlich in einer Krise oder in einer akuten Stresssituation stecken. Ich meine keine Reparaturmaßnahmen, sondern eine grundlegende Veränderung unseres Bewusstseins, mit dem wir uns selbst und unser Leben wahrnehmen. Ganz allgemein läuft etwas in die falsche Richtung, wenn wir die Menschen im Alltag um uns herum und uns selbst beobachten. Ich begleite seit vielen Jahren als Personal Coach und Business Coach Menschen in unterschiedlichen persönlichen und beruflichen Lebenssituationen und kann eins immer wieder feststellen: Wir sehnen uns nach Freiheit, Erfüllung, Wertschätzung und Liebe, aber wir erzeugen das Gegenteil: Leere und Unzufriedenheit! Natürlich erleben wir Glücksmomente und auch punktuelle Phasen der Entspannung, doch all das ist von kurzer Dauer, unerfüllend und wir sind gezwungen, ständig etwas Neues zu finden.

Wenn wir es schlau anstellen, haben wir uns sehr viel erarbeitet in dieser Gesellschaft, worüber wir glücklich sein können und was wir als erstrebenswert erachten. Die Oberfläche glänzt und beeindruckt. Wenn wir unsere Oberfläche mit der von vielen anderen Ländern vergleichen, schneiden wir verdammt gut ab. Wir sind gut darin, Leid zu verstecken und das Leben farbenfroh zu inszenieren. Doch wer *sind* wir hinter dem Wissen, Anstreben, Tun, Erreichen, Kämpfen, Abhetzen, Vergleichen, Verteidigen und Besitzen? Was bringen uns unsere Bemühungen um Erfolg, Sicherheit und Bestätigung wirklich?

Sind wir dauerhaft glücklich, gelassen und frei? Das können wir wohl keineswegs behaupten. Was haben wir falsch gemacht? Warum wollen sich Glück und Freiheit einfach nicht einstellen, obwohl wir uns so viel Mühe bei der Suche geben? Liegt es an den Wellen des Lebens, die uns immer wieder das Glück zerstören, das wir uns gerade aufgebaut hatten? Oder an den anderen Menschen, die uns Steine in den Weg legen? Ist unsere Vergangenheit schuld? Oder ist es die Gesundheit, die uns den Strich durch die Rechnung macht? Warum läuft das Leben nicht so, wie es laufen sollte? Wenn das Leben doch endlich damit aufhören würde, unsere Pläne zu durchkreuzen, und unseren Forderungen nachkommen würde!

Das Leben ist kein ruhiger Swimmingpool ohne Wellen und wird unseren Forderungen nicht gerecht. Ganz im Gegenteil – es hat seine eigenen Gesetze, die unser Verstand nicht begreifen kann. Unser Verstand kann die wunderschöne Ordnung des Universums nicht begreifen und meint, wir könnten diese natürlichen Gesetze eigenmächtig aushebeln. Der Verstand definiert sich nur durch die persönliche Vorstellung von sich selbst und seinem persönlichen Leben und begrenzt dadurch unser Bewusstsein auf die Größe eines Schuhkartons.

Und was tun wir? Wir folgen blind und unwissend unserem Verstand und bekommen die Quittung dafür. Wir wollen die Wellen nicht akzeptieren und vergrößern die Wellen noch. Äußerer Reichtum und innerer Hunger sind die Folge. Die selbst erzeugte Diskrepanz zwischen unseren wahren Bedürfnissen und ständiger Leistungsbereitschaft im Beruf ist meist groß und viele Menschen haben das Gefühl, dass eine Flut von großen Wellen täglich über sie hereinbricht. Es ist letztendlich ein fortdauernder Kampf, sich in den stressigen Wellen nicht zu verlieren oder gar unterzugehen. Wir warten vergeblich darauf, dass endlich Ruhe einkehrt und sich dauerhaftes Glück und Sicherheit ohne Tiefpunkte einstellt.

Immer mehr Menschen fühlen sich den Wellen des Alltags nicht gewachsen, verlieren positive Energie, Sinn, Gesundheit und Lebensfreude. Unser Konzept vom erfüllten Leben geht nicht auf. Wir werden zwar älter, aber werden wir auch glücklicher? Freiraum ist insbesondere in der sogenannten Erfolgswelt ein Luxuswort geworden oder erzeugt bei vielen Menschen ein schlechtes Gewissen. Der hektische Alltagslärm und unsere Betriebsamkeit schenken uns ein künstliches Gefühl von Lebendigkeit, was durch die Medien noch verstärkt wird. Wo wir auch hinsehen, gibt es Gelegenheiten, unser Ego zu bespaßen und vor der Begegnung mit unserem Kern zu flüchten. Doch wir bemerken es nicht und nennen es das Leben. Unter der attraktiven, geschönten, kontrollierten, prall gefüllten Oberfläche der Gesellschaft ist oft niemand zu Hause. Manchmal bröckelt es hier und da, doch das nennen wir einen »Ausreißer« in der glatten Lebensplanung.

Im Gespräch mit meinen Klienten höre ich nach einer gewissen Zeit der Selbstreflexion fast immer folgende Aussagen:

- Ich sehne mich nach Wertschätzung, tiefer und aufrichtiger Liebe.
- Ich fühle mich fremdgesteuert, durchgeplant und unfrei.
- Ich bin nicht mit mir in Balance und mir fehlt die Ruhe.
- Ich vernachlässige meine Bedürfnisse und meine Gesundheit.
- Mein Leben ist nicht so gelaufen, wie es sollte.
- Wenn ich ehrlich bin, bin ich nicht wirklich glücklich – auch wenn ich es eigentlich sein müsste.
- Ich bin innerlich nicht angekommen. Es macht sich eine Leere breit, wenn ich zur Ruhe komme. Das macht mich dann unruhig und ich flüchte davor.

Wir wissen, dass unsere Zeit verdammt kurz ist, und trotzdem gelingt es uns nicht, das zu leben und zu beschützen, was uns wirklich wichtig ist. Warum zerstört der Mensch sich so oft selbst und seine Umwelt noch dazu? Warum trennen wir uns von der Lebensintelligenz ab und bevorzugen provisorisches Glück?

Gibt es einen anderen Weg zu Erfüllung und Freiheit?

Warum dieses Buch?

Seit über fünfzehn Jahren beschäftige ich mich mit dem menschlichen Bewusstsein, Erfolg, Glück, Freiheit und dem Sinn unseres Lebens. Ich habe selbst große und kleine Wellen durchlebt und einen riesigen Sturm überstanden. Viele Menschen habe ich durch schwierige Zeiten begleitet und ihnen geholfen, ihre Ziele zu verwirklichen. Nichts Menschliches ist mir fremd und ich könnte allein mit menschlichen Schicksalen ein ganzes Buch füllen.

Ich kenne die Erfolgsprinzipien und Spiele der beruflichen Welt genauso wie die Konflikte und Herausforderungen in menschlichen Beziehungen, Familien, in der Sexualität, Erziehung, Gesundheit und im Leistungssport. Bis 2010 war ich Hochleistungssportlerin im Marathon und habe am eigenen Körper erfahren, wie viel Einfluss mentale Stärke, Lebensbalance, Selbstvertrauen und Energiekompetenz auf die Leistungsfähigkeit haben.

Auf der Suche nach Ansätzen zu einem sinnerfüllten Leben und effektiven Wegen der Konfliktlösung für meine Klienten habe ich neben meinem Studium und vielen Weiterbildungen intensiv die westlichen Ansätze der Psychologie, Gehirnforschung und Medizin hinterfragt. Dort habe ich zwar hilfreiche Ideen, jedoch keine zufriedenstellenden Antworten gefunden.

Erst durch eine andere Perspektive auf das Menschsein und ein neues Bewusstsein wurde es mir möglich, Antworten zu finden. Seit vielen Jahren integriere ich mit großem Erfolg die buddhistische Psychologie und Weisheitslehre in mein Coaching. Das Erschaffen eines neuen Bewusstseins ist dabei ein wesentlicher Schlüssel zu nachhaltigen, positiven Veränderungen. Immer wieder baten mich Klienten, diese wundervollen Prinzipien irgendwo niederzuschreiben. Mein Bestreben ist es, dieses Bewusstsein und die Werkzeuge dazu in unsere geschäftige Erfolgswelt hineinzutragen und Menschen so die Möglichkeit zu geben, vollkommen neue Ressourcen zu entdecken und das persönliche Potenzial vollkommen zu erkennen und zu nutzen. Ebenso ist es mir ein Anliegen, Menschen wachzurütteln und ihnen neue Wege zu Glück und Selbstbalance aufzuzeigen, indem ich diese Prinzipien in unsere westliche Denkweise integriere und mit Erfolgsmethoden verbinde, die uns bereits bekannt sind. Ja, es gibt auch in unserem Alltag einen gangbaren Weg zu Erfüllung und Freiheit!

So kam mir vor einigen Jahren die Idee, ein Buch zu schreiben und dort ein Prinzip aufzuzeigen, mit dem es jedem gelingen kann, seinen aktuellen Bewusstseinszustand zu verändern und dem Leben eine neue Richtung zu geben. Das Buch ist nicht nur erdacht, es ist vielmehr entstanden und hat sich nach und nach entwickelt. Doch das Wissen wäre nur halb so hilfreich, wenn das Erleben und Erkennen durch die eigene Praxis fehlen würde. Jede Übung in diesem Buch habe ich selbst ausprobiert und alles war auch Teil meiner eigenen Entwicklung. Das Prinzip, um das es in diesem Buch geht, integriere ich täglich in mein Coaching. Jede Aussage, die ich dort treffe, habe ich erfahren und immer wieder bestätigt bekommen. Ich vermittle dort keine bahnbrechend neuen Erkenntnisse oder liefere wissenschaftliche Studien und Beweise für den Verstand. Dazu gibt es ausreichend viele Bücher. Ebenso gibt es unzählige wertvolle Ratgeber zu Weisheit und Glück, in denen die Wahrheiten, die ich hier aufzeige, ähnlich beschrieben und benannt werden. Sollten sich deshalb gewisse Begrifflichkeiten mit anderen Büchern ähneln, so ist das unvermeidbar, weil es nicht um eine neue Erkenntnis oder meine persönliche Meinung geht, sondern um geistige Gesetze und Weisheitslehren.

WellenMUT ist aber noch mehr. Dieser Ratgeber legt Wert darauf, dass der Leser einen nachhaltigen emotionalen Zugang zu den Themen findet, Zusammenhänge wirklich versteht, die Prinzipien anwendet und erfährt. Deshalb beinhaltet das WellenMUT-Prinzip für den Leser eine persönliche Coachingreise zu sich selbst. Ein Buch lesen und interessante Informationen sammeln, bewegt lange noch keine Veränderung. Teilweise erzähle ich Geschichten aus meinem Coaching-Alltag und von Klienten. Natürlich sind die Namen und Themen zum Schutz der Privatsphäre leicht verändert.

Das Meer ist mein Lieblingsort und ich habe viele Ideen zum Buch am Meer gesammelt. Irgendwann erkannte ich die wunderbare Symbolik, die das Meer ausstrahlt: Das Leben ist wie der Ozean – es besteht aus einer unruhigen und vergänglichen Oberfläche und aus Tiefe. Viele Menschen bleiben an der Oberfläche und wenige dringen in die Tiefe vor.

WellenMUT wurde geboren.

WellenMUT begegnet den Begleiterscheinungen unserer westlichen Welt souverän und durchaus provokant. Egal, in welcher schwierigen Lebenssituation auch immer wir uns gerade befinden – wir können jetzt beginnen und uns befreien. Jeden Tag erschaffen wir uns neu. Das Leben ist ein Schöpfungsprozess und eine abenteuerliche Reise der Selbsterkenntnis. Das Buch begleitet diese Reise nach innen symbolisch als Reise durch den Ozean und bietet einen Leitfaden für den Aufbruch in eine neue, bewusste Sichtweise der alltäglichen Welt. Ich spreche den Leser mit »du« an, weil ich das Innerste des Menschen berühre: Seele, Herz, Geist. Es wäre wirkungslos, das Herz mit »Sie« anzusprechen.

Dieses Buch greift nicht nur einen Teilaspekt von Selbsterkenntnis auf, sondern schafft als ein Erfolgsratgeber der besonderen Art eine Verbindung der beiden Pole für Veränderungsansätze (Spiritualität und Verstandesaktivität). Da es um das Leben als Ganzes geht, kann eine wirksame Strategie weder nur ein Fragment wie den »denkenden Verstand« ansprechen, noch eine rein spirituelle Ausrichtung nach innen polarisieren und damit all unsere Probleme lösen. Selbsterfüllung und Freiheit gelingen uns nur durch die Verbindung zwischen dem, was wir aktuell im Außen als Alltagsverstand – oder Erfolgsintelligenz – kennen, und der Ausrichtung nach innen durch Selbstgewahrsein.

WellenMUT sorgt dafür, dass unsere Reise als Mensch uns wirklich zu uns selbst führt und uns das ermöglicht, was wir uns wünschen.

1.
Haben wir eine Chance?

1.1 Bist du wellenMUTIG?

Stell dir vor, du stehst auf einer großen Sanddüne und dein Blick wandert über das endlos weite blaue Meer vor dir. Der Himmel ist klar und blau. Hier und da sind ein paar Wolken zu sehen, die sich sanft vor die Sonne schieben.

Du beobachtest, dass das Meer bewegt ist – es steht niemals still, und immer wieder ist die Oberfläche von Wellen und Schaumkronen durchzogen. Dabei gleicht keine Welle der anderen. Eine fließt rhythmisch in die andere, alles ist in ständiger harmonischer Bewegung. Das unterschwellige, hypnotische Rauschen beruhigt deinen Geist und klingt trotz der Lautstärke mehr nach Stille als nach Lärm. Andächtig stehst du einfach nur da. Du bist eingefangen von den Naturgewalten und für einen kurzen Moment kommen deine Gedanken zum Schweigen.

So ein Naturerlebnis lässt uns ganz einfach spüren, dass wir kein Leben haben, sondern, dass wir Leben sind. Das Meer lässt dich eine Tiefe in dir spüren, die sich mit seiner verbindet. Zeit und Gedanken verschwinden und ein Wohlgefühl taucht in dir auf. Für einen Moment seid ihr eins – du und das Meer. Das gilt nicht nur für diesen Moment. Das Meer spiegelt unser Leben wunderbar wider und auch wir sind – ebenso wie das Meer – ein Teil der Schöpfung, ein Teil eines großen Plans.

Immerhin besteht unser Körper zu etwa 70 Prozent aus Wasser und alles in uns ist in Bewegung und verändert sich ständig. Auch unser Menschsein beinhaltet Oberfläche und Tiefe, Bewegung und Wellen – mal höher und mal tiefer. Doch was machen diese Wellen des Lebens mit dir? Setzen sie dich unter Stress, ängstigst du dich vor ihnen und hoffst du sehnsüchtig endlich auf ruhige See? Versuchst du, den Wellen zu entkommen oder sie zu kontrollieren? Ärgern sie dich, weil du nicht gut schwimmen kannst, und kosten sie dich deshalb enorme Energie?

Irgendwann stellst du fest, dass die ruhige See eine Momentaufnahme ist, die, wenn überhaupt, nur während einer ruhigen Pause vor dem nächsten Wellengang kurz erreicht wird. Es bleibt dir gar nichts anderes übrig, als den Wellen zu begegnen. Wellen sind Teil unserer Selbsterfahrung – nicht weil wir etwas falsch gemacht haben, sondern weil es so sein muss, damit diese Selbsterfahrung überhaupt erst möglich ist.

> **WellenMUTIGE Menschen erfahren Wellen jedoch nie als Opfer, sondern als kreative Gestalter ihres Lebens. Sie leben mit den Wellen und haben in sich die notwendige Einsicht, Ruhe und Stärke gefunden, um ihnen frei und erfüllt zu begegnen.**

WellenMUT fällt uns nicht leicht, obwohl er eigentlich eine natürliche Fähigkeit verkörpert, die tief in uns verankert ist. Wir brauchen diese Fähigkeit nicht aufzubauen – nur zu aktivieren, zu befreien und uns an sie zu erinnern. Leider haben wir aber aufgrund unserer Alltagsprägung oft keinen Zugang zu diesem völlig natürlichen Selbstbewusstsein und müssen uns überwinden und immer wieder aufs Neue üben, unsere selbst erbauten Hindernisse wieder abzubauen.

> **Wer wellenMUTIG ist, ist aufgewacht, hat sich selbst erkannt und hat seine Freiheit, Genialität und Größe in Oberfläche und Tiefe des Wellenmeeres erkannt.**
>
> **Der WellenMUTIGE ist voller Zuversicht und Lebendigkeit. Es ist eine bewusste Wahl, frei und voller Freude zu leben und nicht Sklave von Erwartungen, äußeren Umständen, Ängsten, Unruhe und Unzufriedenheit zu sein.**

Nirgendwo steht geschrieben, dass es unser Geburtsrecht ist, es immer angenehm und bequem zu haben. So funktioniert das Leben nicht. Die Welt wird sich nicht unseren Ansprüchen, Vorstellungen und Bedürfnissen gemäß fügen und anpassen. Wenn wir jedoch unsere innere Haltung dazu ändern, ändert sich plötzlich alles, weil wir beginnen, die Welt zu verstehen und uns als Teil von ihr wahrzunehmen.

Wenn du wellenMUTIG bist, wählst du, wie du die Welt sehen willst, und fließt mit den Wellen, anstatt gegen sie anzukämpfen. Dir ist bewusst geworden, dass es Unheil bringt, dein Konzept vom Leben höher zu bewerten als das Leben selbst, und deshalb bist du bereit, dich jeden Tag neu zu erfahren.

Wie klingt das für dich? Was geht jetzt in dir vor? Bist du neugierig geworden? Skeptisch? Fragst du dich vielleicht, wo der Unterschied zu den anderen unzähligen Ratgebern für Erfolg und Glück liegt? Es gibt einen! Doch den gilt es zu erleben und es hilft dir nicht, wenn ich versuche, ihn dir verstandesgemäß in Worten perfekt auf dem Tablett zu servieren, da dein Verstand die Dimension dieser Reise nicht erfassen kann.

Es geht in diesem Buch nicht wirklich um Wissen, Meinung oder Glauben, sondern um Selbsterkenntnis der Wahrheit im eigenen Erleben. Das nennt man Weisheit. Eine innere Neuausrichtung oder Verwandlung erzeugt ganz von selbst neues Verhalten und plötzlich geschehen erstaunliche Dinge in deinem Leben. Alle Veränderungen sind kosmetisch, solange sie nicht auf einer Veränderung deines Bewusstseins basieren. Es ist einfach, aber nicht leicht, dort hinzugelangen, denn WellenMUT fordert dich zu einer Reise in eine bisher größtenteils unbekannte innere Welt auf. Du wirst dich spürbar verändern und du wirst nie wieder in den Bewusstseinszustand zurückkehren, den du jetzt hast. Nicht nur du selbst, sondern ebenfalls andere Menschen werden diese Veränderung bemerken. So ein intensives Rendezvous mit dir selbst fordert dich ganz schön heraus, deshalb flüchten ja auch so viele Menschen vor sich selbst. Daran verdient unsere Unterhaltungsindustrie Milliarden. WellenMUT begleitet dich bei diesem Abenteuer. Ohne Mut zum Unbekannten ist das Leben bloß ein Sammelbecken von Kindheitsprägungen, alten Erinnerungen, Gewohnheiten und Projektionen – die Komfortzone lässt grüßen. Wählst du das Sammelbecken oder Freiheit?

Vielleicht bist du es ja leid, darauf zu warten, dass etwas im Außen anders wird, das nicht anders werden kann, und möchtest jetzt und hier mit dieser inneren Reise beginnen? Es kann die wichtigste Entscheidung deines Lebens und ein zentraler Wendepunkt sein.

Die WellenMUTIGE hat eingesehen, dass nur der Blick nach innen Erfüllung bringen kann.

Glück, Ruhe und Freiheit anderswo als dort zu suchen ist nämlich vergleichbar damit, am Bahnhof stundenlang auf einen Freund zu warten, obwohl er mit dem Flugzeug anreist. Ihr werdet euch niemals finden. Wir wollen Glück, Gelassenheit und Frieden und erzeugen täglich das Gegenteil, weil wir gar nicht dort sind, wo wir es finden können.

Du und ich, wir beide sollen uns treffen – in diesem Buch. Es gibt einen Grund, warum es jetzt und auf genau diese Weise geschieht, denn nichts passiert einfach so ohne Sinn. Meistens erkennen wir diesen Sinn jedoch nicht sofort, sondern erst in der Rückwärtsbetrachtung. Was war dein Beweggrund, dieses Buch zu kaufen? Was war deine Motivation? Falls du es zufällig in die Hand genommen und gekauft hast, vergiss auch diese Vorstellung: Es gibt keine sinnlosen Zufälle. Das, was dir zufällt, ist für dich bestimmt. Ganz sicher gibt es etwas, das dich in deinem Leben beschäftigt! Du bist an einem Punkt in deinem Leben angekommen, an dem du etwas anders machen möchtest als bisher. Ganz sicher hättest du sonst nicht zu dieser Lektüre gegriffen.

Das, was du bisher gemacht hast in deinem Leben, hilft dir vielleicht nicht in deinen Kernfragen weiter, erfüllt dich nicht wirklich oder lässt dir keine Freiheit? Du wünschst dir mehr Raum für dich selbst, andere Wahlmöglichkeiten, mehr innere Unabhängigkeit und Stärke, mehr Ruhe oder mehr Berührung in deinem Herzen? Vielleicht fragst du dich aber auch, wie du bei all den täglichen Anforderungen deine Balance halten kannst, ohne unterzugehen? Eine sehr gute Frage! Oder du nimmst dieses Buch zur Hand, weil du gerade in einer schwierigen oder verfahrenen Lebenssituation steckst und nicht mehr weiterweißt? Du kannst dir vielleicht aktuell nicht vorstellen, dass es jemals wieder besser und glücklicher laufen kann für dich. Du bist richtig hier. Möglicherweise hat dich auch einfach der Titel neugierig gemacht und du erhoffst dir neuen Input, weil du an Entwicklung interessiert bist.

Letztendlich will jeder von uns im Leben glücklich sein, stark, gelassen, frei und voller guter Energie. Doch wie gelingt uns das im bewegten Wellenmeer? Schritt für Schritt wirst du während unserer gemeinsamen Reise wellenMUTIG werden und die Fähigkeit erwerben, den Ozean deines Lebens in seiner Oberfläche und Tiefe zu erfassen und dich ihm angstfrei hinzugeben durch ein neues Ich-Bewusstsein!

Solltest du zunächst mit Begriffen wie »Ich-Bewusstsein«, »innere Neuausrichtung«, »Selbsterkenntnis«, »Selbstgewahrsein« oder »Präsenz« deine Schwierigkeiten haben, dann lies trotzdem weiter und versuche, kein Urteil zu fällen. Durch eigene Erfahrungen wirst du demnächst die Gewissheit erhalten, dass dieses Prinzip genau dort wirksam ist, wo du es brauchst. Ich kann deine Zweifel verstehen, denn diese Worte sind dem Verstand suspekt und werden häufig missinterpretiert. Keine Sorge, es geht hier nicht um irgendwelchen pseudoesoterischen, alltagsfremden Kram, sondern um die Wahrheit über dich und deine Verantwortung dir selbst gegenüber – es geht also um reine Selbstfürsorge. Es warten irgendwann große Wellen auf jeden von uns – weitere Wellen erzeugen wir selbst, wenn wir unbewusst sind: Stress, Grübeln, Selbstzweifel, Ärger, Angst, Neid, Widerstand, Ablehnung, Hass, Einsamkeit, Leid.

Wer sich damit nicht beschäftigt, der wird niemals die wirkliche Dimension und Fülle seines Seins und sein riesiges Potenzial erfassen – und am Ende leer ausgehen. Nur ein reifer und achtsamer Geist kann klar sehen, sich ausweiten und Sinn finden. Wie viele Ratgeber hast du schon gelesen? Das Richtige wissen, ist leicht, das Richtige tun, nicht! Viele Menschen unterliegen dem Selbstoptimierungszwang, der uns allerdings dazu bringt, einen Irrweg einzuschlagen. Wir hetzen uns für unsere Idealvorstellung von uns selbst ab oder für die Erwartungshaltung anderer – letztendlich eine Luftblase, die von heute auf morgen zerplatzen kann.

WellenMUT verfolgt kein verklärtes Ideal – es geht darum, innerlich zu Hause anzukommen, ehrliche und wertvolle Beziehungen zu gestalten, die Anforderungen des Alltags mit Ruhe und Gelassenheit zu erledigen und in allem einen Sinn zu finden.

Also keine Flucht vor dem Leben, sondern Zuwendung. Diese beginnt bei dir selbst, in deinem Haus, bei deinem Umgang mit den Mitmenschen um dich herum und auf deiner Arbeitsstelle. Selbstgewahrsein ist allgegenwärtig.

Wie intensiv sich diese Veränderung in dir manifestieren wird, ist einzig und allein von der Intensität deines Übens und deinem klaren Fokus abhängig. Es ist ähnlich, als würdest du eine Fremdsprache erlernen. Jeder kann wellenMUTIG werden, da wir diesen Mut automatisch in uns tragen. Es geht nur darum, den Nebel aufzulösen, den wir ihm innerlich entgegengesetzt haben.

Woran wirst du WellenMUT erkennen?
Dein ruhiger und gelassener Geist schenkt dir täglich ein Gefühl von Zufriedenheit und Freiheit. Du kannst fundamentale Freude aus dir selbst schöpfen und bist nicht mehr abhängig von Menschen oder Auslösern, die du als »gut« oder »schlecht« bewertest.
Du kannst deinen täglichen Aufgaben viel besser und effektiver nachgehen, weil du deine Energie und Aufmerksamkeit achtsam konzentrieren und bündeln kannst und nicht mehr sinnlos verschwendest. Du bist nicht mehr Opfer deiner Gedanken, Prägungen, Ängste, Bewertungen und Vergleiche, sondern erschaffst deine Erfahrungen bewusst: Du agierst, anstatt zu reagieren. Plötzlich erkennst du, dass du immer eine Wahl hast.
Die Fähigkeit deines Herzens ist gewachsen: Du schaffst Frieden in dir und anderen. Dein Herz schenkt dir eine Kraft und Wirkung, die du vorher nicht erahnen konntest. Deshalb kannst du unangenehme Situationen ohne Kampf, Widerstand, Ablehnung, Wut, Panik, Drama und Ärger annehmen und meistern.
Du fühlst eine innere Stärke und strahlst diese aus, deine Selbstzweifel haben ein Ende gefunden: Du gestaltest und entscheidest, anstatt zu kämpfen, zerrissen zu sein und dich ständig zu rechtfertigen.
Du kannst dein volles Potenzial nutzen und nicht nur einen Bruchteil davon: Dein Energielevel ist enorm gestiegen. Du hast gelernt loszulassen und Wandel zu akzeptieren, anstatt an etwas anzuhaften, was sich verändert.
Du scheust dich nicht davor, zu deinen Bedürfnissen und Gefühlen zu stehen, klare Worte zu finden und Taten folgen zu lassen, weil du weißt, dass es dich befreit.
Du erlebst deinen Alltag und deine Beziehungen gegenwärtig, klar, erfüllend und lebendig. Du vertraust auf das Leben und darauf, dass du geschützt bist, anstatt ständig zu kontrollieren, zu grübeln, zu misstrauen oder zu planen.
Du spürst dich und fühlst dich in deinem Körper wohl.

Hast du jetzt Lust, wellenMUTIG zu werden? Du kannst natürlich auch noch eine Menge anderer Bücher lesen, Erfahrungen machen und weitere Experten studieren, oder deine Themen an der Wurzel packen, denn die Wurzel ist dein Ich-Bewusstsein. Der Mensch ist absolut veränderlich! Schon während des Lesens wirst du spüren, dass in deinem Leben etwas anders läuft als vorher. Vorher hast du dir das immer wieder vorgenommen – jetzt bist du bereits die Veränderung, die du dir wünschst.

Du spürst immer noch Skepsis oder Widerstand? Solche Bedenken sind häufig Angst vor Erkenntnis. Das ist menschlich. Wie oft haben wir Vorurteile und stehen uns dadurch selbst im Weg, weil wir Urteilen mit Erleben verwechseln. Doch es ist deine Wahl, ob du darin verharren möchtest und dir von vornherein eine Möglichkeit versperrst, oder ob du dich einlässt. Glaubst du, dass du dich einlassen kannst oder zumindest deine Grenze in Bezug darauf ein klein wenig verschieben könntest?

1.2 Und plötzlich kam der Sturm

Mir ist im Leben immer wieder bewusst geworden, dass gerade die Menschen mit einer Geschichte – also die, die etwas erlebt haben, was sie besonders geprägt, geläutert oder verändert hat – etwas Außergewöhnliches gestalten, einen besonderen Antrieb haben und eine Stärke und Energie ausstrahlen, die andere in ihren Bann zieht. Hast du auch schon erlebt, dass viele Menschen mit einer Einschränkung oder einem Schicksalsschlag eine Lebenseinstellung verkörpern, von der wir alle etwas lernen können? Sie alle hatten nur zwei Möglichkeiten, damit umzugehen: Akzeptanz oder Niedergang. Und diese Akzeptanz hat sie heilsam verwandelt und verzaubert. Ich nenne dieses Phänomen das »Warum«. Man spürt instinktiv, dass diese Menschen durch ein Tal der Erkenntnis gegangen sind und dadurch ein neues Ich-Bewusstsein erreicht haben. Jede und jeder dieser Frauen und Männer hat irgendwann erkannt, dass der »Sturm« keine Tragödie ohne Ausweg ist, sondern die Hürde zu einem großen persönlichen Entwicklungsschritt.

Wir alle werden im Laufe des Lebens mit einem größeren oder kleineren Warum konfrontiert. Jedes tief schmerzhafte Gefühl bringt unsere Seele der Erfahrung von sich selbst näher als alles andere. Plötzlich öffnet sich dort ein innerer Raum und es entsteht eine Empfindsamkeit, die vorher nicht spürbar war. Die Frage ist, was wir daraus machen und wie wir es nutzen. Ist es ein Anstoß, der nach einer kurzen Zeit des Leidensdrucks wieder verpufft, oder ist es unser persönlicher Weckruf zu einer Reise? Schon Laotse hat das wunderbar in einem Zitat ausgedrückt: »Was die Raupe das Ende nennt, das nennt der Rest der Welt einen Schmetterling.« Wir alle sterben einen kleinen Tod, wenn wir ein Warum erleben. Letztendlich ist es eine Metamorphose zu einer höheren Ebene der Entwicklung.

Ich möchte dir von meinem Warum erzählen: Der Startpunkt meines Weckrufs war vor neun Jahren. Damals war ich der festen Überzeugung, dass ich sattelfest und selbstbewusst im Leben stehe und alles gut läuft für mich. Mit meinem positiven Denken, einer lösungsorientierten und proaktiven Grundhaltung, dem Wissen aufgrund meiner Ausbildung und meiner bewussten Selbstreflexion hatte ich mir ein Gefühl von Stabilität und Zufriedenheit geschaffen. Immerhin hatte ich mich schon seit meinem fünfzehnten Lebensjahr aus persönlichem Interesse mit Persönlichkeitsentwicklung beschäftigt und viel gelernt. Ich fühlte mich gut aufgestellt, voller Power, hatte viele Ziele und befand mich in einer sehr glücklichen Beziehung mit meiner großen Liebe. Wir lebten ein tolles Leben. Da hatten sich zwei passende Puzzleteilchen gefunden, die gefühlt wie aus einem Holz geschnitzt waren und spürten, dass sie zusammen die Welt erobern wollten. Wir schmiedeten gemeinsam Pläne und Visionen. Ich liebte ihn mehr als alles auf der Welt und war sehr dankbar für dieses große Glück.

Unsere Verbindung war so entstanden, wie man sich eine Krankheit einfängt: plötzlich, heftig und intensiv. Beide waren wir so verzaubert voneinander, dass wir sofort zusammen leben wollten. Ich zog nach zwei Tagen zu ihm, gab mein gewohntes Umfeld auf und pendelte von meinem neuen Wohnort täglich siebzig Kilometer hin und zurück zu meiner Praxis. Nichts war mir zu viel oder schien unmöglich für diese Beziehung. Ich gab mein ganzes Herz und alles, was ich hatte und was in mir war. Es fühlte sich von der ersten Sekunde so an, als ob wir nie getrennt gewesen wären.

Hast du schon einmal eine Seelenverwandtschaft erlebt? Ich bis zu diesem Zeitpunkt auch nicht: *»Wie zwei Magnete, die sich zufällig in der richtigen Ausrichtung begegnet sind und bei denen die Anziehungskraft leichtes Spiel hatte und der Zustand des Eng-aneinander-Liegens völlig natürlich ist ..., während jeder Millimeter Abstand unverhältnismäßig viel Kraft kostet«*.

Ich hatte mir niemals erträumt, dass es so eine Beziehung geben konnte: eine Verbindung als Freunde, Partner und Geliebte! Es fühlte sich so passend und füreinander bestimmt an, dass ich mich völlig einließ und mich privat vollkommen auf diese Beziehung konzentrierte. Heute würde ich sagen: Ich verlor mich aus den Augen, weil ich nur noch Augen für ihn und seine Bedürfnisse hatte. In der Tat können meine Worte dir hier nur Hinweise geben und werden dieser besonderen Verbindung nicht gerecht. Doch möglicherweise hast du so etwas selbst schon einmal erlebt oder kannst dir vorstellen, wie besonders es ist. Aus anderen Beziehungen kannte ich den Unterschied und wusste auch, dass es hier nicht um die verklärte rosarote Brille des Anfangs ging, sondern um ein besonderes Geschenk, das wir da in den Händen hielten. Ich war überzeugt: Diese Liebe wird für immer halten! Und das tat sie – ganze vier Jahre! Dann riss mir plötzlich ein riesiger Sturm den Boden unter den Füßen weg.

Da stand ich nun – mein bisheriges Leben lag in Scherben vor mir. Alles, worauf ich gebaut hatte, verschwand. Das Unwetter brach hart, unnachgiebig und unbarmherzig über mich herein, und ich konnte mich nicht darauf vorbereiten. Mein Glaube an die Liebe zerbrach, mein Herz zerbrach, mein Selbstbewusstsein, mein Vertrauen, meine Zukunftsvorstellungen, Träume und Ziele wurden weggespült – der Boden löste sich auf, und ich fühlte mich wie im freien Fall. Jede Hoffnung, Tröstung und Perspektive löste sich auf. Ich starb einen Tod und konnte mich nicht auffangen ... War geschockt, überfordert, verzweifelt, ratlos, voller Schmerz. Es wurde von heute auf morgen stockfinster um mich.

Kannst du dir vorstellen, wie es ist, wenn du deine große Liebe dabei erwischst, wie sie dich und sich selbst vorsätzlich betrügt und dir dabei gleichzeitig in die Augen sieht und du pure Liebe spürst? Leider ging es nicht nur um den Betrug, den hätten wir überwinden können. Es ging um etwas, das viel tiefer lag und sich letztendlich nur in diesem Verhalten äußerte und äußern musste.

Ich flehte ihn an und wollte mit ihm zusammen dieses Hindernis überwinden. Doch er ließ mich, nach außen hin eiskalt, die Wohnung verlassen und konnte nicht mehr mit mir leben. Er verzog keine Miene und war wie versteinert – eine dicke Mauer war um sein Herz gezogen und es gab kein Durchkommen mehr. Ich nahm nichts mit außer meiner Kleidung und der schwarzen niedlichen Fellkugel mit den braunen Knopfaugen – meinem treuen schwarzen Labrador Skimmy. Wir hatten ihn uns zusammen gekauft. Da saß ich nun in meinem Geländewagen mit dem Hund auf dem Schoß und den zwölf riesigen Müllsäcken voller Kleidung im Kofferraum. Ich fuhr zu meiner Praxis und blieb die ganze Nacht im Auto sitzen und starrte durch die Frontscheibe in die Dunkelheit.

Ich wusste weder, was plötzlich passiert war, noch, wo ich hingehörte, was zu tun war, wohin ich gehen sollte oder was werden sollte. Es war die bisher größte Verletzung meines Lebens von dem Menschen, den ich am meisten liebte. Einsamkeit, Leid, Leere und Wehmut folgten. Es war, als ob ein Teil von mir herausgerissen wurde.

Der große Verlust und die Frage nach dem Warum blieben im Herzen und nahmen mir die Kraft. Jeder Schritt, jede Nacht, jeder Morgen, jeder Tag, jede Woche waren ohne Unterlass davon geprägt. Das Unwetter wollte nicht aufhören und nichts, was ich bisher an Werkzeugen und Ressourcen zum Umgang mit Konflikten kannte, half. Ich konnte nicht begreifen und verarbeiten, wie er plötzlich die Beziehung beendete und mich betrog, weil ich, wie er sagte, »nicht vertrauenswürdig« sei, und er mir gleichzeitig versicherte, dass ich seine große Liebe sei und er alles genauso intensiv und schön erlebt hatte wie ich. Niemals hatte ich ihm auch nur einen leisen Grund für Misstrauen gegeben oder auch nur in Gedanken an jemand anderen gedacht. Seine Erklärungen waren so widersprüchlich und fernab der Wahrheit, dass ich mich unendlich verletzt, verurteilt und ungerecht behandelt fühlte. Es läge auf der Hand, zu sagen, dass ich mir diesen Mann oder diese Beziehung wohl einfach nur schöngeredet hatte – doch dem war nicht so.

Es gab keinerlei Anzeichen während unserer vierjährigen Beziehung, die darauf hindeuteten. Uns verband eine tiefe Kommunikation und starke Verbindung wie zwei Gefährten. Leider hatte er aber nie über seine großen Ängste und seine innere Zerrissenheit sprechen können, die nach und nach in ihm aufkamen. Mir trat täglich ein intelligenter, leidenschaftlicher, souveräner, attraktiver, erfolgreicher und gedanklich reflektierter Mann entgegen. Und ich konnte es nicht kommen sehen.

Der große Sturm war der Weckruf zu meiner eigenen Reise. Es war alles vorbei, und ich hatte die Wahl, mich zu verlieren oder mich wieder zu suchen und neu zu finden. Nach einem dreijährigen Prozess des Loslassens und der Läuterung wurde mir bewusst, was in ihm geschehen war, und was ich nicht mitbekommen hatte. Ich gewann große Klarheit und Einsicht. Über Bindungsangst und Angst vor Nähe hatte ich zwar theoretisch viel gelernt, sie aber niemals in dieser Ausprägung erfahren. Für mich funktionierte nur der Weg durch das Unwetter hindurch. Ich musste mich der Dauer und den einzelnen Phasen dieser inneren Reise mit allen ihren verschlungenen Pfaden hingeben und mich in Geduld, Akzeptanz und Demut üben.

Wenn zwei Menschen das große Geschenk einer so intensiven Liebe erhalten, löst das bei manchen eine große innere Angst aus und sie wehren sich gegen dieses Geschenk, weil sie die Kontrolle über ihre Gefühle verlieren. Plötzlich durchleuchtet diese Liebe jede Stelle des Inneren und sie müssen sich zeigen – sich selbst begegnen und aus ihrem inneren Versteck der äußeren Souveränität kommen. Das Ego fühlt sich davon extrem bedroht, konzentriert sich voller Panik auf handhabbare Probleme und verschanzt sich. Es ist ein Abwehrmechanismus, der unser Ego davor schützt, sich klein zu fühlen und verletzbar zu sein. Diese Menschen müssen dann die Trennung herbeiführen und eine neue, unerfüllte, distanzierte Partnerschaft wählen, weil diese Beziehung kontrollierbar ist und dem Ego keine Angst macht. Die Tarnung funktioniert wieder und die Angst verschwindet, was diese Menschen im Glauben lässt, dass das Verhalten der anderen Person tatsächlich der Auslöser für diese heftige Reaktion gewesen ist. Die Schutzmauer wird gezogen und bleibt bestehen. Gleichzeitig bleibt die Sehnsucht nach dieser Liebe bestehen und die Zerrissenheit wird größer und größer.

Es war für mich sehr schwer zu akzeptieren, dass meine Nähe und Liebe diese Angst nicht auflösen konnten, sondern sogar noch verstärkten. Verbundenheit und Intimität stellten für ihn keine Stärkung dar, sondern führten mehr und mehr zu Misstrauen und Zweifel. Seine Angst blockierte alle positiven Gefühle. Er reagierte mit Rückzug und beschloss unbewusst, mich als externen Verursacher der Angst mit einer nachvollziehbaren Begründung zu sehen, um sich den wahren Gründen in sich selbst nicht stellen zu müssen. Sein Ego konnte sich so aus der Schusslinie ziehen und alle verborgenen Gefühle und blinden Stellen wurden verdrängt. Wenn du schon einmal versucht hast, mit jemandem in einer erfüllten Beziehung zu sein, der stark narzisstische Tendenzen hat, dann weißt du, was ich meine.

Kannst du durch meine Beschreibung nachvollziehen, was geschah? Für mich hat es lange gedauert, bis ich es wirklich klar verstanden und dann viel später emotional auch akzeptiert hatte: »Du verlierst deine große Liebe, weil sie Angst vor Verletzung und Kontrollverlust hat und dir deshalb nicht vertraut, obwohl du niemals etwas hättest tun können, was sie verletzt«. Deine Beziehung scheitert, weil sie zu passend und intensiv ist, und jeder Einsatz oder Kampf für diese Liebe schürt die Angst auf der anderen Seite. Das ist verdammt hart!

Es gibt also Menschen, für die eine intime Liebe alles ist, was sie sich je gewünscht haben, und wenn sie dann da ist, bekommen sie Panik davor und Angst, sich selbst zu verlieren, weil sie keine innere Tiefe spüren können, die dieses Gefühl der Nähe auffangen kann. Nähe wird bedrohlich, weil sie innere Leere entblößt. Untreue verhindert weitere Nähe und schafft Distanz. So brauchen diese Menschen der Angst nicht mehr zu begegnen. Angst wird mit dem Begriff »Freiheit« getarnt. Dabei würde gerade in der Überwindung der Angst die wahre Freiheit liegen. Der innere Krieg, den er oder sie als Unabhängigkeit tarnt, würde endlich beendet, weil Gefühle von Enge und Misstrauen sich auflösen könnten. Echte Bindung führt zu Freiheit und Befreiung, denn sie beruht auf der freien Wahl, sich zu öffnen und hinzugeben. Wer liebt, ist verletzbar und vertraut trotzdem.

Ich nenne dieses Phänomen »Emotionales Nomadentum«: Beziehungen scheitern aus der Angst heraus, die »Unabhängigkeit« zu verlieren, und zerschellen zwischen dem Wunsch nach Bindung und Nähe und der Erwartung, einen Partner zu finden, der keine Angst auslöst.

Diese Strategie verhindert zwar das Angstgefühl, steht jedoch gleichzeitig einer erfüllenden Partnerschaft im Wege und führt zu großer Einsamkeit und Unzufriedenheit. Leider kommt das heutzutage in unserer egoorientierten Gesellschaft nicht selten vor.

Falls der Begriff »Ego« dir hier noch etwas unklar ist, macht das nichts, denn wir werden uns im weiteren Verlauf des Buches an sehr zentralen Stellen deiner Reise mit dem Ego näher beschäftigen.

Rückblickend bin ich dankbar für diese Erfahrung und habe sie als Tor zu mir selbst genutzt. Ich habe gelernt, dass Begegnungen immer ihre Zeit, eine tiefere Bedeutung und eine Aufgabe als unser Spiegel haben. Es macht keinen Sinn, krampfhaft an etwas festzuhalten, weder an Menschen noch an der Vergangenheit, an Zielen und erst recht nicht an Vorstellungen. Oft müssen wir das Leben loslassen, das wir uns vorstellen, um offen zu sein für das Leben, das in uns ist. Erst das Loslassen ermöglicht Finden.

> **Wer wellenMUTIG ist, nutzt die einmalige Chance, aus seinen menschlichen Spiegeln zu lernen und sich vollständig zu erkennen.**

Andernfalls bleiben wir auf der momentanen Entwicklungsstufe stehen und flüchten vor uns selbst. Du hast die Wahl!

Mein Warum war mir ein großer Lehrer in Sachen Liebe, Beziehungen, Geduld, Weisheit, Glück und Selbstwertgefühl. Durch die volle Akzeptanz der Situation war da plötzlich ein Raum um den Schmerz spürbar. Die Bedrohlichkeit verschwand und verwandelte sich in Frieden. Ich habe eine neue Stufe des Ich-Bewusstseins erreichen dürfen und bin dem Weckruf gefolgt. Vor allem habe ich in mir eine Liebesfähigkeit entwickelt, die bedingungslos ist. Sie ist mitfühlend, stellt keine Erwartungen, will nicht besitzen, hält nicht fest, verzeiht, ist nicht missgünstig und endet nicht. Jeder Mensch hat sie in sich und kann sie fühlen. Wir werden uns auf deiner Reise diese Fähigkeit vergegenwärtigen und erforschen und du wirst spüren, wie großartig sie dich verwandeln kann.

Was ist dein Warum? War oder ist es ein großes oder ein kleines Warum? Bist du schon einem Warum begegnet und hast du dich trotzdem wieder aus den Augen verloren? Oder möchtest du dieses Buch nutzen, um dein Warum aktiv zu erkunden und zu gestalten? Wenn du gerade in einem Sturm steckst, möchte ich dir Mut machen – du könntest gerade vor deinem größten Entwicklungsschritt stehen. Der Sturm ist nicht das Ende, er ist nur eine tiefe Reinigung und eine Chance dazu, dich wirklich zu entdecken – etwas in dir ins Licht zu bringen, was vorher im Schatten lag. Menschen ohne Warum bleiben oft unbewusst und erhalten diese Gelegenheit nicht. Jetzt kennst du einen sehr prägenden Lebensabschnitt von mir, und ganz sicher beschäftigen wir uns in diesem Buch noch mit deinen zentralen Wendepunkten. Doch zunächst möchte ich dir in diesem Kapitel einen Einstieg ermöglichen und Hintergründe vermitteln, warum wir überhaupt in Stürme geraten.

Tipp

Leg dir als Ergänzung zu diesem Buch ein leeres Buch mit einem Stift bereit (keine Notizen ins Handy schreiben) und notiere alles, was dir während des Lesens in den Sinn kommt. Du brauchst es auch für die Aufgaben in den einzelnen Abschnitten deiner Reise. Versieh alle Aufzeichnungen mit einem Datum. Du wirst später Zeuge deiner eigenen Entwicklung werden.

1.3 Multitasking-Gesellschaft – Glück oder Fluch?

Unser modernes Leben ist vor allem in den letzten Jahren sehr schnelllebig geworden. Das, was heute noch angesagt ist, ist in ein paar Wochen schon wieder auf dem absteigenden Ast. Der Tag fliegt gefühlt an uns vorbei und wir versuchen uns durch die vielen Aufgaben zu kämpfen, die nicht aufhören wollen, während wir darauf warten, dass das Leben endlich beginnt.

Herr Hense ist permanent überfordert
Montagmorgen, acht Uhr in Deutschland. Herr Hense, fünfundvierzig Jahre, leitender Büroangestellter, verlässt eilig das Haus, steigt in seinen schwarzen Geschäftswagen, zündet den Motor, macht das Radio an, um die Nachrichten zu hören.
Während der Fahrt zur Arbeit schreibt er noch eine kurze SMS an seine Tochter: »Alles Gute für die Prüfung, mein Schatz!« Dann verschiebt er noch kurzfristig die Verabredung mit dem Tenniskollegen für heute Abend, schaut ab und zu auf die Straße und checkt ganz nebenbei schon mobil die ersten Mails (damit es nachher nicht so einen Andrang gibt im Büro). Er parkt das Auto in der Tiefgarage, geht in den Aufzug, zieht einen Kaffee und nimmt ihn ins Büro mit (für das Frühstück bleibt wieder einmal keine Zeit). Seine erste Tat im Büro: nach dem Wochenende schnell den PC hochfahren, dann weitere einhundertsechzig E-Mails (viele mit roten Ausrufezeichen) beantworten. Und natürlich Berge von Aufgaben erledigen.
Der Anrufbeantworter blinkt: Sieben Anrufe, fünf Personen erwarten einen Rückruf. Mit einem Pling kündigt sich die nächste E-Mail an. Endlich kommt Herr Hense zu seiner To-do-Liste für den Tag. Nicht sehr lange, pling, eine SMS von seiner Frau: »Das Auto springt nicht an!« Er besorgt Hilfe und setzt sich wieder an die To-do-Liste. Pling, zwei wichtige Terminbestätigungen kommen per E-Mail rein, kurz antworten.
Endlich Mittag! Herr Hense isst beim Bäcker nebenan schnell ein belegtes Brötchen mit Salami und viel Remoulade, gönnt sich dazu eine Cola und telefoniert dabei mit seiner Frau, beantwortet fünf weitere SMS und über-

blickt bei der Gelegenheit kurz die Börsenkurse, dann geht's schnell wieder ins Büro: Kaffee, Kaffee, Kaffee mit Zucker, denn der Tag ist noch lang und er braucht die Energie. Ein Snickers krönt die kulinarische Auszeit: Nervennahrung!

Aua, der Nacken meldet sich wieder – schnell nimmt Herr Hense noch eine Schmerztablette. Zum Glück hat der befreundete Arzt gestern noch einmal welche aufgeschrieben.

Nach der fünfzehnminütigen Mittagspause ist der Rest des Tages von etlichen Meetings und wichtigen Terminen durchzogen. Stunden später – unterbrochen durch dreißig Mal pling und zwölf wichtige Telefonate – ist er in seiner To-do-Liste nicht wirklich weitergekommen. Der Kopf raucht und der Nacken schmerzt trotz Tablette! Konzentration und Aufmerksamkeit sind am Tiefpunkt. Doch bis zum Feierabend ist es noch etwas hin. Puh! Gummibärchen und Kaffee müssen her!

Kommt dir das irgendwie bekannt vor? So oder so ähnlich geht es womöglich dir und unzähligen anderen Menschen tagtäglich. Wir müssen uns ständig mit Informationsflut, Arbeitsverdichtung, Zeit- und Termindruck und regelmäßigen Arbeitsunterbrechungen auseinandersetzen. Viele von uns sind mit ihrem Handy verbunden wie mit einer Nabelschnur, widmen digitaler Kommunikation mehr Aufmerksamkeit als den Menschen, die sie lieben, investieren mehr Zeit in Mails als ins Priorisieren und Handeln und versuchen, in dieser digitalen Welt täglich etwas zu kontrollieren, was uns schon längst beherrscht.

Am Abend platzt uns der Kopf, weil das Gehirn voll ist von Input, hektische Kreise dreht und nicht mehr zur Ruhe kommt. Unsere Reaktion auf die Masse an Reizen ist, dass wir vieles gleichzeitig machen wollen oder glauben, machen zu müssen. Wir sind nahezu besessen davon, ständig erreichbar zu sein, um ja nichts Wichtiges zu verpassen und handlungsfähig zu bleiben. Kannst du es gut aushalten, wenn du plötzlich einen Tag ohne Netz bist und niemand dich erreichen kann? Wir fühlen uns so, als wären wir vom Leben abgeschnitten. Grenzen verschwinden – die meisten

Menschen sind bis auf ihre paar Stunden unruhigen Schlafes immer on air. Wir haben ein schlechtes Gewissen, wenn wir eine richtige Pause machen, und belasten unseren Körper auf die Schnelle mit industriellem Müll, der gerade verfügbar ist und uns die Illusion vermittelt, unser Energielevel hochzuhalten. Der Begriff »emotionales Nomadentum« ist dir mittlerweile ja bekannt.

Dieses zweite Phänomen nenne ich »gedankliches Nomadentum«: Wir sind permanent damit beschäftigt, den nächsten Moment zu planen oder mit unseren Gedanken in die Vergangenheit abzuschweifen, zu bewerten, zu vergleichen, Urteile zu fällen, abzulehnen, haben zu wollen oder zu grübeln.

Durch dieses Wegstreben aus der Gegenwart verpassen wir das Leben, denn Leben ist immer nur dieser eine Moment, der weder gestern noch morgen stattfindet. Du bist zwar körperlich anwesend, doch dein Kopf ist nonstop auf Reisen. Beobachte dich einmal und finde heraus, wie oft du tatsächlich gegenwärtig bist und wie lange du diesen Zustand halten kannst. Du wirst erschrocken sein. Doch sind die Menschen produktiver, schneller und erfolgreicher, wenn sie parallel mehrere Aufgaben bearbeiten? Sind wir tatsächlich multitaskingfähig?

Die klare Antwort ist: Nein!

Unser Gehirn kann sich immer nur auf eine Aufgabe konzentrieren! Müssen wir zeitgleich verschiedene Informationen verarbeiten, wechseln wir zwischen den Reizen hin und her. Man könnte es auch »geistiges Zapping« nennen! Wir verarbeiten Informationen hintereinander, jede Verarbeitung eines Impulses oder kurzfristige Entscheidung braucht circa eine Sekunde. Zu viele Entscheidungen verursachen großen Stress. Der Mensch kann zwar durchaus mehrere Sachverhalte parallel wahrnehmen, doch sobald wir auch reagieren müssen, scheitert jeder Versuch von Gleichzeitigkeit. Wir sind also nur dann Multitasker, wenn wir eine Aufgabe so verinnerlicht haben, dass sie keinerlei Aufmerksamkeit erfordert. Aber wann gibt es das schon im Alltag?

Natürlich kannst du dich vordergründig an diesem Dauerstress im Kopf gewöhnen, das ändert jedoch nichts an den Konsequenzen für deine Gesundheit und dein Wohlbefinden:

Die Folgen dieses geistigen Zappings für dich sind:
- nur vordergründige Effizienz, Zeitverluste
- eine höhere Fehlerquote, qualitativ schlechter Output
- zunehmendes Stressempfinden und Druck
- Unzufriedenheit, emotionale Blockaden
- Konzentrationsprobleme und Gedächtnisstörungen
- hoher Energieverlust

Der amerikanische Psychiater Edward Hallowell nennt dieses Phänomen »Attention Deficit Trait« (ADT): Betroffene klagen über Konzentrationsprobleme, innere Unruhe, eine kurze Aufmerksamkeitsspanne, Gereiztheit und geringe Frustrationstoleranz bis hin zur Unfähigkeit, Inhalte im Kurzzeitgedächtnis zu behalten.

Jetzt fragst du dich vielleicht, warum diese Folgen entstehen?

Wir sind mit der Datenflut deshalb überfordert, weil wir mit dem gleichen Gehirn geboren werden wie unsere vorgeschichtlichen Vertreter aus der Steinzeit. Unser Gehirn war ursprünglich dafür bestimmt, eins nach dem anderen mit großer Konzentration und Aufmerksamkeit zu erledigen. Natürlich gab es damals auch Stress! Stress ist eine brillante Einrichtung deines Körpers. Damals war es notwendig, auf drohende Gefahren oder Angriffe blitzschnell zu reagieren in Form von Flucht oder Angriff. Dafür hat unser Organismus ein hochleistungsfähiges System geschaffen, das in kürzester Zeit ein hohes Maß an Energie zur Verfügung stellt und das Reaktionsvermögen stark erhöht. Gleichzeitig war das Leben der Urzeitjäger in einem harmonischen Verhältnis zwischen Aktivität und Ruhe. Doch im Laufe der Jahrtausende hat sich die Umwelt des Menschen stark verändert.

Für dich sind es nicht mehr die klassischen Stressreize wie Angriff, Jagd, Hunger, Kälte oder starke körperliche Beanspruchung, die deinen Körper in höchste Alarmbereitschaft versetzen und sich dann nach erfolgter Anpassungsreaktion wieder beruhigen können. Du triffst auf einen gedanklichen Stressor nach dem anderen und pumpst dich mit Adrenalin voll. Die Stressreaktionen bauen sich nicht ab, da weder Zeit dafür bleibt noch körperliche Aktivität die Stresshormone abbauen kann. Chronische Anspannung, Überforderung, Rastlosigkeit, Ausgebranntsein, Verspannungen, Rückenschmerzen, Kopfschmerzen, Magenprobleme, Unruhe, Schlafstörungen, Ängste, Zerrissenheit, Lustlosigkeit, Beziehungsprobleme und Emotionslosigkeit sind nur einige der möglichen Folgen. Oft kompensieren wir das Stressempfinden mit schädlichen Verhaltensweisen wie zum Beispiel Rauchen, Alkohol, Medikamenten und viel Zucker oder ungesundem Essen, um uns kurzfristig zu belohnen beziehungsweise zu entspannen, weiterhin leistungsfähig zu sein und dem Gefühl von Enge und Druck Abhilfe zu schaffen. Digitale Medien sind für viele Prozesse im Alltag und Beruf eine große Hilfe, doch digitaler Dauerstress isoliert uns emotional und sozial, macht uns krank, dumm (Qualität gering, Quantität hoch), unglücklich und süchtig! Der einzige Weg zu einem Nutzen ohne Fluch ist ein bewusster Umgang mit diesen Möglichkeiten.

Wenn du dich mit mir ernsthaft auf die Reise begeben möchtest, ist es an der Zeit, deinen Informationskonsum und dein geistiges Zapping unter die Lupe zu nehmen. Andernfalls ist es unmöglich, dass du dir begegnen kannst, denn es bleibt ja kein Raum dafür, dass du Zugang nach innen findest. Dein Geist gleicht einem Zimmer, das von oben bis unten vollgestopft ist. Noch nicht einmal ein Fenster ist frei, damit gelüftet werden kann. Dieser Zustand verhindert innere Freiheit und Wachstum und führt ebenfalls dazu, dass neuer Input keine Chance hat, von dir wahrgenommen und verinnerlicht zu werden. Du bleibst in alten Gedankenmustern hängen.

Dein zentraler Fokus könnten zunächst E-Mails, im Netz surfen, soziale Netzwerke, Apps und SMS sein. Sie sind Ablenkungsfaktor Nummer eins. Diese Reize haben Sogcharakter und torpedieren deine bewusste Lebensführung. Sie machen dich zum ferngesteuerten Opfer von äußeren Reizen. Wie viele Minuten schaffst du es, trotz akustischer Mitteilung nicht im Handy nachzusehen oder die Mail am Arbeitsplatz nicht abzurufen? Bestimmen E-Mails und Nachrichten deine Gemütslage? Suchst du deine Urlaubsorte nach gutem WLAN-Empfang aus? Wirst du im Urlaub unruhig, wenn du nicht ständig Mails abrufen kannst oder dein Akku leer ist? Kannst du entspannt allein sein, ohne im Internet zu surfen, den Fernseher anzumachen oder sonstige Hintergrundbeschallung zu aktivieren? Trenne die Nabelschnur! Wenn du spontan eine Idee hast, womit du beginnen könntest, fange noch heute damit an. Weniger ist oft mehr! Hauptsache, du beginnst und bist dann konsequent bei dem, was du dir vorgenommen hast.

Das bringt dich auf deiner Wellenreise weiter
Starte digital nackt in den Tag und gönne dir in der ersten Zeit des Tages eine ruhige, medienfreie Zeit. Du könntest zum Beispiel in Ruhe frühstücken, eine Tasse Kaffee genießen oder eine halbe Stunde joggen gehen, anstatt bis zur letzten Minute im Bett liegen zu bleiben, den Fernseher anzumachen oder in dein Handy zu sehen. Gönne dir ebenfalls abends eine medienfreie Zeit und am Wochenende und reduziere während des Tages durch kurze Zeiten der stillen Reorientierung die Informationsdichte. Sei dir bewusst, dass du immer nur das tun kannst, was du gerade in diesem Moment tust. Deine Qualität des Tuns, dein Energielevel und der Output werden sich deutlich verbessern. Lege ab und zu bewusst das Handy an einen anderen Ort oder schalte es aus.

Das behindert dich auf deiner Wellenreise
Diskutiere nicht per Mail oder schreibe SMS, wenn du stark verärgert oder verletzt bist. Hier wirst du keine Lösung und Klärung herbeiführen können, nur Missverständnisse schüren und dich in das Thema hineinsteigern

und unnütze Energie verschwenden. Suche das persönliche Gespräch, wenn es etwas gibt, was dich belastet, und reagiere dich nicht ungefiltert und impulsiv über die unpersönliche Distanz ab. Lass dich nicht von digitalen Reizen von dem ablenken, was du gerade tust ... insbesondere nicht, wenn es eine wichtige Aufgabe ist, die volle Konzentration braucht. Lass dich nicht von den Medien unbewusst führen, sondern führe du dich selbst im Umgang mit Medien.

Diese oder ähnliche Rituale können dir helfen, dich innerlich vom zwangsweisen Alles-auf-einmal-Tun zu befreien. Gewöhne dich mehr und mehr daran, dich von dem Impuls und Zwang des Multitaskings zu lösen.

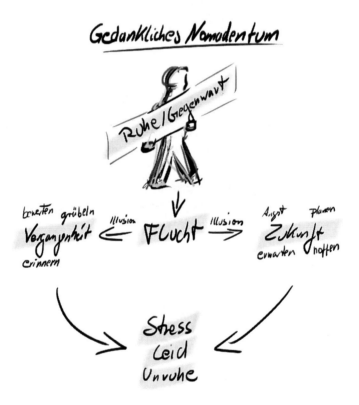

1.4 Sind wir alle geisteskrank? Der große Irrtum

Warum fällt es uns so schwer, diesem gedanklichen Nomadentum zu entkommen? Warum zieht es unseren Kopf immer wieder in die gedankliche Aktivität und bringt uns in die Situation, uns mit einer unendlichen Gedankenflut zu quälen und uns mit unseren Gedanken zu identifizieren? Es liegt in der Struktur unseres Verstandes begründet. Dein Verstand denkt ständig. Er kann nichts anderes, weil er dein denkendes Organ ist und sich durch Gedanken nährt, definiert und bestätigt. Wenn er damit aufhört, dann bist du tot. Diese Stimme im Kopf ist ähnlich wie ein Papagei, der plappert und plappert und plappert. Es sind circa dreißigtausend Gedanken pro Tag, die dein Papagei täglich abspult – ein Großteil davon ist immer wieder die gleiche Schallplatte, die sich fest eingeprägt hat. Man könnte auch »gedankliche Software« dazu sagen. Dein Papagei bezieht seine Identität aus Gedanken an vergangene Erlebnisse, seiner Bewertung dieser Erlebnisse und aus dem, was er daraus gelernt oder für sich interpretiert hat. Zusätzlich hat er immer wieder Wünsche und Ziele, die er zukünftig anstreben muss, oder Vorstellungen und Erwartungen, an denen er sich festbeißt. Obwohl weder Vergangenheit noch Zukunft real existieren, meidet er das Einzige, was wir tatsächlich zur Verfügung haben. Schlimmer noch – er fühlt sich davon bedroht und aufgehalten. Es ist die Gegenwart. Da seine gedanklichen Höchstleistungen in der Gegenwart nicht notwendig sind, erklärt der die Gegenwart zu seinem Feind, den er entweder ablehnt, bekämpft oder meidet. Das Selbstgefühl des Papageien kann nur bestehen, wenn er durch seine Gedankenimpulse hohe Gefühlsintensitäten produzieren kann. Dies ist durch positive Aktivierung möglich, aber besonders gern tut er das durch Drama und Probleme.

> **Und jetzt kommt eine wellenMUTIGE Erkenntnis für dich: Der Papagei ist ein nützlicher Teil von dir und du kannst dich nicht von ihm trennen. Allerdings ist es gefährlich, wenn du dein Ich-Gefühl mit dem des Papageien verwechselst und dich ebenfalls ausschließlich mit seinem Gedankenstrom und den dazugehörigen Emotionen identifizierst. Dann entstehen eine Fehlannahme und ein falsches Ich-Bild.**

Hier liegt ein Irrtum vor, den du teuer bezahlst. Und trotzdem ist diese Fehlannahme bei fast allen Menschen verbreitet, weil es ihnen nicht bewusst ist, wer sie eigentlich wirklich sind. Wir *haben* zwar einen denkenden Papageien als wichtiges Werkzeug, aber wir *sind* nicht dieser Papagei. Den quatschenden Vogel sollten wir nutzen, wenn wir ihn brauchen, aber er sollte nicht über uns herrschen und die völlige Macht über unser Leben haben. Überlege einmal, wie oft am Tag du dir durch deine Gedanken Gefühle wie Ärger, Wut, Eifersucht, Stress, Angst und Sorge selbst erzeugst? Die Lieblingsbeschäftigung deines Papageis ist es, Widerstand gegen etwas zu leisten, was nicht nach seinen Erwartungen verläuft. Und davon hat der kleine Quatschvogel eine Menge.

Er produziert sich selbst immer wieder Leid und Probleme und gleichzeitig verabscheut er sie oder versucht, sie loszuwerden. Das ist doch irre, oder? Um es noch konkreter auszudrücken, das ist doch irgendwie geisteskrank?

Dein Papagei hat genau genommen vier Geisteskrankheiten, die in seiner Natur stecken und die er vergeblich mit den ihm einzig verfügbaren Mitteln zu bekämpfen versucht: seinen Gedanken und den damit verbundenen Emotionen!

Doch wie du gleich bemerken wirst, funktioniert das natürlich nicht – wir alle sind dem großen Irrtum verfallen, dass unser Verstand diese Probleme lösen könnte, die er selbst erzeugt. Schlimmer noch, *wir* versuchen auf diese Art unsere Probleme zu lösen, da wir Opfer unseres Verstandes sind und unbewusst durch ihn gesteuert werden. Glaube es mir nicht! Beobachte dich selbst und du wirst das bestätigen können.

Die erste Geisteskrankheit ist **Unzufriedenheit**: Dein Papagei ist dauerhaft unerfüllt und sucht deshalb ständig nach Sinneskontakten (denken, sehen, fühlen, hören, riechen, schmecken, anfassen, tun), die ihm Glücksgefühle verschaffen. Er ist vergeblich bestrebt, diese zu konservieren. Zusätzlich versucht er, Schmerz und Unannehmlichkeiten zu vermeiden oder emotionalen Widerstand dagegen zu leisten. Er ist also entweder nicht zufrieden und verärgert, weil er nicht bekommt, was er will, oder weil er bekommt, was er nicht will, oder weil er verliert, was er behalten will.

Die Konsequenz für dich, wenn du dein Ich-Gefühl mit dem Vogel verwechselst: Du fällst immer wieder in den Zustand der Unzufriedenheit zurück und bist abhängig von neuen Glücksgefühlen. Da das Leben niemals nur angenehme Erfahrungen und Sinneskontakte ohne Unterlass in hohen Intensitäten aneinanderreihen kann, ist die nächste Unzufriedenheit schon vorprogrammiert. Dauerhaftes Glück gibt es auf der Ebene der Glücksgefühle durch Sinneskontakte nicht.

Die zweite Geisteskrankheit ist **Minderwertigkeit**. Der kleine plärrende Vogel hat ständig das Gefühl, nicht gut genug zu sein, da auch sein Selbstwertgefühl von Bedingungen abhängig ist. So sucht er unentwegt nach äußerer Bestätigung, die seinen Glauben über sich selbst bestätigen (zum Beispiel »Ich bin der Beste« oder »Ich bin unzulänglich«). Er vergleicht sich mit anderen um sich herum und ist täglich bestrebt, sich seine Wichtigkeit und Identität zu beweisen beziehungsweise zu vergrößern – sei es durch Anerkennung, Verpflichtungen, Lob, Leistung, Rollen, Einfluss, Bildung, Aussehen, Status, Beziehungen, Kinder, Besitz, Wissen, Titel, seine Meinung, seinen Glauben, Rechthaberei, Krankheiten oder Probleme.

Die Konsequenz für dich, wenn du dich mit dem Papageien identifizierst: Da ein fundamentales Selbstwertgefühl nicht durch äußere Anstrengung zu erreichen ist und es im Leben immer etwas gibt, was noch nicht genug ist oder was wir nicht haben, kannst du dich aus diesem unterschwelligen Gefühl des Mangels und der Angst vor Besitz – oder Bedeutungsverlust – nicht befreien. Du mutierst zu einer menschlichen Aktie, die ihren Wert daran bemisst, wie sie gehandelt wird oder wie viel sie nach außen hin wert ist. Dein Selbstwertgefühl und dein Wohlbefinden richten sich nach der Beurteilung von anderen. Du kommst aus dem Kreislauf des Noch-mehr-und-noch-besser nicht heraus.

Die dritte Geisteskrankheit ist das Gefühl von **Zweifel** und **Angst**. Wie du schon oft erfahren hast, ist im Leben alles in Bewegung und nichts ist letztendlich unveränderlich oder bleibt für immer. Wir haben keine Kontrolle über die alltägliche Vergänglichkeit, können ihr nicht entrinnen und können nicht wissen, was morgen geschieht, wie lange wir leben und was sich bis dahin so alles ereignen wird. Deinem Papageien jagt diese Vorstellung furchtbare Angst ein. Er versucht krampfhaft, sich vermeintliche Sicherheiten zu verschaffen und die Kontrolle über seinen Lebensverlauf zu gewinnen: Er plant, definiert Lebensziele, schreibt To-do-Listen, schließt Versicherungen und Verträge ab, führt Haushaltsbuch, macht Präventionsuntersuchungen, lässt sich Falten unterspritzen, erwirbt Eigentum und sichert es mit Gitterstäben, Scheiben und Alarmanlagen ab, grübelt, misstraut, schaut heimlich in das Handy des Partners, steckt Menschen in Schubladen und verurteilt etwas, noch bevor er es ausprobiert hat.

Die Konsequenz, wenn du dich mit dem Papageien identifizierst: Zunächst einmal ist es sehr zeit- und energieaufwendig, allen Zweifeln und Unklarheiten nachzugehen, und die Lebensqualität leidet enorm. Die Scheinsicherheit oder Kontrolle, die du manchmal spürst, beruhigt dich kurzfristig und dann kommt die nächste Welle und lehrt dich wieder eines Besseren. Du kämpfst gegen Windmühlenflügel, denn das Leben ist weder kontrollierbar noch planbar noch statisch und es läuft niemals dauerhaft so, wie es in deinen Augen laufen sollte.

Die vierte Geisteskrankheit ist die **Unruhe**. Immer wenn es still um uns wird, der gegenwärtige Moment in den Vordergrund tritt oder wir etwas Raum für innere Einkehr hätten, versetzt das deinen Papageien in Bewegung. Er hat Angst, unwichtig zu werden und nutzlos zu sein, denn in der Gegenwart spürt er sich nicht und kann nicht überleben. Jede noch so kurze Phase der Ruhe und Stille nutzt er deshalb sofort, um sich mit wichtigen Gedanken und Aufgaben wieder ins Spiel zu bringen und die Gegenwart zu überlagern. Selbst im Urlaub fällt Ruhe schwer und er würde gerne eine spannende Sehenswürdigkeit nach der nächsten besuchen oder von einer Bespaßung zur anderen huschen. Jedes Schweigen in einem Gespräch foltert oder langweilt ihn, und er zerstört es mit Worten oder Füllwörtern wie »äääähm«.

Die Konsequenz für dich, wenn du dich mit dem Papageien identifizierst: Du fühlst dich nur dann wirklich wohl, wenn es eine interne oder externe Beschallung oder Aktivität gibt wie zum Beispiel Musik, Fernsehen, andere Medien, Unterhaltung, Lesen, Hausarbeit, Sport, andere Aktivität, Unternehmungen. Auf Nichtstun reagierst du mit einem schlechten Gewissen oder mit Langeweile und hältst diesen Zustand nicht lange aus. Wenn du nicht in einer Beziehung bist, verfällst du in Beschäftigungszwang, Selbstmitleid oder fühlst dich einsam. Ruhe entspannt dich nicht, sondern bringt dich auf Spannung, weil du die Fähigkeit dazu verlernt hast und ständige Gedanken ihre Kreise ziehen.

Hast du deinen Papageien erkannt? Ist er dein Boss oder hast du ihn schon zu einem nützlichen Helfer erzogen?

Wir alle sind von diesen vier Krankheiten besetzt und versuchen, sie auf einem Weg zu heilen, der nicht funktioniert. Du kannst es gerne noch ein paar Jahre weiter probieren und wirst doch irgendwann auf diese Wahrheit zurückfallen: Erfüllung, Selbstwertgefühl, Stärke, Freiheit und Ruhe sind Seinszustände und lassen sich nur kurzfristig oder gar nicht durch gedankliche Aktivität erreichen. Du kannst Seinszustände in dir aktivieren und dadurch ungeahntes Potenzial heben. Du brauchst nicht mehr wertvolle Lebenszeit an die vier Geisteskrankheiten zu verschwenden und einer Luftblase hinterherzurennen, die immer genau dann zerplatzt, wenn du sie zu greifen glaubst. Das bedeutet nicht, dass du keine angenehmen Sinneskontakte mehr genießen darfst oder Spaß an Aktivitäten oder materiellen Dingen finden kannst. Ganz im Gegenteil, du kannst sie sogar noch mehr genießen, weil du dich dadurch nicht definierst und dein Ich-Gefühl nicht davon abhängig ist. Ich werde dir zeigen, was Seinszustände sind und wie du dort hinkommst – du brauchst es dann nur noch zu trainieren. Jeder kann dort hingelangen.

1.5 Das Leben ist eine schöpferische Reise

Was glaubst du, wozu du auf dieser Welt bist? Wie du gerade erfahren hast, sind Menschen sehr oft unbewusst Opfer ihrer Begierden, Abneigungen und Minderwertigkeitsgefühle und richten ihr Streben danach aus, etwas darzustellen, aufzubauen, anzuhäufen, nicht zu verlieren und Unannehmlichkeiten oder Veränderung zu vermeiden. Sie streben nach Glücksgefühlen durch intensive Sinneskontakte und hoffen, dass sich daraus irgendwann ein dauerhafter Zustand von Erfüllung, Freiraum und Lebendigkeit einstellt.

Warnung: Dieses Kapitel könnte zunächst Störgefühle bei deinem denkenden gefiederten Boss erzeugen, denn er kann diese Ausführungen nicht greifen und fühlt sich damit sehr unwohl.

Dieser **äußere** oder **gegenständliche Lebenslauf** startet mit der Geburt und endet mit dem Tod. Er definiert sich durch alles, was wir als eine Form erfahren können, zum Beispiel denken, in Worte fassen, tun, anfassen, verstehen, darstellen, haben, schaffen, besitzen, erreichen, berechnen. Wir bauen uns mühsam während unseres Lebens etwas auf oder sammeln etwas an, das wir trotzdem wieder loslassen müssen und am Ende unseres Lebens nicht behalten können. Alles, was wir hier erleben, ist vergänglich. Unsere menschliche Form wächst zunächst, dehnt sich aus, wird dann wieder durchlässiger und löst sich auf. Egal, ob das unser Körper ist, unsere Erfolge, unser Status, unser Haus, Garten, unser Partner, unsere Kinder, unsere Leistungskraft, unsere Potenz oder unsere Erinnerungen: Nichts bleibt uns für ewig, denn der äußere Lebenslauf endet irgendwann.

Dieser Aspekt unseres Ich-Gefühls durch Gegenständlichkeit, durch den sich unser Papagei ausschließlich definiert, ist vergleichbar mit der Oberfläche des Meeres – den spürbaren, sichtbaren, rauschenden Wellen und Schaumkronen. Er ist ohne Zweifel für unser Leben von Bedeutung, doch er ist nur die oberflächliche Dimension unseres Menschseins und dauerhaft unerfüllend ohne die zweite Dimension. Wenn wir uns vollkommen erfahren wollen und zu wirklicher Erfüllung und Freiheit kommen wollen, braucht es unsere Ausrichtung nach innen – unseren **inneren Lebenslauf**. Das ist die Selbsterfahrung in der tieferen, formlosen Dimension unseres Seins, denn auch das sind wir. Hast du jetzt viele Fragezeichen im Kopf?

Halte einmal kurz inne und sieh dich um! Was siehst du? Vielleicht Tische und Stühle in einem Raum. Denke an einen Sternenhimmel – was hast du vor Augen? Viele Sterne und den tiefen blauen Himmel? Denke ans Universum, was für ein Bild hast du vor dir? Vielleicht Planeten, Sterne und die unendliche Weite des Raumes. Du wirst immer einen vergänglichen, gegenständlichen Aspekt der Form wahrnehmen (zum Beispiel Blume, Baum, Tier, Steine, Worte, Geräusche) und den formlosen Raum (Unendlichkeit, Luft, Raum, Stille), der untrennbar damit verbunden ist. Beides ist Energie. Ohne den Raum um sie herum könnte die Form sich nicht erfahren. Raum ist die Essenz allen Seins. Das Eine ist nicht erfahrbar ohne das Andere. Die ganze Schöpfung ist letztendlich Energie und besteht nur aus diesen beiden Dimensionen. Auch etwas, was uns fest erscheint, ist letztendlich ein Energiefeld in Bewegung aus Teilchen und Raum. Also müssen folglich auch wir diese beiden Dimensionen verkörpern, da wir ein Teil der Schöpfung sind. Jeder Mensch ist ein kleines Universum.

Ich könnte jetzt hier natürlich ewig lange Studien und Erkenntnisse der Physik oder Biologie anbringen, die das bestätigen. Doch ist es wie schon erwähnt nicht meine Absicht, denn es bringt dich einem neuen Ich-Bewusstsein keinen Schritt näher, wenn du gedanklich überzeugt bist und versuchst, diese zweite Dimension mit den Werkzeugen des Papageien zu begreifen. Erst wenn du es spürst und auf dich beziehst, weißt du von ganz allein, dass es wahr ist, und dann brauchst du auch keine gedanklichen Hilfsmittel mehr.

Das Zusammenspiel aus Form und Raum dient der schöpferischen Selbsterfahrung unserer Seele. Du kannst dich also nur wirklich selbst erfahren, wenn du deinen inneren Raum erfährst. Der innere Lebenslauf des Raumes kann nur in der Gegenwart erlebt werden, da Essenz zeitlos ist.

Letztendlich ist Zeit eine psychologische Stütze und Erfindung unseres Papageien, denn sie existiert nur für ihn. Das, was real erfahrbar ist, ist ausschließlich der jetzige Moment. Der innere Lebenslauf kennt keinen Anfang und kein Ende – keinen Start und kein Ziel, er bringt dich einfach nur in Kontakt mit dem Seinszustand, der schon immer da war, da ist und da sein wird. Sein ist grenzenlose Energie, unendliches Wissen und Potenzial. Energie kann nicht sterben oder sich auflösen – nur Form annehmen oder ihre Form verändern. Um sich zu erfahren, braucht die Seele eine körperliche Form, durch die sie sich ausdrücken kann. Und ebenfalls braucht es andere Menschen (Formen), damit sie sich in all ihren Facetten fühlen, spiegeln und entwickeln kann.

Dein innerer Lebenslauf ist die schöpferische Entwicklung deines Geistes und Herzens, die dich zum kreativen und freien Gestalter deines Lebens macht, deinen Horizont auf dem Wellenmeer erweitert und dich aus unendlichen formlosen Tiefen des Ozeans schöpfen lässt.

Die Erkenntnis der beiden Dimensionen des Menschseins und die Fähigkeit zur Erfahrung des gegenwärtigen Raumes ist der wesentliche Schlüssel zu einem freien und erfüllten Leben, den ich dir in diesem Buch schenken möchte.

Haben wir eine Chance? | 49

Nach diesem kleinen Einstieg werden wir immer wieder auf diesen Schlüssel zurückkommen und Schritt für Schritt wirst du auf deiner Reise diesen Schlüssel nutzen und erste Erfahrungen sammeln. Das höchste Gefühl und die Energie, die deine Seele anstrebt, ist Liebe, denn das ist ihre wahre Natur. Diese ganz natürliche Qualität ist in jedem von uns vorhanden, denn Liebe ist ein Seinsgefühl. Doch deine Seele kann diese Liebe bewusst nur dadurch erfahren, dass sie auch das Gegenteil erfährt. Jeder Schmerz bringt deine Seele näher an sich selbst. Großer Schmerz steht für tiefe Selbsterfahrung, große Schöpfung und große Entwicklungsschritte. Deshalb ist es wichtig, dass du auf deiner Reise lernst, schmerzhafte und angenehme Erfahrungen gleichwertig zu schätzen und anzunehmen, da sie unausweichlicher Teil deiner Entwicklung, Erfüllung und des Ganzen sind.

Jeder Mensch beeinflusst seine schöpferische Reise durch die Vorstellung, die er von sich hat. Jede Energie, die du durch Gedanken und Gefühle aussendest, zieht ähnlich geartete Energie an. Änderst du deine Vorstellung von dir und deine Gedanken über dich, ändert sich alles. Denkst du, dass du durch deine Vergangenheit bestimmt wirst, dann ist das so. Nicht weil es so sein muss, sondern weil du denkst, dass es so ist. Denkst du, dass die gegenwärtige Erfahrung alles ist, was dich bestimmt, dann ist das ebenfalls so. Plötzlich gibt es auch keine Vergangenheit mehr, die dich belastet.

Das war etwas anstrengend oder? Der Papagei rebelliert? Ich weiß, wie es dir gerade geht.

Als ich zum ersten Mal in Kontakt mit dieser Wahrheit gekommen bin, war ich zerrissen. Tief in mir war ein Gefühl von Befreiung und es fühlte sich so an, als ob dort etwas beschrieben wurde, was ich längst spürte. Gleichzeitig wollte mein Papagei alles konkret und klar erfassen und ich hatte Fragezeichen im Kopf. Es ging mir nicht schnell genug. Ich verspreche dir: Der Nebel wird sich lichten, wenn du etwas Geduld hast. Es kann dir jetzt nicht alles klar sein. Vielleicht sind diese Inhalte befremdlich, seltsam oder verwirrend für dich. Das ist nachvollziehbar, und wir können das zum jetzigen Zeitpunkt einfach so stehen lassen.

Wir fassen in diesem Kapitel *den* entscheidenden Punkt an, der auf deine zukünftige Entwicklung und dein ganzes Leben Einfluss hat. Bleibe neugierig dabei und versuche kein voreiliges Urteil zu fällen oder den Blockaden deines Quatschvogels zu verfallen, der das hier nicht hören will! Lass dich überraschen! Wenn du die einzelnen Schritte unserer gemeinsamen Reise wirklich mitgehst, wirst du am Ende dieses Buches Klarheit haben und ein neues Gefühl dazu entwickeln.

Was geht jetzt in dir vor? Lege das Buch kurz zur Seite und lasse das alles etwas sacken. Mach dir einen Kaffee oder Tee, schließe einen Moment deine Augen. So eine essenzielle Kost rutscht nicht leicht und manchmal möchte man sie sehr gerne wieder loswerden, flüchten und sich lieber Magazinen mit interessanten Neuigkeiten, hübschen Bildern oder Romanen mit spannenden Geschichten widmen.

Schreib dir jetzt gerne deine Impulse, Fragen und Gefühle auf, die du empfindest, nachdem du dieses Kapitel gelesen hast. Grüble nicht weiter darüber nach oder versuche Gegenargumente zu finden. Beobachte einfach deine Gefühle und Reaktionen, notiere sie und lasse sie dann zunächst unkommentiert stehen. Erst wenn du am Ende dieses Buches angelangt bist, nimmst du dir deine Aufzeichnungen wieder zur Hand und liest dieses Kapitel erneut. Mit großer Wahrscheinlichkeit hat sich etwas verändert.

1.6 Ergreife deine Chance zur Selbsterfüllung

»Eine neue Art von Denken ist notwendig, wenn die Menschheit weiterleben will.«

Albert Einstein (1879–1955), theoretischer Physiker

Jetzt hast du einiges über WellenMUT erfahren, über den Sinn deiner Reise, über die Bedeutung von Krisen, das Warum, über die Folgen unserer Multitasking-Lebensweise, deinen Papageien und seine Krankheiten, über Seinszustände und über die Notwendigkeit, deinen inneren Raum mit dem äußeren Lebenslauf zu verbinden. Wir alle haben Einfluss auf das, was geschieht, und tragen deshalb Verantwortung für unsere Entwicklung. Wenn du nicht auf dich aufpasst, wird es niemand tun und du verlierst dich im Wellenmeer der Formen. Unsere heutige Zeit betont das Ego mehr denn je. Du kannst nur frei und erfüllt leben, wenn du etwas unternimmst und deine Chance ergreifst. WellenMUT kann nicht sporadisch oder ab und zu gelebt werden. Es braucht deine klare Entscheidung für dich und die Bereitschaft, wirklich etwas zu ändern und auf diesem Weg zu bleiben. Andere Menschen können diesen Weg nicht für dich gehen und auch nicht entscheiden, was für dich gut ist, denn ihre Beurteilung erfolgt nach **ihrer** Wahrheit. Konzentriere dich ganz auf dich und fühle in dich hinein. Wenn du den Teil in dir spürst, der dieses Buch gewählt hat, dann spürst du, dass es jetzt an der Zeit ist, das zu erfahren, zu tun und zu verinnerlichen, was wirklich gut für **dich** ist.

Jeder Schritt deiner Reise wird dich näher zu dir selbst bringen, und zwar genau in dem Maß und dem Tempo, das gut und richtig für dich ist.

Die Reise wird sechs Monate dauern. In meinen Coachings habe ich die Erfahrung gemacht, dass kurzfristige Veränderungen, die zum Beispiel ähnlich wie eine Diät auf einen Monat angelegt sind, auf Dauer wenig bis keine Wirkung zeigen. Dein Gehirn braucht keinen heftigen, aber einen konstanten und eindeutigen Input, damit es sich auf die Veränderung einstellen kann und seine Strukturen den neuen Gewohnheiten anpasst. Wir gehen nicht in die Extreme, sondern setzen auf langfristigen Erfolg. Sechs Monate sind erforderlich, um sich gut kennenzulernen und Schritt für Schritt ein neues Bewusstsein zu verinnerlichen. So eine grundlegende Neuausrichtung funktioniert nicht wie ein Lichtschalter und ist ein Prozess. Jeder, der dir etwas anderes erzählt, ist diesen Weg nicht selbst gegangen und hat eine fixe Vorstellung davon. Wie gut kennst du einen neuen Partner nach einem Monat? Ich verspreche dir, dass diese sechs Monate dir unendlich viele Jahre schenken werden, die du intensiver, gesünder und lebendiger erleben wirst als bisher. Zusätzlich ersparst du dir viel Lebenszeit, die du vorher an Ärger, Frust, Enttäuschung, Streit und Stress verloren hast.

Die Reise ist in Abschnitte von vier Wochen unterteilt, in denen du unterschiedliche Fähigkeiten trainieren wirst. Alles baut aufeinander auf und jeder Abschnitt ist wichtig. Lass dich nicht dazu verleiten, wieder aus-

zusteigen, wenn vielleicht eine Art Leidensdruck etwas zurückgegangen ist. Das WellenMUT-Prinzip soll dich außergewöhnlich erfolgreich machen und nicht nur durch schlechte Phasen begleiten. Gerade wenn du aktuell weder größere Probleme noch Krisen hast, ist es eine Chance, dein höchstes Potenzial zu entdecken und ganz neue Ressourcen für dich zu nutzen. Persönliche Entwicklung ist ein Akt der Selbstfürsorge. Jetzt gilt es nur, Trägheit, Ungeduld und Skepsis zu überwinden und mitzukommen.

Ich freue mich auf dich!

2.
Aufwachen!
Wo stehst du eigentlich?

Wenn du dich entscheidest, wellenMUTIG zu werden, dann ist es natürlich wichtig, dir über deinen Startpunkt bewusst zu werden. Ähnlich wie bei einer Software, bei der wir genau die Dateien markieren, die wir löschen oder verändern wollen, brauchst du ein wesentliches Verständnis für dich und dafür, was deinen aktuellen Bewusstseinszustand ausmacht. Was wir nicht ins Licht des Bewusstseins rücken, können wir auch nicht ändern.

Nachfolgend möchte ich dir anhand einiger Beispiele von Menschen und einiger symbolischer Vergleiche die Möglichkeit geben, dich zu spiegeln.

2.1 Mein persönlicher Tsunami

Menschen, die einen persönlichen Tsunami erleben, werden meistens durch ein spezielles Ereignis oder einen Auslöser gefühlt entwurzelt und ihres aktuellen Lebenskonzeptes beraubt. Die Auslöser können unterschiedlich sein: ein Unfall, eine Trennung, ein Betrug, eine Kündigung, körperlicher Zusammenbruch, der Verlust eines nahestehenden Menschen, eine schlimme Nachricht oder Krankheit, die Pleite des eigenen Unternehmens oder andere Situationen. Ein Tsunami ist die größte Grenzerfahrung, die wir Menschen machen können, und hat immer eine Entstehungsgeschichte und zentrale Funktion, auch wenn wir uns ihrer nicht bewusst sind. Plötzlich bricht das Chaos aus und nichts ist mehr wie vorher. Alles fühlt sich an wie ein böser Traum, aus dem man aufwachen möchte. Das geschieht auch, aber leider nicht in der Form und Geschwindigkeit, in der man es gerne hätte. Wenn du gerade einen Tsunami erlebst, dann wirst du aktuell möglicherweise großen Schmerz erleben und Angst. Vielleicht fühlst du dich dem nicht gewachsen, was das Leben gerade von dir fordert, und weißt nicht, wo du dich lassen sollst.

Fabian, die stabile Säule
Fabian ist achtundvierzig Jahre alt und verheiratet. Er kommt zu mir, weil er seit etwa vier Wochen an einem allgemeinen Erschöpfungssyndrom leidet und trotz aller Widerstandsenergie und Kontrolle, die er aufbringt, um gegen die Symptome anzukommen, einfach nicht mehr in der Lage ist, sich zu konzentrieren oder sich zur Arbeit zu bewegen.
Fabian ist der Erstgeborene aus einer Familie mit drei Kindern. Der kleinste Bruder kam mit einem Herzfehler auf die Welt und brauchte lange Zeit intensive Zuwendung der Mutter. Fabian hat von Kindheit an die Rolle der stabilen Säule übernommen. Sein leistungsorientierter Vater, ehemaliger Rechtsanwalt einer großen Kanzlei, hat schon zu Beginn der Schulzeit eine enorme Erwartungshaltung an ihn herangetragen. Fabian war der Beste in der Schule und hat sein Studium in Harvard mit Auszeichnung abgeschlossen. Seitdem der Vater in Rente gegangen ist, ist es mit ihm nicht leicht. Er ist ständig gereizt und trägt große Unzufriedenheit mit sich herum. Nichts kann man ihm recht machen. Fabian empfindet das Verhältnis zu seinem Vater aktuell sehr angespannt und er macht sich Sorgen um seine Mutter, die ebenfalls unter dem Verhalten ihres Mannes leidet. Für Fabian ist sein Vater beruflich ein großes Vorbild und er möchte in dessen Wahrnehmung kein Versager sein.
Zu Beginn des Erschöpfungszustandes versucht Fabian, mit Ausschlafen, Sport und besserer Ernährung wieder in die Spur zu kommen. Diverse Nahrungsergänzungsmittel nimmt er seit Wochen ein. Doch keine Chance! Er ist depressiv, müde, antriebslos, sein Körper tut nicht mehr das, was er von ihm verlangt. Sehstörungen und Schwindel stellen sich ein. Nach vier Wochen der Qual und diversen kurzfristigen erfolglosen Selbsthilfemaßnahmen überwindet er sich und kommt zu mir. Wir kennen uns aus einem beruflichen Coaching im vergangenen Jahr. Am liebsten möchte Fabian schnell wieder funktionsfähig sein, da er Geschäftsführer einer Tochterfirma eines großen Unternehmens ist und viele wichtige Termine und Reisen anstehen. Er kann sich das nicht erlauben, der Kalender ist vollgepackt. Als ich ihm nach einer Anamnese eröffne, dass er mindestens die nächsten sechs Monate nicht einsatzfähig sein wird, wird er wütend und möchte es nicht akzeptieren. Er hält

das für übertrieben und möchte sich bei einem anderen Coach Hilfe organisieren, bei dem es schneller vorwärtsgeht.

Nach drei Wochen kommt er wieder zurück, hat jetzt auch eine weitere ärztliche Diagnose eingeholt und ist hundertprozentig entschieden, den Weg durch das Burn-out hindurchzugehen.

Seine Familie ist zu diesem Zeitpunkt vollkommen von ihm als Verdiener abhängig, da seine Frau gerade erst vor drei Monaten das zweite Kind bekommen hat und zu Hause ist. Ein Jahr zuvor hat die Familie gebaut und nun müssen Schulden abgetragen werden. In seinem Freundeskreis und im Golfklub gilt Fabian als der Macher – der Perfektionist. Er ist die Person, die immer alles geregelt bekommt und die Fäden zieht. Fabian ist ein Erfolgsmensch und schafft alles! Plötzlich steht er schutzlos und nackt da, die Fassade fällt. Er wusste gar nicht, dass es eine Fassade war, da er sich zu hundert Prozent damit identifiziert hat.

Im Unternehmen ist er der große Mann. Alles steht und fällt gefühlt mit ihm. Das Unternehmen plant gerade zu expandieren und er hat zwei Millionen Euro investiert, die sich in den nächsten zwei Jahren bezahlt machen müssen. »Schwächlinge haben dort an der Front nichts zu suchen, für die ist kein Platz«, so Fabians Worte zu Beginn unseres Coachings.

Und da kommt er nun, der Tsunami, und stellt ihn schonungslos vor riesige Wellen und Herausforderungen: große finanzielle Schwierigkeiten, Angst vor der Kündigung, zwei kleine Kinder zu Hause, monatelang nicht arbeitsfähig. Fabians Selbstbewusstsein und Selbstkonzept brechen völlig zusammen. Was wird sein Vater denken?

Das ist sein Startpunkt. Er begibt sich auf eine innere Reise, die letztendlich ein Jahr dauert.

Wir treffen uns innerhalb der ersten vier Monate alle vierzehn Tage zu einem intensiven Coaching. Danach können wir die Abstände vergrößern. Obwohl Fabian entschlossen und motiviert ist, verläuft die Veränderung in Wellenbewegungen. Nach einer steilen Entwicklungskurve zu Beginn rutscht er danach einige Male in Frustration oder Ärger, weil alles gefühlt stagniert. Es fällt ihm schwer, seine alten Denkmuster loszulassen und dem Papageien mit seiner Software nicht immer wieder zum Opfer zu fallen. Doch er geht weiter und weiter durch jede Phase des Burn-outs. Zunächst stehen Selbstwertgefühl, Selbstempathie und unbewusste Glaubensmuster im Vordergrund. Später richten wir unsere Aufmerksamkeit auf Bewusstheit, Achtsamkeit, innere Ruhe und Gelassenheit.

Der ehemalige harte Hund geht mit einer echten Bewusstseinsverwandlung und einem neuen Ich-Gefühl aus dieser Zeit hervor. Der Entwicklungsprozess hat ihn intensiv geläutert, wie er sagt. Er gesteht sich ein, dass alle vorherigen Veränderungsansätze zu diesen Themen in seinem Leben bisher nur an der Oberfläche geblieben sind.

Das Unternehmen steht zu ihm und verzichtet ein Jahr auf ihn, das hätte er nie für möglich gehalten. Fabian findet wieder in seinen Job zurück, doch er ist nicht mehr der Alte. Dementsprechend fasst er die Dinge völlig neu an und seine Performance steigt sogar im Vergleich zu der Zeit vor dem Tsunami, obwohl oder gerade weil er andere Prioritäten setzt, anders denkt, fühlt und handelt. Sein Perfektionismus und seine Rechthaberei haben sich in schlaues und weises Handeln verwandelt.

Fabian hat vor allem Folgendes während seiner Reise erkannt:
- Akzeptanz war mein zentraler Ausgangspunkt für diese positive Veränderung.
- Geduld ist die Fähigkeit, den Dingen die Zeit zu lassen, die sie brauchen, um sich gesund und nachhaltig entwickeln zu können.
- Das Leben und den Beruf erfolgreich meistern ist keine Frage der Kontrolle, sondern eine Frage des Zusammenspiels aus äußerem und innerem Lebenslauf.
- Schwäche zeigen ermöglicht mir wahre Stärke. Ich bin nicht perfekt wie eine Maschine und das macht mich zum perfekten Menschen.
- Den ganzen Stress habe ich mir selbst gemacht in meinem Kopf. Ohne den großen Denkzettel wäre mir das nie aufgefallen.

- Es gibt eine höhere Wahrheit, die es sich lohnt zu erfahren. Früher habe ich das als spirituellen Kram abgetan. Heute weiß ich, dass es meine Rettung war und das Tor zu neuem Potenzial geöffnet hat. Nur weil wir es nicht glauben wollen, kann es trotzdem wahr sein.

2.2 Ist das, was du willst, auch das, was du brauchst?

Es gibt Menschen, die wollen Veränderung, sind aber nicht bereit, den Weg dorthin auf sich zu nehmen. Kein Ziel der Welt lässt sich ohne Einsatz dafür erreichen. Wir wissen, dass es Irrsinn ist, einen Wunschzustand erreichen zu wollen, aber weiterhin das Gleiche zu tun oder zu lassen wie vorher. Trotzdem gibt es in uns Menschen ein Hindernis, das sich Bequemlichkeit nennt. Ist diese dann noch gepaart mit Ungeduld, kann dieses Pärchen in uns erfolgreich verhindern, dass wir jemals bei dem ankommen, was wir eigentlich wollen.

Erfolg kann sich nur bei dir einstellen, wenn du bereit bist, einen aktuellen Impuls deinem großen Ziel unterzuordnen.

Gleichzeitig ist es wichtig, ein Ziel ökologisch zu formulieren. Wir können beobachten dass die Natur immer ein ökologisches Gleichgewicht angestrebt, in dem alle wichtigen Aspekte ausgewogen und berücksichtigt sind. Deshalb übernehmen wir aus systemischer Sicht bei Veränderungen und Zielen diesen Begriff. Ökologie steht für die Unversehrtheit des Systems als Ganzes. Veränderungen in einem Lebensbereich haben oft Auswirkungen auf alle Lebensbereiche und werden daher auf Machbarkeit überprüft (Ökologie-Check). Das Ziel oder die Veränderung muss auf allen Ebene der Person wirklich gewollt und gekonnt werden. Nur dann stimmt die Ökologie des Ziels. Das bedeutet, dass es unter Berücksichtigung deiner aktuellen Lebenssituation, deiner Bedürfnisse, innerer Wahrheiten und deiner aktuellen Möglichkeiten gut für dich und realistisch sein muss. Viele Menschen verfolgen ein Ziel eine Zeit lang sehr akribisch, insbesondere dann, wenn die Einstiegsmotivation hoch ist. Doch sobald die Veränderung Einschnitte erfordert oder sich nicht sofort Erfolge einstellen, lassen sie sich schnell von angenehmeren Impulsen oder Verpflichtungen ablenken. Natürlich hat der Papagei hinterher dafür immer wieder eine passende Ausrede parat, die nicht in uns liegt, sondern mit äußeren Verursachern zu tun hat.

Das passiert vor allem dann, wenn das Ziel eben nicht ökologisch ist oder oberflächlich ausgewählt wurde und die eigentlichen Wurzeln für das Problem nicht erfasst werden.

Egal, wie sehr wir uns bemühen, wir torpedieren uns bei der Veränderung selbst, weil wir wichtige Bedürfnisse oder Ängste nicht berücksichtigt haben. Unser Inneres strebt immer nach Balance. Wenn wir uns aus der Balance bringen, wird das Unbewusste sich geschickte Mittel einfallen lassen, um diese wiederherzustellen.

Eine Veränderung gerät natürlich auch ins Stocken, wenn wir uns nach der ersten Minderung des Problems der verlockenden Bequemlichkeit wieder hingeben: Schweinehund lässt grüßen. Der Schmerz lässt etwas nach und ruckzuck geraten wieder andere Prioritäten in den Fokus.

Kennst du solche Situationen? Welche Veränderung strebst du mit diesem Buch an und welchen Einsatz bist du bereit dafür zu bringen? Was sind deine typischen Ausreden?

Die harmoniesüchtige Sabine und ihre Hunde
Sabine ist zweiunddreißig Jahre alt und ist seit drei Jahren Single. Sie ist Bankangestellte und hat einen kleinen weißen Hund. Wir beginnen das Coaching zum Jahresanfang. Sie wiegt bei einer Größe von 170 Zentimetern 71 Kilo. Sabine möchte unbedingt abnehmen und mehr Sport treiben. Aktuell esse sie wieder viel zu viele Süßigkeiten und Fast Food und gehe maximal alle vierzehn Tage mit ihrer Freundin zum Pilates. Nebenbei erwähnt sie,

dass sie auch mehr Selbstbewusstsein entwickeln möchte, damit sie in der Lage sei, Nein sagen zu können. Häufig lässt sie sich ausnutzen oder hat das Gefühl, es allen recht machen zu müssen. Das hat zur Folge, dass sie selbst oft zu kurz kommt. Eigentlich mache ihr das aber nichts aus, denn sie sei ein Harmonie-Typ, sagt sie. Sie beschreibt, dass sich ihre Gewichtsprobleme schon seit ihrer Pubertät immer wieder bemerkbar machen. Mittlerweile hat sie alle Diäten durch, aber keine hat dauerhaft Erfolg gebracht. Sie meint, dass eine strenge Diät, ein intensiver Fitnessplan und ein Coach, der diesen erstellt, und überwacht endlich die Lösung bringen werden. Sie möchte mehr Disziplin erreichen und konsequent sein. Mindestens zehn Kilo Gewichtsverlust bis zum Sommeranfang will sie unbedingt schaffen. Nach der Erstanamnese teile ich ihr mit, dass ich ihr keinen strengen Fitness- und Ernährungsplan erstellen werde, denn ich möchte sie aus ihrer weiteren Negativ-Spirale befreien. Für mich liegt es auf der Hand, dass der hohe Energieverlust durch Harmoniesucht und der intensive Einsatz für andere, der durch ihr mangelndes Selbstwertgefühl ausgelöst wird, dazu führen, sich anderweitig durch Essen belohnen zu müssen. Der Hund gibt ihr das, was sie sich selbst dringend geben sollte: bedingungslose Liebe. Gleichzeitig erfordert er noch mehr Energie- und Zeitreserven. Die Aufmerksamkeit verlagert sich von ihren inneren Konflikten auf Essen und den Hund.
Dieses Kompensationsverhalten hilft dem Körper, irgendwie oberflächlich in Balance zu bleiben. Würde ich diesen unterbewussten Rettungsplan durch Disziplin und Diät zerstören, würde das nicht nur keinen dauerhaften Erfolg bringen, sondern möglicherweise große psychische und emotionale Konflikte erzeugen. Ich schlage ihr vor, dass wir uns zunächst mit dem Selbstwertgefühl und der Harmoniesucht beschäftigen und innere Balance herstellen, damit das Kompensationsverhalten überflüssig wird. Ein moderates Sportprogramm soll die ersten Wochen begleiten und der Fokus darf auf achtsamer Ernährung liegen – keine Diät, kein Verzicht. Auf dieser Basis aufbauend kann das Thema Gewichtsreduktion näher in den Fokus rücken. Allerdings auch nach Prinzipien, die das Unterbewusstsein positiv aktivieren und eine schrittweise, gesunde Umstellung ermöglichen.

Sabine reagiert zunächst positiv und ist sehr einsichtig. Sie weiß, dass sie zunächst lernen muss, sich mehr zu lieben und wertzuschätzen. Sie erkennt, dass ihr das auch bei der Partnersuche im Weg steht. Bisher war sie überzeugt davon, dass es an ihrem Übergewicht liegt, dass sie keinen Partner findet.

Wir starten das Coaching und in den ersten drei Wochen geraten wir an viele wunde Punkte. Ihr wird das Ausmaß erst jetzt wirklich deutlich, das ihre Minderwertigkeitsgefühle mit sich bringen. Sie spürt, dass der Prozess der Veränderung sie intensiv fordert und viele Veränderungen von ihr verlangt, die längst überfällig waren. Ich gebe ihr Werkzeuge an die Hand und Übungen, die sie zu Hause trainieren soll, damit die Veränderung gelingen kann. In der vierten Woche sagt sie den Termin ab, weil sie krank ist. Sie will sich melden, wenn sie wieder gesund ist. Zwei Wochen später schreibt sie mir in einer SMS, dass sie sich einen zweiten Hund gekauft hat, damit der erste nicht allein ist. Der neue Hund fordert so viel Zeit, dass es ihr aktuell nicht möglich ist, das Coaching wahrzunehmen. Außerdem hat sie festgestellt, dass es ihr doch zu teuer ist, da jetzt auch andere Anschaffungen notwendig sind für den neuen Hund. Sie möchte sich gerne wieder melden, wenn sie Luft hat. In der Zwischenzeit versucht sie schon einmal, mit einer neuen Methode über Akupunkturnadeln und einer Säure-Basen-Diät die ersten Kilos zu reduzieren.

Was glaubst du, hat Sabine sich gemeldet? Hat sie dauerhaft abgenommen? – Ein Jahr später nimmt sie Kontakt zu mir auf. Aufgrund eines Bandscheibenvorfalls hat sie ein Jahr nichts machen können und auch beruflich nimmt sie nach längerer Abwesenheit jetzt erst wieder an einer Wiedereingliederungsmaßnahme teil. Leider sind in der Zwischenzeit weitere fünf Kilogramm Gewicht hinzugekommen, weil sie aufgrund des Rückens natürlich keine Möglichkeit für Sport und Ernährungsumstellung hatte. Sie möchte Termine machen, sobald es ihr deutlich besser geht. Das ist jetzt ein weiteres Jahr her.

2.3 Die Geschichte von der perfekten Trauminsel

Es gibt etwas, was immer wieder dazu führt, dass wir bei der Zielerreichung scheitern können, ständig gestresst oder enttäuscht sind: zu hohe Erwartungshaltungen und der Anspruch, von allem das Beste haben zu müssen. Das kann in Bezug auf viele Lebensbereiche zutreffen:

- die Auswahl von einem neuen Partner
- eine neue Arbeitsstelle
- die Gestaltung einer Ehe, Freundschaft oder Beziehung
- das Sexualleben
- das Aussehen und die Figur
- die persönliche, berufliche oder sportliche Leistung
- die Rolle als Mutter oder Vater
- der Haushalt und die Ordnung
- die persönliche Lebensgestaltung und Lebensführung
- unseren Gesundheitszustand oder Ressourcen
- unsere Ideale und Werte im Sozialverhalten

Wenn wir zu viel von anderen oder von uns erwarten, dann ist das zum Scheitern verurteilt, denn weder wir selbst noch andere Personen können dieser Vorstellung gerecht werden. Es ist wichtig, dass du einen ehrlichen Blick auf dich selbst richtest und dich weder von grandiosen Vorstellungen deines Egos noch von verklärten Idealen unserer Gesellschaft manipulieren lässt. Andernfalls begibst du dich auf eine Trauminsel, verhungerst dort emotional und kannst niemals WellenMUT erfahren. Nimm dich an, wie du bist, starte mit dem, was du hast, dort, wo du jetzt stehst. Wir alle haben einen Teil in uns, den wir verdrängen und nicht mögen. Meistens empfinden wir ihn als schwach und kindlich. Auch dieser Teil gehört zu uns und es ist sehr wichtig, dass wir ihm begegnen, damit er sich entwickeln kann. Was für Erwartungen hast du an dich, denen du gerecht werden musst?

Mister weiße Weste kämpft nicht mehr
Jens ist Anfang vierzig, intelligent, attraktiv, erfolgreich und Abteilungsleiter des Controllings in einem Konzern. Er hangelt sich seit vier Jahren von Affäre zu Affäre, stellt nach einiger Zeit fest, dass auch diese Frau wieder nicht gut genug ist, die Mutter seiner Kinder zu sein, und lenkt sich mit Sport und Arbeit ab. Er ist Einzelkind und, wie er sagt, ein Unfall der Ehe. Sein Vater hat die Familie verlassen, als er fünf Jahre alt war. Liebe oder Geborgenheit waren in seiner Kindheit Fremdwörter. Ihm ist nichts zugefallen wie seinen Schulkameraden aus gutem Hause. Seitdem er fünfzehn Jahre alt ist, sorgt er für seine Mutter, und Kämpfen ist Teil seines Ichs geworden. Jens hat nie Freunde mit nach Hause gebracht, weil er sich für seine Herkunft schämte. Er hat sich mit sechzehn Jahren fest vorgenommen, der Welt zu beweisen, dass auch er sich sein eigenes Glück und seinen Reichtum erschaffen kann. Das ist ihm an der Oberfläche auch gelungen: Nach außen ist er »Mister weiße Weste«: Er lebt in einem hochmodernen Penthouse, ist Weinkenner, raucht die teuersten Zigarren, geht nur in die feinsten Restaurants mit den schönsten Frauen, spricht drei Sprachen fließend, das Gehalt und der Lebenslauf sind bestens vorzeigbar, ein beeindruckender geputzter Sportwagen unterstreicht seinen Auftritt. Jens trägt ausschließlich Designermode, seine Frisur sitzt perfekt, der Body ist top trainiert, die Zähne blitzen schneeweiß, ebenso beherrscht er bestens die noble Konversation und alle Benimmregeln. Seine Erscheinung lässt keinen Makel erkennen. Bei näherer Betrachtung fällt auf, dass das Lächeln seine Augen nicht erreicht.
Niemand ahnt, dass sich hinter der grandiosen Figur ein trauriger, einsamer, verletzlicher und höchst sensibler kleiner Junge in einem erwachsenen Körper befindet, der Sehnsucht nach einer eigenen Familie und Bindung hat, unter Depressionen leidet und seine private ungeöffnete Post mittlerweile in der Badewanne sammelt, da er sich nicht dazu aufraffen kann, sie zu öffnen. Jens zerbricht innerlich an seiner zwanghaften Idealvorstellung von sich selbst und fühlt sich zerrissen, ohne sich das eingestehen zu wollen, denn er hasst diesen kleinen schwachen Jungen in sich selbst.

Hinter dem perfekten Schaufenster in niemand zu Hause – nur Leere und Angst wohnen dort. Die äußeren Ablenkungsmanöver können die innere Fülle, die ihm fehlt, nicht kompensieren. Jens hat keinen Zugang zu seinen Emotionen, weder Selbstempathie noch echtes Mitgefühl mit anderen Menschen gelingen ihm. Die kleinste Kritik stößt sofort auf Widerstand.
Er meldet sich bei mir wegen Schlafstörungen und hofft, das Ganze mit seinem starken Willen binnen eines Monats geregelt zu haben. Wir kennen uns aus einem beruflichen Seminar zum Thema Kommunikation. Er geht davon aus, dass das Coaching ähnlich effektiv verlaufen wird.

Du kannst dir sicher vorstellen, dass die Schlafstörungen nur ein oberflächliches Symptom eines Konfliktes sind, der sehr viel tiefer liegt. Auch Jens steht vor der Entscheidung, die innere Reise wirklich anzutreten oder weiterhin vor sich selbst zu flüchten. Unsere Begrüßung läuft immer nach einem festen Ritual ab. Sein Händedruck ist fest, sein Blick souverän und gewinnend. In der linken Hand hält er einen Becher doppelten Espresso von Starbucks. Er stellt mir Fragen nach meinem Befinden, macht mir ein Kompliment und schaut sich dabei dreimal im Spiegel von allen Seiten an.

Während er spricht, wippt er die ganze Zeit mit den Füßen. Kommt das Thema auf seine Problematik, fällt ihm der Blickkontakt schwer und er versucht ständig abzuschweifen.

Die Schlafstörungen können wir durch ein sechswöchiges Schlafkompressionstraining tatsächlich schnell auflösen. Jens gibt sich große Mühe, auch bei mir die perfekte Fassade aufrechtzuerhalten. Doch wirkt das nicht, da ich den Jungen dahinter fühle und ihn immer wieder in Kontakt damit bringe. Jens reagiert zu Beginn mit großen Widerständen: Entrüstung, Wut, Zynismus und vielen intellektuellen Gegenargumenten. Ich bleibe geduldig, herzlich und konsequent und lasse mich nicht provozieren.

Nach und nach erwähnt er neue/weitere Symptome: Brustenge, Herzrasen, Magenschleimhautentzündungen, Hautprobleme, chronische Nasennebenhöhlenentzündung, Herpes, häufig wiederkehrende grippale Infekte, Migräne. Er versucht, sich krampfhaft auf die körperlichen Ursachen zu konzentrieren und medizinische Befunde als Beweis dafür anzubringen. Das Wort psychosomatisch lehnt er vehement ab und es treibt ihm Pickel ins Gesicht, damit konfrontiert zu werden. Oft verlässt er dann kurz die Praxis und muss dringend telefonieren.

Gleichzeitig gesteht er sich ein, dass es unendlich anstrengend ist, diese Fassade aufrechtzuerhalten, und erzählt mir, dass er sich privat völlig vernachlässigt und außer für den Sport nach der Arbeit seit Monaten nicht mehr die Wohnung verlässt, nicht ans Telefon geht, nicht aufräumt und keine sozialen Kontakte mehr pflegt.

Ich frage ihn: »Wie lange willst du noch kämpfen, um dir und der Welt zu beweisen, dass du kein normaler Vertreter der menschlichen Rasse bist, sondern besser? Egal, was du tust, du bist und bleibst ein normaler Mensch wie jeder andere auch.«

Irgendwann bricht der Widerstand vor lauter Leidensdruck und er öffnet sich. Wir beginnen damit, den kleinen Jungen innerlich zu akzeptieren und nachreifen zu lassen, und nutzen dafür Strategien, die völlig dem widersprechen, was er vorher genutzt hat, um sich nach vorne zu pushen: keine harte Selbstkritik, keine strenge Selbstkontrolle, keine Formulierung von hohen Zielen, keine Überheblichkeit. Er lernt zu erkennen, wer er wirklich ist, falsche Glaubensmuster aufzulösen, seine Liebesfähigkeit zu spüren und seinen inneren Raum und Bezugsrahmen zu entdecken. Der grandiose Typ begegnet dem verletzlichen Kind und es wird daraus innerhalb von zwei Jahren ein Mann, der sich und anderen authentisch begegnen kann, innere Ruhe spürt und sich fühlt. Das überidealisierte Selbst ist überflüssig geworden. Zwei Jahre sind keine Zeit im Vergleich zu den dreißig anderen Jahren, in denen er Raubbau mit sich betrieben hat.

Jens hat unter anderem Folgendes während seiner Reise erkannt:
- Ich habe große Energie damit verschwendet, Gefühle zu unterdrücken und die Bei-mir-ist-alles-top-in-Ordnung-Show abzuspulen. Die Gefühlsarmut, die daraus resultierte, habe ich durch künstliche Gefühle, erotische Abenteuer und Kicks kompensieren wollen.
- Meine Versagensangst hat mich dazu gebracht, mir selbst der größte Feind zu sein. Ich spüre heute, dass ich niemandem etwas beweisen muss, sondern einfach ich selbst sein brauche. Hyperautonomie war nur mein verzweifelter Versuch, den eigenen Ängsten nicht zu begegnen.
- Verdrängen bedeutet nicht verarbeiten oder auflösen. Alles, was ich nicht wahrhaben will, entwickelt eine Eigendynamik, die irgendwann zurückschlägt.
- Mein dickes Ego stand mir bei meinem Weg zum Glück im Weg. Wahre Stärke und Ego schließen sich aus. Tun ist nie genug, solange ich das Sein nicht erkannt habe.
- Ich darf Fehler machen und darf das auch anderen Menschen zugestehen.
- Nur wenn ich im Herzen Frieden habe, finde ich ihn auch woanders.

2.4 Gefangen im Swimmingpool

Kennst du die Geschichte vom Frosch im Kochtopf? Der irische Wirtschafts- und Sozialphilosoph Charles B. Handy hat etwas sehr Interessantes herausgefunden und dazu folgende symbolische Geschichte verfasst:

Der Frosch im Kochtopf
Ein alter Mann saß vor seiner Hütte am Ufer eines Sees und sinnierte über sein Leben. Und während er so saß und nachdachte, sah er am Ufer einen Frosch. Er packte diesen Frosch, brachte ihn in seine Hütte, wo er ihn in einen Topf mit kochendem Wasser gab. Der Frosch machte einen entsetzten Sprung aus dem Topf, sprang aus der Hütte und verschwand im Gestrüpp.

Eines Tages saß der alte Mann wieder vor seiner Hütte und dachte über sein Leben nach. Ihm fiel der Frosch ein, der sich mit Sicherheit stark verbrannt hatte, sich aber beherzt der Situation entzogen hatte, um weiterzuleben.
In diesem Moment entdeckte der Mann wieder einen Frosch am Ufer. Er fing ihn und nahm in mit in seine Hütte. Da dieses Mal kein kochendes Wasser bereitstand, gab er den Frosch in einen Topf mit kaltem Wasser und stellte ihn auf den Ofen. Dann machte er Feuer im Ofen.
Zu seinem Erstaunen stellte der alte Mann fest, dass sich der Frosch im Topf ruhig verhielt. Das Wasser wurde immer wärmer, schließlich heiß und dann begann es zu kochen. Doch der Frosch blieb selbst im heißen Wasser ruhig und machte keinerlei Anstalten, der bedrohlichen Situation entkommen zu wollen.
Der alte Mann freute sich über das unerwartete Abendmahl und dachte weiter über das Leben nach, während er mit Genuss seine Froschsuppe schlürfte.
Dem Mann ging aber eine Frage nicht aus dem Kopf: »Warum ist der Frosch nicht aus dem immer heißer werdenden Wasser gesprungen, sondern lieber gestorben, als sich zu retten«?
Der alte Mann glaubte, eine gewisse Ähnlichkeit im Verhalten des Frosches und der Menschen entdeckt zu haben.

Es ist typisch menschlich, dass wir in unserem Leben nichts ändern, obwohl die Situation immer unangenehmer und bedrohlicher wird. Da der Leidensdruck sich oft nicht schlagartig erhöht, sondern schleichend fortschreitet, schwimmen wir lieber in unserem bekannten Swimmingpool herum, als den Sprung ins freie Meer zu wagen. Wie oft verdrängen wir wichtige Themen, geben die Verantwortung ab und gehen dem gewohnten Alltag nach!

Wir sitzen in der Komfortzone fest, die schön kuschelig warm ist, und verschließen den Blick für die Realität, denn noch geht es ja.

Wir können das kollektiv beobachten, wenn es um unsere Schwierigkeiten in der Welt geht: die politischen Krisen, die Zuwanderung, die Radikalisierung, die Umweltverschmutzung, Massentierhaltung oder andere

Konsequenzen unseres modernen Lebens, wie zum Beispiel die Zunahme von degenerativen Erkrankungen des Körpers schon bei jungen Menschen, Krebs oder Depressionen. Wir alle sind der Überzeugung, dass man etwas tun müsse, doch dabei bleibt es dann oft auch. Noch lebt es sich für die meisten ja noch ganz gut und wir sind nicht bereit, einen deutlichen Schnitt zu machen bei unserem Konsumverhalten, in unserem Schulsystem oder im Umgang mit anderen Problemen, die unseren Sozialstaat gefährden. In Bezug auf die Gesundheit sind viele Menschen zu oberflächlichen Veränderungen bereit, doch von einem echten Bewusstseinswandel kann dort nicht die Rede sein.

Ohne einen Bewusstseinswandel werden deine Lebensziele im Swimmingpool sterben wie der Frosch. Dir sollte unbedingt klar werden, dass eine grundlegende Bewusstseinsveränderung der Dreh- und Angelpunkt von innerer Freiheit und jeder nachhaltigen Veränderung ist. Das gilt für globale Probleme und deine eigenen. Sei du selbst der Anfang der Veränderung in der Welt, denn das liegt zu hundert Prozent in deinem Einflussbereich:

Folgende Fragen können dich wellenMUTIG machen. Beobachte dich in den kleinsten Alltagssituationen und sei aufmerksam dabei: beim Anziehen, bei jeder Bewegung, bei den Mahlzeiten, beim Einkaufen, im Straßenverkehr, während der Arbeit, am Telefon, nach der Arbeit, bei der Gestaltung des Abends.

Fragen, die dich wellenMUTIG machen können

Ist mir mein Verhalten jederzeit bewusst? Tue ich das, was ich wirklich will? Suche ich ständig Ausreden?

Wie begegne ich meinen Mitmenschen? Lasse ich meine Laune an ihnen aus und mache sie für meine schlechten Gefühle verantwortlich? Was sende ich aus, wenn ich auf meine Familie, Kollegen, Kunden, Servicekräfte, Nachbarn, Bedürftige stoße?

Schreite ich ein, wenn Unrecht geschieht, schlecht über andere geredet wird, oder verschließe ich die Augen?

Verletzen meine Worte oder heilen sie? Wähle ich meine Worte bewusst?

Sind Nahrungsmittel für mich wertvoll oder versuche ich, möglichst billig davonzukommen? Bin ich mir über deren Herkunft oder Produktionsweise im Klaren oder konsumiere ich einfach, ohne nachzudenken? Esse ich das, was mein Papagei will, oder das, was meinem Körper guttut? Kann ich maßhalten?

Wie achtsam gehe ich mit Ressourcen, der Natur und mit Tieren um?

Bin ich mir über Zusammenhänge meines Handelns bewusst oder bevorzuge ich Scheuklappen?

2.5 Das zu volle Gefäß

Dein Istzustand zeichnet sich vor allem auch dadurch aus, wie aufnahmefähig du für die Inhalte sein kannst, die während dieser Reise auf dich warten. Wie bereit bist du für einen wellenMUTIGEN Bewusstseinswandel? Welche Grundhaltung brauchst du, damit du Erfolg haben kannst? Der Buddha hat dazu einmal einen passenden Vergleich formuliert, indem er Menschen mit Gefäßen verglichen hat.

Es gibt vier Sorten von Gefäßen

Das erste Gefäß ist voller Löcher. Man kann zwar viel hereinfüllen, aber es läuft sofort wieder heraus. Dieser Mensch ist offen für Veränderung und hat keine Widerstände, aber er verliert ruckzuck wieder den Fokus oder tanzt auf zu vielen Hochzeiten. Die Veränderung wird sehr oberflächlich verlaufen.

Das zweite Gefäß hat Risse. Man füllt etwas hinein und nach und nach sickert es wieder heraus. Diese Menschen sind ebenfalls offen für Veränderung, zunächst intensiv mit der Veränderung beschäftigt und erste Erfolge stellen sich ein. Doch nach einiger Zeit nimmt die Motivation ab und die alten Muster dringen wieder durch. Man könnte das als einen geistigen Jo-Jo-Effekt bezeichnen.

Das dritte Gefäß ist voll mit Flüssigkeit. Alles, was hereingefüllt wird, bringt das Gefäß zum Überlaufen. Nichts Neues passt mehr hinein. Diese Menschen sind voller Blockaden und innerer Widerstände und stehen sich zum Beispiel mit Zweifeln, Überheblichkeit, persönlichen Erfahrungen, Bedenken, Ängsten und Besserwisserei selbst im Weg. Zu viel Denken verbaut dir deine innere Reise.

Das vierte Gefäß ist leer. Es ist wie ein offener Geist, der bereit ist für Erfahrung. Diese Menschen haben beste Voraussetzungen dafür, wellen-MUTIG zu werden und nachhaltige Veränderung in sich zu verankern. Sie lernen wie ein Kind und sind fähig, sich unvoreingenommen auf etwas Neues einzulassen.

Welches Gefäß bist du aktuell? Womit stehst du dir selbst im Weg? Wie könntest du ein leeres Gefäß werden?

Der beste Weg, ein leeres Gefäß zu werden, ist, den Papageien auszutricksen. Wenn du mit neuen Inhalten konfrontiert wirst, dann erfahre diese zuerst und denke später darüber nach. Komme dem frechen Vogel in deinem Kopf einfach zuvor und hefte dich nicht an seinen Meinungen fest, denn diese sind nur gebündelte Gedankengewohnheiten, die nichts mit Wahrheit zu tun haben. Sei immer wieder bereit, eine gemachte Erfahrung mit einer Neuen zu überschreiben.

2.6 Kernwert und Marktwert

Durch die Beispiele von meinen Klienten ist dir vielleicht deutlich geworden, dass der Weg, über den wir unser Selbstwertgefühl beziehen, sehr viel über uns und den Startpunkt unserer wellenMUTIGEN Reise aussagt.

Zunächst einmal möchte ich dich von einem Fehlgedanken befreien: Wir brauchen in Bezug auf unseren Selbstwert nichts zu verändern, zu erarbeiten, loszuwerden oder aufzubauen. Das Einzige, was es zu erkennen gibt, ist, dass wir häufig wenig Zugang zu einem längst vorhandenen tiefen Selbstwert haben, weil wir ihm etwas entgegensetzen. Es geht also darum, dass wir lernen, eine falsche Vorstellung von uns zu durchschauen. Stell dir vor, dass diese Tiefe, von der ich spreche, ein Licht ist, das immer da ist. Manche Menschen haben unbewusst viele Wolken, manche wenige und einige haben eine dicke Wolkendecke vor das Licht gesetzt. Mithilfe von Bewusstheit kannst du die Wolken durchlässiger machen und deinen wahren, tiefen Wert immer klarer erkennen. Dadurch können stabile Selbstsicherheit und innere Freiheit entstehen. Doch warum sind wir dann so oft unfrei und innerlich nicht wirklich stabil?

Wie ich schon beschrieben habe, tragen wir alle zu einhundert Prozent ein tiefes Bewusstsein für unseren Wert in uns. Zu Beginn unseres Lebens sind wir uns dessen ausschließlich intuitiv bewusst, wie jede andere Lebensform auch. Ein Orangenbaum ist ein Orangenbaum und allein dadurch erzeugt er leckere Orangen. Auch der Mensch zweifelt zunächst nicht an sich und seiner Daseinsberechtigung, geschweige denn, dass er meint, seinen Wert unter Beweis stellen zu müssen. Wenn du an ein Neugeborenes denkst, das gerade das Licht der Welt erblickt hat, dann wird das deutlich. Was ist das Erste, was es tut? Es schreit und macht auf sich aufmerksam:»Hallo, hier bin ich, ich bin wertvoll und ich gehe davon aus, dass ihr euch liebevoll um mich kümmern werdet.« Es spürt sein Licht völlig ohne Gedanken und Bedingungen.

Dieses tiefe, wahrhaftige Bewusstsein für unseren Wert bezeichne ich auch als den Kernwert. Das Licht in uns ist vollkommen frei von Bedingungen und Zeit. Es ist einfach gegenwärtig, vollkommen und ganz. Wir finden dort eine Kraftquelle und eine innere Zuflucht.

Dann folgt etwas, was wir Erziehung und Erwachsenwerden nennen, und wir vergessen unser Licht. Der Papagei, das Ego erwacht zum Leben und wird durch unsere Umwelt und die Menschen darin geprägt. Deine Software wird schrittweise aufgespielt und erste emotionale unbewusste Signaturen entstehen, werden verinnerlicht und gelernt. Das Gehirn verzweigt sich, unendlich viele Synapsenverbindungen und Autobahnen in deinem Kopf entstehen. Sie sind voll mit vermeintlichen Wahrheiten über die Welt, das Leben, deine Möglichkeiten und über dich selbst. Zu dieser Zeit ist dein Papagei besonders empfänglich für Botschaften, die ihm zeigen, wie es um seinen Wert bestellt ist und wie er sich selbst seinen Wert bestätigen kann. Denn natürlich will er geliebt werden und wichtig sein – insbesondere von deinen Eltern, denn von denen ist er ja abhängig. Der Papagei hat keinen Zugang zum Licht, er muss sich stattdessen farbige, strahlende oder dunkle Wolken aus Gedanken und Bedingungen kreieren, um seinen Wert an etwas festzumachen. Ich nenne dieses Selbstwertgefühl den Marktwert.

Der Marktwert steht und fällt mit den Bedingungen, die ihn ausmachen: Diese können von Mensch zu Mensch einen ganz unterschiedlichen Stellenwert haben: zum Beispiel Bildung, Status, Rollenverständnis, Titel, Wissen, Macht, Errungenschaften, Leistung und Aussehen. Ebenso können wir ein positives Selbstbild von uns in Verbindung mit diesen Bedingungen haben (ich bin attraktiv, intelligent, erfolgreich, ich habe einen tollen Mann beziehungsweise eine tolle Frau und so weiter) oder ein negatives (ich bin nicht gut genug, ich tauge nichts, ich bin dumm, dick, hässlich, schwach). Egal, ob die Wolken bunt und positiv oder schwarz und negativ sind, beide sind unbeständige Wolken, die du nicht mit dem Licht verwechseln darfst.

Typische Stabilisatoren des Marktwertes sind oft Zwänge, Gebote, Verbote oder Glaubenssätze

Ich muss perfekt sein.	Ich darf nicht egoistisch sein.
Ich darf keine Fehler machen.	Ich gehöre nicht dazu.
Ich muss stark sein.	Ich gerate immer an den Falschen.
Ich muss schnell sein.	Ich bin das schwarze Schaf.
Ich muss besser sein.	Ich bin ungeschickt.
Ich muss frei bleiben.	Ich bin schüchtern.
Ich muss mich zurücknehmen.	Ich bin ein Erfolgsmensch.
Ich muss es allen recht machen.	Ich bin eine gute Mutter.
Ich muss beliebt sein.	Ich bin ein schlechter Schüler.
Ich darf nicht Nein sagen.	

Da sich Bedingungen ständig verändern oder wieder vergehen wie die Wolken am Himmel, verändert sich natürlich unser Marktwert ständig und bietet uns ein sehr wackeliges Fundament, was oft durch ein Mangelgefühl, Misstrauen oder schlechtes Gewissen begleitet wird. Ich erinnere dich an die Geisteskrankheit Nummer 2 »Wertlosigkeit«, die genau dieses Problem des Papageien beschreibt.

Es gibt also zwei Ebenen, die unser menschliches Selbstwertgefühl beeinflussen: der tiefe Kernwert (innen, bedingungslos) und der oberflächliche Marktwert (außen, an Bedingungen gekoppelt). Die meisten Menschen definieren sich durch den Marktwert und sie haben kaum oder keine Bewusstheit für ihren Kernwert. Insbesondere wenn unsere Eltern während unserer frühen Entwicklung nicht wieder den Zugang zur Tiefe in uns öffnen, können wir auch unser Selbstwertgefühl nicht aus der Tiefe beziehen. Der Papagei wird immer mächtiger und wir mutieren irgendwann zu einer menschlichen Aktie, deren Wert davon abhängig ist, wie sie gerade im Außen gehandelt wird. Wenn du beispielsweise einen Fehler machst, dann bezieht das dein Papagei sofort auf seine Identität und denkt: »Ich bin fehlerhaft.« Kannst du dir vorstellen, welchem Druck so ein Papagei den ganzen Tag ausgesetzt ist?

Du stutzt jetzt vielleicht, aber wenn du dich und andere einmal genau beobachtest, dann wirst du feststellen, dass der Vergleich mit der menschlichen Aktie treffend ist.

Wenn du an das wellenbewegte Meer denkst, um das es in diesem Buch geht, dann bleibt der Marktwert auf der Oberfläche der Wellen und klammert sich an die Formen fest, während der Kernwert in unermessliche, formlose Tiefe des Meeres vordringt und sich dadurch im Ganzen erkennt. Du bist beides, doch ob du das wahrnehmen kannst, ist eine andere Frage. Du wirst lernen, wie du direkt Kontakt zum Kernwert aufnehmen kannst.

Die folgenden Überzeugungen können dir Aufschluss darüber geben, ob dir überhaupt Tiefe in deinem aktuellen Selbstwertempfinden zugänglich ist. Mithilfe dieser Überzeugungen kannst du Kernwert und Marktwert harmonisieren und sie miteinander verbinden.

Diese Überzeugungen sind ursprünglich Botschaften der guten Mutter und des guten Vaters, die ihrem Kind dadurch einen Zugang zu seinem Licht ermöglichen und die Wolken durchlässig werden lassen. Sie befriedigen Grundbedürfnisse nach wirklicher Liebe und Zuneigung des Kindes.

Bleiben sie aus, kann sich kein wirklicher Zugang zum Kernwert in der Kindheit aufbauen und es entsteht eine emotionale Leere, die durch den Marktwert kompensiert werden muss. Ich nenne diese Botschaften auch den »Schatz aus der Tiefe«, denn er ermöglicht uns Zugang zu ungeahnten Potenzialen. Durften wir ihn finden, werden wir unser Leben lang davon zehren. Auf ganz natürliche Weise können wir dann irgendwann diese Botschaften selbst für uns erkennen, weil sie sich fest verankert haben. Menschen, die keinen Schatz finden konnten, definieren sich entweder dauerhaft durch oberflächliche Wahrheiten aus dem Marktwert, oder sie erwachen irgendwann und gelangen aus sich selbst heraus zu einer Tiefe und finden den Schatz. Du darfst erleichtert sein: Es ist also nie zu spät, den Schatz zu heben. Irgendeine Bruchstelle gibt es bei jedem Menschen in der Kindheit, denn welcher Elternteil ist sich schon der eigenen Tiefe seiner selbst bewusst? Jeder kann nur das weitergeben, was er selbst in sich erkannt hat. Es geht hier nicht um Schuld, sondern um Ursache und Wirkung, Unbewusstheit und Bewusstheit.

Und so funktioniert deine Selbstanalyse der Überzeugungen:

Konfrontation: Lies jeden einzelnen Satz in Ruhe und versuche, ein Gefühl oder ein inneres Bild dazu zu entwickeln. Wenn dir das schwerfällt, versuche, den Satz anders zu formulieren, ohne die Kernaussage darin zu verändern. Die Überzeugungen sind jetzt in der Ich-Form formuliert, denn es ist als Erwachsener natürlich deine Aufgabe, dir selbst die guten Eltern zu sein.

- Ich will mich.
- Ich liebe mich.
- Ich sorge für mich.
- Ich vertraue mir.
- Ich bin sicher, ich gehe meinen Weg.
- Ich bin für mich da, auch wenn andere nicht für mich da sind.
- Ich liebe mich für das, was ich bin, und nicht für das, was ich tue.

- Ich bin etwas ganz Besonderes für mich.
- Ich gebe mir die Erlaubnis, frei und anders zu sein.
- Manchmal werde ich Nein sagen, weil ich mich liebe.
- Meine Liebe heilt mich.
- Ich sehe mich, fühle mich und ich höre mich.
- Ich brauche keine Angst zu haben.
- Ich kann meiner inneren Stimme vertrauen.
- Ich werde Grenzen setzen und sie durchsetzen.
- Wenn ich falle, helfe ich mir wieder auf.
- Ich bin stolz auf mich.
- Ich bin schön und ich erlaube mir meine Sexualität.
- Ich habe keine Erwartungen, denen ich gerecht werden muss.

Hineinfühlen: Lies die Sätze nacheinander noch einmal laut durch und frage dich nach jedem Satz: »Kann ich die Aussage in diesem Satz für mich als gültig empfinden? Wie sehr glaube ich mir das, was ich gerade laut gesagt habe?«

Einschätzung: Versuch jetzt, jeden Satz mit einer Prozentzahl zwischen 0 (= trifft überhaupt nicht zu) und 100 (= trifft vollkommen zu) zu bewerten.

Erkenntnis: Schau dir die Ergebnisse in Ruhe an. Welche Überzeugungen haben vierzig Prozent und weniger Punkte erhalten? Womit könnte das zusammenhängen? Wie oft steht dir der mangelnde Glaube an dich selbst im Alltag im Weg? Welche Sätze möchtest du verankern oder einen Glauben daran entwickeln?

Jede Botschaft, die dauerhaft weniger als vierzig Prozent erhält, wird deine Freiheit behindern und dich dem Wellenmeer ausliefern, denn Selbstliebe ist kein destruktiver Egoismus, sondern eine Notwendigkeit, um erfüllt leben zu können.

Wiederholung und Training: Bringe dich mit allen Sätzen, die du verankern möchtest, immer wieder in Kontakt und trainiere sie täglich wie Vokabeln. Am besten eignet sich dafür die Technik des Visualisierens: Schließe deine Augen, sage den Satz und stelle dir intensiv ein Bild dazu vor, das diesen Satz unterstreicht. Konzentriere dich so lange, bis du die Kernaussage dieses Satzes spüren kannst.

Warnung: Bei Botschaften, denen du zwanzig Prozent und weniger Punkte gegeben hast, kann es beim Training zu inneren Widerständen kommen. Der Papagei redet dir vehement ein, dass diese Aussage nicht auf dich zutreffen kann. Nimm den Widerstand einfach nur wahr, ohne dich damit zu identifizieren, und formuliere den Satz vielleicht etwas um (»Ich lerne, mir zu vertrauen.« »Ich erkenne meine liebevollen Seiten«) oder sprich den Satz aus der Du-Formulierung wie ein wohlwollender Begleiter zu dir selbst (»Ich vertraue dir«, »Ich liebe dich«). So kannst du den Widerstand umgehen und nach einiger Zeit funktioniert ganz sicher auch der Originalsatz.

Wichtig: Alle Sätze, die du neu prägen willst, werden sich zu Beginn neu und ungewohnt anfühlen und noch nicht der gefühlten Realität entsprechen. Trotzdem bringt dich jedes Training dieser Realität näher. Das Prinzip funktioniert aus einem ganz einfachen Grund: Dein Gehirn kann zwischen Realität und intensiv vorgestellter Realität nicht unterscheiden. Du wirst also das werden, was du durch Gedanken immer wieder prägst. Deine Gedanken formen dein Leben. Es gibt eine einfache Kette des Erschaffens: Gedanken – Gefühle – Taten – Ergebnisse – Gewohnheiten – Leben. Nutze also den Papageien als Helfer und trainiere ihn darauf, hilfreiche Überzeugungen zu nutzen, denn jeder Gedanke und jedes ausgesprochene Wort ist Energie und erzeugt Wirkung. Man könnte auch sagen: Gedanken und Worte sind niemals neutral. Ähnlich wie alles, was wir essen und trinken, eine Wirkung hat, ist es bei der geistigen Nahrung auch.

WellenMUT zeichnet sich dadurch aus, dass du deinen Selbstwert vorrangig durch die Tiefendimension deines Kernwertes erfährst und nicht abhängig vom Marktwert bist. Du bist an der Oberfläche ein kreativer Gestalter, schaffst etwas und bist wirksam, doch dir ist bewusst, dass alles vergänglich und nur kurzfristig befriedigend ist. Dein Papagei ist nicht dein Boss, der dich benutzt und durch den Marktwert steuert, sondern *du* nutzt ihn dort, wo er hilfreich für dich ist.

Die WellenMUTIGE wählt ihre Worte bewusst, denn sie weiß, dass Gedanken eigene Schöpfung sind. Sie geht mit sich um wie mit einer guten Freundin.

Der WellenMUTIGE lässt gedankliche Zwänge fallen, denn er weiß, dass er immer eine Wahl hat.

Hilfreiche wellenMUTIGE Überzeugungen für deine Reise, die es sich jetzt lohnt zu prägen:

- Ich bin Schöpfer meiner Wirklichkeit.
- Fehler sind hilfreich und notwendig, um mich zu entwickeln.
- Ich brauche nicht perfekt zu sein.
- Ich darf auf andere Menschen zugehen, wie es für mich passt.
- Ich darf meine alten Prägungen loslassen und neue Wege gehen.
- Heute beginnt alles neu.
- Ich bin frei dafür, mich in der Ganzheit zu erfahren, die mich ausmacht.
- Ich bin vollkommen und ganz, so wie ich bin.

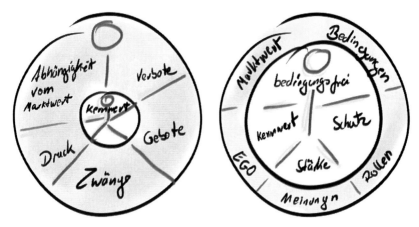

Linker Kreis: Innere Instabilität durch Abhängigkeit vom Marktwert
Rechter Kreis: Innere Freiheit durch einen starken Kernwert

2.7 Was einen Freigeist ausmacht

In diesem Buch geht es darum, wie du wirkliche Freiheit erfahren kannst. Was bedeutet Freiheit für dich? Woran erkennst du Freiheit im Alltag? Bist du frei? Wenn du magst, nimm dir dein Buch zur Hand und notiere deine Ideen dazu, bevor du weiterliest.

Ganz sicher bedeutet Freiheit nicht, von allem und jedem unabhängig zu sein, keine Verantwortung zu übernehmen und immer das machen zu können, was du gerade willst. Das ist häufig die Vorstellung von Freiheit, die wir mit fünfzehn Jahren haben. Diese Vorstellung von Freiheit ist weder umsetzbar noch erfüllend, denn du bist kein getrenntes Wesen und könntest ohne andere kaum lange existieren. Menschen denken aber oft, dass sie vollkommen getrennt von anderen existieren. Deshalb fühlen sie sich ständig bedroht und in Gefahr, weil sie glauben, dass das was sie sind, nur sie betrifft, ihnen gehört und weggenommen werden kann. Doch das ist eine Illusion. Alles, was du im Außen in der Welt siehst und erlebst, Ereignisse, Menschen und Umstände, die sich für dich schrecklich oder abstoßend anfühlen, sind letztendlich ein Teil deines unterdrückten unbewussten Geistes – also ein Spiegel dessen, was in dir ist (ein Teil von dir, den du nicht wahrhaben willst). Freiheit erfordert Bewusstheit und kann auf jeden Fall nur dann entstehen, wenn kein Gefühl begrenzender Abhängigkeit oder Angst da ist – wenn du wählen kannst, eigene Entscheidungen triffst und das willst, was du tust.

Unbewusste Abhängigkeit von unseren Gedanken, Gefühlen und Reaktionen oder von Aussagen, Meinungen oder Verhaltensweisen anderer Menschen ist keine Freiheit. Wer frei ist, steht über seinem Ego. Er muss nicht ständig reagieren oder kämpfen und sein Ego bestätigen. Unangenehme Gefühle brauchen uns nicht aus unserer Zentriertheit zu bringen. Wer frei ist, ist nicht Sklave seiner Ansichten, Meinungen und Erwartungen, sondern hat sich aus der Gefangenschaft dieses Netzes befreit und lässt sich die Wahl in Bezug auf das, was er erschaffen will. Auch die Identifikation mit vergangenen Geschehnissen, Groll oder Schuldzuweisungen sperren dich ein, denn deine Aufmerksamkeit richtet sich auf etwas, was nicht mehr da ist, nicht verändert werden kann und was dir zusätzlich noch das gegenwärtige Erleben vergiftet. Wer nicht vergeben kann, ist unfrei, da er immer noch an der Vergangenheit klebt und nicht damit fertig werden kann, dass es nicht so gelaufen ist, wie sie oder er es sich gewünscht hat. Wenn du die Hoffnung aufgeben kannst, dass die Vergangenheit besser werden könnte, und du akzeptierst, dass Menschen unzulänglich sind und nur das tun können, was ihnen in ihrer Realität möglich ist, dann befreist du dich. Falls dir das noch schwerfällt, kann ich dich zuversichtlich stimmen. Diese Fähigkeit wirst du auf deiner Reise lernen.

Das aktuelle Erleben kannst du noch anders vergiften: Jede vorgefasste Ansicht über einen Menschen oder über eine Erfahrung verhindert die Erfahrung, da du an einer Vorstellung davon haftest. Schöpferisch tätig sein ist Freiheit. Das gelingt dir nur, wenn du einen guten Kontakt nach innen hast, denn nur so hast du Kontakt zu deinem höchsten Potenzial. Hast du keinen Kontakt nach innen, reagiert dein Papagei ständig mit erzwungenem und kontrolliertem Verhalten, da er zu Gehorsam, Konformität und äußerer Harmonie konditioniert worden ist.

Die WellenMUTIGE definiert sich nicht durch alte Prägungen und Geschichten, sie lässt sie los und vertraut auf sich selbst.

Der WellenMUTIGE gibt seinen Kontrollzwang auf, weil er weiß, dass er nichts unter Kontrolle hat. Er lässt das Leben sich entfalten und entdeckt eine neue Lebendigkeit.

Wer wellenMUTIG ist, kennt die Qualitäten, die zu innerer Freiheit führen, und lebt sie im Alltag.

Zehn Qualitäten für innere Freiheit

1	Präsenz und Achtsamkeit
2	Selbstgewahrsein beziehungsweise innere Unabhängigkeit
3	Bedingungslose Liebe, Freude und Mitgefühl
4	Akzeptanz, Gleichmut
5	Wandel akzeptieren, loslassen
6	Frei von Begierden sein
7	Verbundenheit
8	Offener, flexibler Geist
9	Humor
10	Unmittelbarkeit

Kannst du mit allen Begriffen etwas anfangen? Falls nein, macht es nichts, denn momentan geht ja nur darum, dir ins Bewusstsein zu bringen, was Freiheit ist. Wir werden jede dieser Qualitäten während deiner Reise vertiefen. Doch vielleicht ist dir trotzdem schon etwas aufgefallen? Du bist bereits auf der Reise, denn es ändert sich bereits etwas in dir. Aufwachen ist ein wichtiger Teil der Reise.

2.8 Die drei Ursachen für Leid – und wie leidest du?

Damit deine Reise dir Erfüllung bringt, ist es notwendig, dass du auch deinen Istzustand in Bezug auf Glück und Leid einschätzen kannst. Es gibt zentrale Wahrheiten, mit denen ich dich jetzt vertraut machen möchte.

Erste Wahrheit: Schmerz ist unvermeidbar für uns Menschen!
Schmerz ist eine psychische, biologische und soziale Tatsache. Wie du schon zu Beginn des Buches erfahren hast, benötigen wir Schmerz als unseren Lehrer und er wird dich auf der ganzen Reise begleiten. Du kannst ihn nicht loswerden und er folgt dir überall hin. Das Leben auf der Ebene der Form ist oft schmerzhaft und unerfüllend, nicht nur für dich, sondern für jeden Menschen. Je mehr du dich abmühst, deinen Lehrer abzuwehren oder ihm aus dem Weg zu gehen, desto größer und härter wird er. Durch unsere Reaktionen auf Schmerz entsteht Leid.

Zweite Wahrheit: Es gibt Gründe, warum wir leiden. Diese liegen in drei Wurzeln des menschlichen Daseins.
Der Buddhismus bezeichnet sie als die drei unheilsamen Wurzeln: Die erste Wurzel ist Grundlage für die beiden anderen: Es ist die **Unbewusstheit** oder **Illusion**. Der Mensch unterliegt der Illusion, sich ausschließlich mit dem Papageien zu identifizieren und somit ausschließlich Erfüllung in der Gegenständlichkeit zu suchen. Alles, was den Papageien quält, quält uns dann automatisch auch, weil wir eins mit ihm sind. Um es in der WellenMUT Sprache auszudrücken: Du versuchst vergebens, in Wellen deinen Frieden zu finden, und erkennst die Tiefe nicht. Somit wirst du Opfer der Wellen.

Die zweite Wurzel des Leidens ist die **Ablehnung** oder der **Hass**. Wir werden auf der Wellenoberfläche regelmäßig mit Wellen konfrontiert, die sich unangenehm oder schmerzhaft anfühlen, nicht wünschenswert sind oder nicht wie geplant verlaufen. Wir reagieren auf diese Sinneskontakte, indem wir sie negativ bewerten und emotionalen Widerstand dagegen aufbauen. Aus dem unangenehmen Gefühl wird Ärger, Wut, Stress, Verzweiflung, Panik, Aggression, Depression, Angst, Unzufriedenheit, Langeweile, Frust, Kampf, Hadern, Boshaftigkeit oder Neid. Es ist erschreckend, wie oft wir ablehnen: Wir lehnen Situationen ab, Menschen, Eigenarten, das Wetter, Konflikte, Krankheiten, Verluste, Orte, Gemüsesorten, Kleidungsstile, Meinungen, Verhaltensweisen, Fußballvereine, Kunden, Mitarbeiter, Arbeitsergebnisse, Sport, politische Gesinnungen, Musikrichtungen und so weiter. Viele Menschen verbringen einen Großteil des Tages damit, etwas zu suchen, was sie ablehnen können. Natürlich verursacht diese fehlende Akzeptanz des Istzustandes Stress und Leid. Besonders tückisch ist, dass wir uns einbilden, dass es notwendig wäre, so zu reagieren, und unumgänglich, wenn wir etwas bewegen wollen.

Die dritte Wurzel ist die **Anhaftung** oder **Gier**. Natürlich treffen wir im Außen auch immer auf angenehme Sinneskontakte und wunderschöne Wellen. Und was passiert jetzt? Natürlich wollen wir sie behalten, konservieren, anhäufen, verteidigen und können nicht genug davon bekommen. Loslassen oder Teilen fällt uns schwer und wir versuchen vor allem im Vergleich mit Anderen, nicht zu kurz zu kommen. Manchmal kann das in eine regelrechte Gier ausarten, weil unser Hungergeist nie genug bekommt und eine angenehme Sinneserfahrung nach der nächsten fordert. In der extremen Ausprägung entstehen dadurch Süchte. Die dritte Wurzel ist besonders tückisch, denn die meisten Menschen wollen ihre Gier ja behalten und erkennen nicht, wie ferngesteuert und unfrei sie sind und wie viel Unzufriedenheit folgt, wenn die gewünschte Befriedigung nicht einsetzt. Süchte stopfen eine emotionale Leere, die dadurch verdeckt wird. Die typische Aussage ist dann zum Beispiel: »Ja, wenn ich darauf noch verzichten soll, dann kann ich mich ja gleich beerdigen lassen!« Wie du weißt, kann keine Welle dauerhaftes Glück erzeugen, und so sind wir ständig enttäuscht, gereizt oder auf der Suche nach neuer Ego-Bespaßung.

Dritte Wahrheit: Es gibt einen Ausweg aus dem Leiden!
Du kannst es beenden, indem du dich innerlich verwandelst. Nicht die äußeren Wellen ändern sich dann, aber die Art und Weise, wie du ihnen begegnest. Bewusstheit bringt dich in Verbindung mit deiner formlosen inneren Tiefe und löst die Anhaftung an den Papageien. Eine wesentliche geistige Qualität, die du dazu benötigst, nennt man Selbstgewahrsein. Für mich ist es die wichtigste, erstrebenswerteste Fähigkeit überhaupt, die Menschen entwickeln sollten.

Vierte Wahrheit: Es braucht eine innere Reise und einen Übungsweg, um Selbstgewahrsein zu lernen.
WellenMUT ermöglicht dir diese Reise. Wenn du mit mir gehst, wirst du Selbstgewahrsein erfahren und dich vom Leiden befreien. Im Hauptteil lernst du, wie das geht.

Im Zusammenhang mit der Befreiung von der Anhaftung an diese drei Wurzeln möchte ich dich beruhigen. Es ist nicht erforderlich, angenehme Sinneserfahrungen oder Wünsche zu meiden, sondern die Fähigkeit zu entwickeln, sich nicht mehr darin zu verstricken oder abhängig von deren Erfüllung zu sein. Ebenso geht es nicht darum, Gleichgültigkeit an den Tag zu legen, sondern wir können durchaus sehr aktiv sein und unsere Energie zielgerichtet einsetzen. Ein klares, unmissverständliches Nein aus deinem Kern ist völlig aggressionsfrei und genau deshalb von höchster Wirkung. Um etwas zu ändern, müssen wir es nicht ablehnen. Jeder Widerstand ist ein Energieräuber.

> **Wer wellenMUTIG ist, strebt nicht die Menge an, um Erfüllung zu finden, sondern das Wesentliche.**

3.
Reisevorbereitungen

3.1 Welche mentalen Gepäckstücke brauchst du?

Kannst du es nicht mehr erwarten, bis es endlich losgeht? Es ist eine besondere Reise, die gute Vorbereitung benötigt. Bei der wellenMUTIGEN Reise sind die Reisevorbereitungen bereits ein wesentlicher Teil der Reise. Hast du Klarheit darüber, welches Gepäck du unbedingt brauchst? Außer diesem Buch hatte ich ja schon erwähnt, dass es sehr hilfreich wäre, ein Notizbuch griffbereit zu haben, das groß genug ist und dir gut gefällt. Du kannst dir außerdem schon einmal überlegen, wo es in deinen privaten Räumen eine Ecke gibt, in der du ungestört entspannen kannst. Dein Bett ist dazu nicht so gut geeignet, weil du bequem und frei sitzen können solltest. Bereite wenn notwendig deinen Partner oder deine Familie darauf vor, dass du in den nächsten Wochen häufiger diesen Ort aufsuchen wirst und deine Ruhe brauchst, um etwas Wichtiges zu trainieren.

Es gibt einige mentale Gepäckstücke, die du unbedingt mitnehmen solltest, und dann gibt es Ballast, der deine Reise unnötig erschwert. Diesen lässt du am besten zu Hause.

Wichtiges mentales Gepäck

Ich frage dich jetzt: Bist du bereit, einige elementare Grundlagen zu beachten? WellenMUT ist für Menschen geeignet, die wirklich Entwicklung suchen. Dies kann aus zwei Gründen geschehen: Entweder weil du aktuell einen Leidensdruck erfährst, den du loswerden möchtest, oder weil es tief in dir eine Stimme gibt, die dich dazu bringen möchte, eine wichtige Entwicklungsstufe zu nehmen. Diese Stimme ist dein wohlwollender Begleiter und du hast Freude daran, ihr nachzugehen und zu wachsen. Wenn du keinen Leidensdruck hast und alles so bleiben soll, wie es ist, oder du keine Freude aus dir selbst heraus an Wachstum hast, dann ist dieses Buch aktuell noch nicht für dich geeignet. Hebe es für später auf oder mache jemandem eine Freude, auf den eine dieser beiden Aussagen zutrifft.

Was ist dein **Warum** für diese Reise? Was führt dich zu WellenMUT? Welche Veränderung strebst du ganz konkret an? Was soll anders sein als vorher? Ich möchte dich zu einem Experiment einladen:

Der Brief

Schreibe dir selbst einen Brief aus der Perspektive einer guten Zukunft, in der du bereits dort angelangt bist, wo du hinkommen möchtest. Du verfasst ihn also als Person, die sich schon in einem wellenMUTIGEN Bewusstsein befindet, an dich in deiner Situation und deinem aktuellen Bewusstsein. Beantworte in diesem Brief die Fragen und teile dir alles mit, was du weiterhin noch erfahren hast über den Nutzen und die Wirkungen des Bewusstseinswandels. Was kannst du, was du vorher nicht konntest? Notiere das Datum und die Uhrzeit, lege den Brief in einen Umschlag und klebe ihn zu. Verwahre ihn und lese ihn im Anschluss an deine Reise. Lass dich von deiner Veränderung überraschen und freue dich über den Abgleich mit dem Brief.

WellenMUT ist kein reiner Ratgeber für deinen Kopf, sondern eine Entwicklungsgrundlage, die gelebt werden will. Wenn du wertvolle Informationen ansammelst, gehst du oft davon aus, dass du dich veränderst. Aber in Wirklichkeit ist das nur Denken. Nur weil die Wolken deines Egos vor deinem Licht neue Formationen annehmen, heißt das nicht, dass sie durchlässiger werden. Bist du bereit, dich aus ganzem Herzen auf diese Reise einzulassen? Bist du bereit dafür, die Inhalte unmittelbar in dein Leben zu integrieren und immer wieder nach Möglichkeiten dafür im Alltag zu suchen?

WellenMUT erfordert Fokussierung und deinen Einsatz. Ich weiß, dass dieses Buch mit vielen anderen Aufgaben und Verpflichtungen in deinem Leben täglich in Konkurrenz geht. Es braucht für die nächsten Wochen deinen Fokus, den du verteidigst und für den du bewusst Zeit einplanst. Nichts auf der Welt ist erfolgreich nach dem Prinzip »Wasch mich, aber mach mich nicht nass«. Wenn du wartest, bis irgendwann am Wochenende Zeit dafür ist, wirst du den Fokus nicht halten können. Schaffe dir Zeiträume und verbinde dich täglich mit diesem Buch – lebe damit. **Jetzt** ist deine Zeit! Ausreden deines Papageien sollten wirkungslos an dir abprallen. Zwanzig Minuten täglich sollten möglich sein und stehen nicht im Verhältnis zu der Lebenszeit, die du gewinnst, wenn du dich auf die Reise machst.

WellenMUT funktioniert nicht wie ein Hebel, den man sofort umlegen kann. Obwohl es um Selbsterkenntnis geht und diese keine Zeit benötigt (weil sie zeitlos ist), kann es doch einige Zeit dauern, bis du zu dieser Einsicht kommen kannst und ihr nichts mehr entgegensetzt.

Erwarte also nicht, dass sich sofort eine durchschlagende Wirkung zeigt und dass du alles sofort umsetzen kannst. Du bist kein Zauberer und wir sind nicht auf dem Basar, auf dem sich Geben und Bekommen sofort die Waage halten müssen. Verschenke dich an dieses Buch und erwarte nichts – vertraue einfach und sei geduldig! Du wirst reich beschenkt werden.

WellenMUT ist nichts für Büchersammler. Du kennst sicher Menschen, die ein Buch nach dem anderen lesen und jedes neue Buch am Markt kennen, begeistert sind, Empfehlungen an ihre Bekannten aussprechen und es dann in den Schrank stellen. Auf zum nächsten Buch – und wieder das gleiche Schema. Jedes Mal haben sie die Überzeugung, dass dieses Buch oder diese Strategie die Wende bringt. Oft besuchen diese Personen dann ebenfalls einen Vortrag oder ein Seminar nach dem anderen oder schauen zu diversen Gurus auf. Ich frage mich dann oft: »Wenn die Person A doch das Buch B gelesen hat, warum tut sie dann immer noch C?«

Oft ist es Flucht und eine Überlagerung der Angst oder Bequemlichkeit, selbst aktiv zu werden und die bekannte Zone zu verlassen. Das Anhäufen von neuen Strategien und Inhalten von außen beruhigt und gibt deinem Papageien eine gewisse Befriedigung. Er wähnt dich im Fehlglauben, im Inneren würde etwas geschehen. Zwischen Kennen und Können liegen jedoch Welten. Es ist nicht entscheidend, wie viele Bücher du kennst und wie viele

Bücher du toll und interessant findest. In Büchern kannst du dich nicht finden. Einzig und allein deine Veränderung zählt. Dafür reicht manchmal ein einziges Buch oder ein entscheidender Hinweis. Vergleiche WellenMUT nicht mit anderen Büchern, bewerte nicht, was besser oder schlechter ist, suche nicht den Fehler, Beweise oder die Widersprüche, sondern werde aktiv und verwandle dich! Beginne bei Schritt eins, bis du ihn beherrschst, und spring nicht zu zehn und beschwere dich, dass das Prinzip nicht funktioniert. Nimm kein anderes Buch zu diesem Thema zur Hand, bis du nicht alle Inhalte der Reise in Erfahrung gebracht hast. Erst danach solltest du Resümee ziehen.

3.2 Auf welchen Ballast solltest du verzichten?

Es gibt drei Arten giftigen Ballasts, die deine Reise erschweren oder sogar zunichtemachen können: die falschen Begleiter, dein innerer Zweifler und Aufmerksamkeitsdiebe.

Falsche Begleiter
Wenn du etwas Neues ausprobierst, dann ist es verständlich, dass du dich vielleicht mit jemandem darüber austauschen willst oder Bekräftigung darin suchst. Ebenso möchte dein Papagei gerne anderen gute Ratschläge erteilen, wenn er von etwas profitiert und genau weiß, dass auch eine andere Person diese Veränderung bitter nötig hätte. Bevor du anderen von deiner Reise und den Erkenntnissen erzählst, vergewissere dich, ob diese Person überhaupt offen für diese Inhalte ist oder ob sie sich auf einer ähnlichen Reise befindet. Falls ja, kann sie ein wertvoller Begleiter sein, falls nicht, wird sie dir das Thema madigmachen, deinen Papageien mit Bedenken infizieren und dir Energie rauben.

Hüte dich ebenfalls vor Zwangsbeglückung. Die Tür zu einem neuen Bewusstsein geht nur von innen auf. Niemandem werden deine Ratschläge helfen können, wenn sie/er nicht zugänglich dafür ist oder daran glaubt, dass sie nötig sind. Erspar dir Frust und Ärger und belaste damit nicht deine menschlichen Beziehungen. Verzichte auch auf die Hilfe von selbst ernannten Lehrern, Hobby-Coaches, Pseudogurus beziehungsweise Pseudoheilern und Selbstdarstellern, die nicht wirklich die Essenz des Selbstgewahrseins in sich zur Blüte gebracht haben und dich mit einem Abklatsch davon oder getrübten Wahrheiten unsicher machen und dich in die Irre locken oder viel Geld an dir verdienen. Die meisten Personen versuchen durch ihre Aktivität vergeblich, sich selbst zu helfen. Im Kapitel *Spiritueller Materialismus* werde ich noch näher darauf eingehen.

Dein innerer Zweifler
Wir alle kennen die Stimme in uns, die heimtückisch aus der Ecke im Kopf heraus unsere Möglichkeiten und Fortschritte infrage stellt. Der Zweifler ist Teil deines Egos und möchte dich vor großen Enttäuschungen, Gefahren, Fehlern und Niederlagen bewahren. Eigentlich ein sehr wichtiger Teil in dir, oder? Nur übertreibt er es leider zu oft und schaltet sich mit seinem Misstrauen bei jedem neuen Input und jeder Veränderung des Gewohnten ein. Entweder stellt er dein Vorhaben beziehungsweise Thema infrage, die Werkzeuge beziehungsweise Ressourcen dazu oder dich selbst. Der Zweifler kann nur zweifeln und macht sich dadurch wichtig. Das bedeutet aber nicht, dass er weiß, was gut für dich ist. Nimm ihn zur Kenntnis, wenn er sich meldet, und schätze sein Bemühen wert. Reagiere aber nicht darauf und mache ihm deutlich, dass du es trotzdem ausprobieren willst.

Aufmerksamkeitsdiebe
Wir hatten bereits über moderne Medien und deren Wirkung auf uns gesprochen. Die destruktive Wirkung in Bezug auf deine Reise ist so enorm, dass ich hier noch einmal kurz darauf eingehen möchte: Geistiges Zapping zwischen diesem Buch und digitalen Medien oder Fernsehen ist mentales Gift. Wenn du liest oder Übungen anwendest, solltest du dich zu einhundert Prozent darauf konzentrieren und deine ungeteilte Aufmerksamkeit darauf ruhen lassen. Mir ist bewusst, dass vielleicht schon das bereits eine harte Übung für dich ist. Fange mit kleinen Übungssequenzen an. Eine

Ausnahme stellen natürlich die Praxisanwendungen und Beobachtungen in deinem Alltag dar, denn dort brauchst du ja gerade die Unruhe der Wellen als Übungsbühne.

Mir ist sehr daran gelegen, dass du jetzt das passende mentale Gepäck dabei hast und weißt, was du besser nicht mitnimmst. Ich habe noch niemanden erlebt, der mit diesem Gepäck nicht fähig gewesen wäre, den tiefsten Schmerz, die dicksten Wolken oder die größte Angst aufzulösen. Veränderung verläuft entweder aufwärts oder abwärts. Sie ist nicht statisch. Wenn du also nach Beendigung dieses Buches alles noch genauso machst wie vorher, geht die Veränderung abwärts. Denke an sportliches Training deiner Muskeln. Ein Muskel, der nicht trainiert wird, bildet sich zurück. Der Unterschied zu einer geistigen Entwicklung ist, dass es im Gegensatz zum Körper hier kein Limit gibt, wie weit wir gehen können.

Der WellenMUTIGE zählt nicht seine Schwierigkeiten und Probleme – er beginnt einfach neu.

Die WellenMUTIGE öffnet die Tür von innen und geht mit einem beherzten Schritt hindurch.

Wer wellenMUTIG ist, kommt aus der Wartestellung heraus, erhebt sich über seine Zweifel und bringt sich in den Raum der Erfahrung.

3.3 Gewohnheiten und ihre Tücken

»Nichts in der Geschichte des Lebens ist beständiger als der Wandel.«

Charles Darwin (1809–1882), britischer Naturforscher

Natürlich wirst du hier und da auf Gewohnheiten stoßen und den Wunsch haben, sie zu ändern. Damit du dabei nicht in einen Teufelskreis gerätst, möchte ich dich mit dem Dilemma der Veränderung vertraut machen:

Zunächst einmal entsteht in dir der Wunsch nach Veränderung, du erhältst in diesem Buch die Gelegenheit dazu und nutzt sie. Nehmen wir ein Beispiel: *Eine Klientin von mir hatte das Ziel, frei und sicher vor Gruppen präsentieren zu können. Bisher hatte sie diese Situationen komplett gemieden, weil sie starke Panik bekam, wenn sie nur daran dachte. Sie wollte Veränderung und kam zu mir. Wir beschäftigten uns mit der Angst und der Möglichkeit, anders mit ihr umzugehen. Sie lernte, an ihre Fähigkeiten zu glauben, ihre Gedanken und Gefühle zu steuern und durch Gegenwärtigkeit Schritt für Schritt der Angst den Nährboden zu nehmen. Zusätzlich brachte ich ihr einige Übungen bei, die ihr halfen, ruhig, klar und souverän zu sprechen. Durch gezieltes Atmen baute sie Stress ab und konnte jederzeit ihre Gefühle harmonisieren. Irgendwann ging es darum, sich der angstauslösenden Situation zu stellen. Und jetzt kommt der entscheidende Punkt: Sie stellte sich dort vorne hin und fühlte sich unsicher! Keine Panik, aber auch noch nicht die Freiheit und Sicherheit, die sie sich wünschte.*

Du veränderst dich also und hast zunächst ein unangenehmes Gefühl. Was tut jetzt dein Papagei? Er interpretiert dieses Gefühl als Gefahr und signalisiert, dass die Veränderung falsch ist. In Wirklichkeit ist das mulmige Gefühl nur ein Zeichen dafür, dass du in eine Entwicklungszone eintrittst, die deinem Gehirn bisher unbekannt ist. Doch der Papagei versucht, die Veränderung sofort zu stoppen, weil er sich unwohl fühlt, und wendet sich wieder dem alten Verhalten zu, was bekannt und sicher ist.

Wenn du ihm folgst, dann gerätst du in das Dilemma eines tückischen Kreislaufs. Du wendest dich gegen das Verhalten, was einzig und allein deine Erfahrung ändern könnte, fällst wieder in das alte Verhalten und stagnierst. Das frustriert dich natürlich und der gefühlt große Berg der unüberwindbaren Veränderung wächst und wächst. Gleichzeitig sehnst du die Veränderung herbei. Deine Zerrissenheit wird größer und du verstrickst dich immer mehr in das alte Muster. Die meisten Menschen kommen aus diesem Kreislauf nur schwer wieder heraus.

Meine Klientin wusste um diese Fehlmeldung ihres Papageien und reagierte richtig. Sie hieß das unangenehme Gefühl auf der Bühne einfach willkommen als Teil der Veränderung. Immer wenn es auftauchte, wusste sie, dass sie trainierte. Sie trainierte den ersten Monat lang so oft wie möglich, damit der Veränderungsprozess in Gang kommen konnte. Je mehr sie die Herausforderung vor Publikum suchte, desto schwächer wurde das Gefühl und der Papagei beruhigte sich. Sie erhielt viele Beweise für ihr Können und sammelte positive Erfahrungen. So konnte sie innerhalb von drei Monaten die Angstgefühle überschreiben und in eine gesunde Anspannung und Konzentration verwandeln. Nach weiteren drei Monaten freute sie sich sogar auf Präsentationen.

> **Wer wellenMUTIG ist, erkennt unangenehme Gefühle bei einem neuen Verhalten als notwendig für eine Veränderung an, stellt sich ihnen und nutzt sie als Tor zum Erfolg.**

Wenn du diesen Mechanismus einmal durchblickt hast, kannst du dir viel Frust ersparen und jede gewünschte Veränderung auf deiner Reise erfolgreich umsetzen.

3.4 Natürliche Reisebedingungen

Eine wellenMUTIGE Reise verläuft wellenförmig – wie könnte es anders sein. Ein Veränderungsprozess ist keine gerade Linie von unten nach oben. Hast du in der Natur schon einmal eine gerade Linie gesehen? Zu Beginn einer Veränderung nimmst du Fahrt auf. Nach einer ersten Phase voller Power und Neugierde setzt irgendwann eine Phase der Stagnation oder Gewohnheit ein. Sei dir bewusst, dass du auf größere und kleinere Hürden treffen wirst, die allesamt dein Vorhaben auf die Probe stellen werden.

Als größtes Hindernis möchte ich Angst erwähnen. Angst ist der Verhinderer von Liebe. Echte Liebe wehrt Angst nicht ab, denn Liebe beherbergt alle Gefühle. Der echten, puren Liebe habe ich ein Kapitel auf deiner Reise gewidmet, da die Liebesfähigkeit die größte und stärkste Kraft ist, die du für Selbsterfüllung nutzen kannst.

Was ist Angst? Zunächst kann Angst eine schützende Funktion deines Körpers sein. Ohne Angst würdest du dich übernehmen oder ständig gefährden. Dafür verdient sie deine Wertschätzung. Angst ist jedoch auch fast immer eine emotionale Reaktion deines Papageien auf Sinneskontakte aufgrund von irrealen Gedanken oder Vorstellungen. Es gibt wenige angstbesetzte Vorstellungen oder Situationen, in denen wir tatsächlich in Gefahr sind. Hast du so eine echte Gefahrensituation schon einmal erlebt? Häufig spüren wir dort etwas, was anders ist als Angst.

Ich möchte dir eine von mir erzählen.

Die Fahrt an der Grenze
Es ist im Spätherbst 2011. Ich sitze auf dem Beifahrersitz eines schwarzen BMW, neben mir der Fahrer, hinten im Auto sitzen meine Schwester und der kleine Terrier meines Fahrers. Wir sind unterwegs zum Flughafen Düsseldorf und in Eile. Ich muss unbedingt den Flieger nach New York bekommen, dort soll ich einen Klienten zum Marathon begleiten. Es sind noch etwa drei Kilo-

meter bis zum Flughafen und wir fahren auf der linken von drei Fahrspuren mit etwa einhundertfünfzig Kilometern pro Stunde.

Ich bin gerade damit beschäftigt, meine Geldbörse mit Pass und Flugticket für das Check-in aus der Tasche zu kramen. Plötzlich höre ich rechts auf der Fahrbahn ein lautes Geräusch – jemand hat etwas aus dem Auto geworfen. Vielleicht eine Dose, ich weiß es nicht. Mein Fahrer schaut ebenfalls reflexartig nach rechts – und das Fahrzeug folgt ihm mit einem Schlenker in diese Richtung – er erschrickt, lenkt sofort heftig dagegen und das Fahrzeug gerät ihm außer Kontrolle. Es schaukelt sich auf und wir driften über die komplette Bahn von links nach rechts – einen Fingerbreit vorbei an zwei Lastwagen, schrammen an der rechten Leitplanke einige Meter entlang – dabei rasiert sie die rechte hintere Seitentür ab. Wir haben immer noch Geschwindigkeit, segeln wieder über alle drei Spuren zurück, der linken Leitplanke entgegen. Autos hupen, bremsen, weichen aus. Das sind zweimal einige Sekunden akuter Lebensgefahr. Ich spanne unbewusst meinen ganzen Körper an, bin höchst konzentriert, die Augen weiten sich und scannen glasklar die Fahrbahn – alles in mir ist ruhig und still. Ich bin mir bewusst: Vielleicht stirbst du jetzt! Es ist wie ein kurzer Moment der Hingabe an das Leben. Kein Zeichen von Angst zu spüren – aber volle Präsenz.

Nach der dritten Überquerung der drei Fahrspuren fängt der Wagen sich tatsächlich auf der rechten Fahrspur und rollt weiter geradeaus. Weder ein Auto noch ein Lastwagen hat uns erfasst. Der kleine Hund meines Fahrers ist aus seiner Befestigung herausgerutscht und wie ein kleines Geschoss durch den Wagen geflogen. Er blutet leicht und ist verschreckt, aber am Leben. Erst jetzt löst sich bei mir die Spannung. Ich weine vor Erleichterung und deshalb, weil mir der kleine Hund so leidtut. Der Fahrer wirkt völlig rational und gefangen und fährt wie ferngesteuert weiter bis zur naheliegenden Flughafenausfahrt und parkt an der Haltebucht am Abflug. Er besteht darauf, dass wir aussteigen und zum Abflug gehen sollen, wenn wir körperlich dazu in der Lage sind. »Du kannst deinen Klienten nicht im Stich lassen!« Die Wagentür klemmt und lässt sich nicht öffnen. Wir klettern an einer Seite aus dem Wagen und er drückt uns unsere Koffer in die Hand. »Ich komme klar«, sagt er.

Er ist nicht umzustimmen und ich begebe mich mit einem unguten Gefühl zum Flieger und komme heile in New York an – mit einem gewaltigen Schleudertrauma. Doch zum Glück reichen die drei Tage bis zum Marathon aus, um körperlich wiederhergestellt zu sein.

Im Nachgang erfahre ich, dass mein Fahrer unter Schock stand, kurz den Hund versorgte und dann mit dem defekten Auto ohne die Tür noch fünfundsiebzig Kilometer nach Hause fuhr. Erst einen Tag später, als er wegen des Schadens an der Leitplanke von der Polizei kontaktiert wurde, wurde ihm bewusst, was eigentlich geschehen war.

Dieses Erlebnis ist ein gutes Beispiel dafür, dass wir selbst in Momenten großer Gefahr durch innere Alarmbereitschaft häufiger einen Zugang zu autonomen Ressourcen erhalten und keine Angstgedanken da sind. Trotzdem ist die Angst natürlich ein spürbares Signal deines Papageien, der dir Gefahr anzeigt und mit Stress reagiert. Ob es nun wirklich eine reale Gefahr gibt oder nicht, ist zweitrangig. Was tust du, wenn du Angst wahrnimmst? Wie gehst du mit ihr um? Besucht sie dich ab und zu oder wohnt sie bei dir? Ist sie dein Ratgeber geworden? Grundsätzlich ist es bei starker Angst natürlich wichtig, dass du es nicht noch schlimmer machst, als es schon ist. Manchmal macht es Sinn, die Angst zu vermeiden. Allerdings sollte das nicht deine allgemeine und einzige Strategie im Umgang mit Angst sein.

Um wellenMUTIG zu werden, ist es notwendig, dass du dich der Angst stellst – ähnlich wie bei dem Störgefühl in Veränderungssituationen. Du gehst durch sie hindurch, weil es in dir etwas gibt, was wichtiger ist. Meistens wirst du erkennen, dass es nur halb so schlimm war und die Angst sich auflöst. Letztendlich ist es ein sehr intensives unangenehmes Gefühl, das kommt und geht. Nicht mehr und nicht weniger. Du brauchst keine Angst vor der Angst zu entwickeln, das Gefühl tut dir nichts. Versuche sie nicht zu verdrängen, setze ihr nichts entgegen.

> **Wer wellenMUTIG ist, beachtet Folgendes: Jeder Schutzversuch gegen Angst verkehrt sich allmählich in sein Gegenteil. Du stärkst die Angst und sie wird dein Feind, obwohl du sie loswerden wolltest.**

Weiterhin kannst du die Angst zu deinem Trainer werden lassen, indem du sie hinterfragst. Grundsätzlich kannst du zwei Angstformen erkennen: Die Angst **vor** etwas Konkretem (zum Beispiel Auto fahren) oder eine generelle Angst, die **in** dir ist (Selbstzweifel, Unsicherheit, die bekannte Angst vor der Angst). Erforsche deine Angstgefühle.

Was sagt mir das über mich, dass immer bei Situation XY die Angst auftaucht?
- Wovor kann ich mich dadurch verstecken? Wem brauche ich dadurch nicht zu begegnen in mir oder im Außen? Was überlagert sie?
- Nutzt mein Papagei die Angst, um Leere zu füllen oder Aufmerksamkeit zu erhalten? Definiert er sich dadurch und ist sie schon ein Teil seines Ichs geworden?
- Wie oft erlebe ich angstbesetzte Gefühle? Welche Bewertungen, Gedanken, Urteile gebe ich vorher ab? Könnte ich diese aufgeben oder muss ich so denken? Wer oder was zwingt mich dazu?
- Wer wäre ich oder was würde mir möglich sein, wenn ich die Angst nicht hätte?

Wichtig: Kein Mensch kann Angst ohne Gedanken lange aufrechterhalten. Du musst aktiv etwas tun, um dich länger oder häufig zu ängstigen.

Probiere es aus und stoppe deine Gedanken, indem du etwa dreißig Sekunden konzentriert auf einen Gegenstand siehst, der sich nicht bewegt, und nonstop den Namen des Gegenstandes sagst. Merkst du, dass du nicht gleichzeitig eine Emotion wie Angst hochhalten und gegenwärtig sein kannst? In der Gegenwart kann keine Angst überleben.

Reisevorbereitungen

Dazu ist es hilfreich, dass du übst, deinen Papageien zunächst wohlwollend zu beobachten und, wenn du erste Angstsignale erkennst, deine Aufmerksamkeit auf etwas Gegenwärtiges zu lenken, was dich beruhigt. Besonders gut dafür ist die Atmung geeignet. Wir werden im Hauptteil noch näher auf die Bedeutung der Atmung eingehen.

3.5 Deinen inneren Kompass verstehen

Menschliches Verhalten wird durch genetische, unbewusste prägungs- und lernbedingte Faktoren beeinflusst. Auch du bringst unterschiedliche Ausprägungen deiner Persönlichkeit mit ins Leben. Du trägst unterschiedliche Neigungen, Stärken, Schwächen und Antreiber in dir. Wenn du sie zu Beginn deiner Reise gut kennst, kannst du deine Veränderung effektiver gestalten und blinde Flecken ins Licht holen. So kannst du besser einschätzen, wo du Veränderung wünschst. Natürlich wird dir das eine oder andere über dich klar sein, denn du bist ja schon eine Weile auf der Erde. Oft sind wir uns jedoch nicht der konkreten Auswirkungen und Kettenreaktionen bewusst, die unsere Persönlichkeitsstruktur zur Folge hat, da wir unsere Wahrnehmung als normal erleben und sich eine gewisse Betriebsblindheit eingestellt hat. Eine Kenntnis von Persönlichkeitstypen kann dich ebenfalls dabei unterstützen, die Beziehung zu dir selbst und anderen enorm zu verbessern.

Egal, ob es sich um ein Verkaufsgespräch, einen Streit oder eine Führungssituation handelt, du wirst auch im Beruf mehr Wirkung erzielen können und Missverständnisse gewaltig reduzieren, wenn du den Kommunikationsstil, das Stressmuster, Werte und Ängste einer anderen Person einschätzen kannst. Hast du Lust, deinen inneren Kompass kennenzulernen?

Grundsätzlich können wir, wenn wir Menschen beobachten, zwei Ausrichtungsmöglichkeiten des Verhaltens mit dem entsprechenden Gegenpol erkennen:

Extrovertiertheit ⇔ Introvertiertheit
und
Faktenorientierung ⇔ Menschenorientierung

Extrovertiertheit kannst du an einem offensiven und fordernden Verhalten erkennen. Diese Menschentypen sprechen das aus, was in ihnen vorgeht, und teilen sich mit. Sie äußern sich offen und direkt, konfrontieren, diskutieren, wollen sich mit anderen auseinandersetzen, vorne stehen, überzeugen und halten nicht mit Störgefühlen hinter dem Berg. Stelle dir vergleichsweise einen offenen Garten vor, in dem du stehst und sofort erkennen kannst, was dort wächst. Du erkennst vielleicht Farben und Sorten der Blumen, Beete, Rasen, Figuren und den Komposthaufen. Da fällt kein großes Ratespiel an, oder? Eine extrovertierte Person ist weiterhin entscheidungsfreudig, spontan und kommt mit ungewohnten Situationen gut zurecht.

Introvertiertheit bringt ein eher defensives Verhalten mit sich. Diese Menschentypen behalten Gedanken oder Gefühle oft für sich und sprechen nur zögerlich aus, was in ihnen vorgeht. Wie in einem Aquarium ist die Oberfläche des Wassers ruhig und wenig lebendig. Nur das Innenleben ist bewegt. Du musst tauchen, um an diesem Leben teilhaben zu können. Introvertierte Menschen setzen sich nicht gerne mit anderen auseinander und brauchen Zeit, bis Entscheidungen getroffen werden können. Sie möchten sich auf Veränderungen in Ruhe vorbereiten und sind tendenziell eher gewohnheitsliebend.

Faktenorientierte Menschen richten ihren Fokus auf das Denkbare, Rationale, Messbare. Für sie zählen Ergebnisse, Erfolge und sie erfassen das Leben eher durch gedankliche Logik. Sie tendieren dazu, mit sich und ihrer Umwelt im Konflikt zu sein. Ihre Kommunikation ist nüchtern und sachlich ohne größeres Einfühlungsvermögen.

Menschenorientierte Typen zeichnet ein guter Zugang zu Emotionen und eine Antenne für zwischenmenschliche Themen aus. Sie haben eine Verbindung zu Kreativität, inneren Bildern, Gemeinschaft und Harmonie. Sie möchten gerne im Frieden und Wohlwollen mit anderen sein und leiden unter Streitigkeiten. Gleichzeitig erleben sie Gefühle intensiver und können diese ebenfalls nicht so schnell loslassen. Ihre Kommunikation ist warm und einfühlsam oder lebendig und gefühlsbetont.

Daraus ergeben sich vier Kombinationen, die sich in vier Persönlichkeitstypen in ihrer Grundausrichtung widerspiegeln. Alle vier Persönlichkeitstypen sind in unterschiedlicher Mischung und Intensität (zehn Prozent bis einhundert Prozent Ausprägungsintensität) bei jedem Menschen zu erkennen. Im Normalfall sind ein bis drei Typen über fünfzig Prozent ausgeprägt und im Verhalten deutlich zu erkennen. Es gibt keine besseren oder schlechteren Persönlichkeitstypen, sondern nur andere. Vergleiche es mit verschiedenen Obstsorten. Ein Pfirsich ist nicht besser als eine Orange oder als Erdbeeren, aber er schmeckt eben anders. Ebenso macht es für den Pfirsich keinen Sinn, eine Erdbeere sein zu wollen, denn nur dadurch, dass er sich selbst verkörpert, kann er als leckere Frucht reifen.

Nur wenn wir wissen, welche Grundmuster unser Verhalten prägen, können wir daraus unsere Stärken hervorheben oder uns von der Anhaftung an Verhaltensmuster lösen, wenn wir uns dadurch eingeschränkt fühlen. Zum besseren Verständnis habe ich bei der Beschreibung für dich einen Vergleich zu Tieren gezogen. Wenn du dich in der Beschreibung des einen oder anderen Typen nur in einigen Aspekten wiedererkennst, dann ist das völlig ausreichend, denn nicht alle Verhaltensdimensionen passen in allen Facetten zu uns. Versuche dich tendenziell in einem oder mehreren Typen wiederzuerkennen und Ansätze für mögliche Veränderung zu erkennen.

Die vier Persönlichkeitstypen sind:
- der dominante Löwe (extrovertiert – faktenorientiert)
- der initiative Wellensittich (extrovertiert – menschenorientiert)
- der gewissenhafte Fuchs (introvertiert – faktenorientiert)
- der stetige Labrador (introvertiert – menschenorientiert)

Der **dominante Löwe** ist ehrgeizig und unabhängigkeitsliebend. Er strebt Führung an und möchte niemanden über sich haben, der ihn einengt. Herausforderung und Wachstum sind wichtige Aspekte in seinem Leben. Löwen wirken selbstbewusst, sind entscheidungsstark und wollen gewinnen. Sie haben große Stärken darin, schwierige Führungssituationen zu lösen, die Übersicht über komplizierte Sachverhalte zu behalten und Ziele zu erreichen. Ihnen fällt es leicht, Krisen zu managen, sich zu fokussieren und bei Stress ein hohes Tempo anzuschlagen. In der Kommunikation sind sie direkt, konfrontativ und klar. Lästige Details werden gerne an Andere delegiert. Oft sind sie im äußeren Lebenslauf erfolgreich und nutzenorientiert. Das Bestreben des Löwen ist Unabhängigkeit und seine verborgene Angst besteht darin, diese zu verlieren und begrenzt zu sein.

Mögliche Ansatzpunkte der Veränderung könnten sein:
- der eigenen verborgenen Angst begegnen
- empathischer und toleranter werden
- Geduld, Gelassenheit, Druck herausnehmen
- Schwächen zulassen, anstatt sie zu verdrängen, Durchlässigkeit anstatt Härte sich selbst und anderen gegenüber zeigen
- Kontakt zum inneren Raum finden (formloses Ich), Kernselbstwertgefühl stärken
- Verbundenheit anstatt Konkurrenzstrebens oder Verbissenheit
- Beziehungsfähigkeit stärken, sich öffnen und sich einlassen

Der **initiative Wellensittich** braucht eine Bühne und genießt es, als Entertainer oder Star sein Publikum zu begeistern und zum Lachen zu bringen. Er braucht die Anerkennung von Menschen für sich selbst und liebt abwechslungsreiche Unterhaltungen. Seine große Stärke ist, dass er sehr begeisternd, kreativ und spontan ist und schnell Kontakt zu Menschen aufbaut oder die Stimmung auflockert. Wellensittiche sind sehr vielseitig und gute Visionäre oder Impulsgeber. Ihre Gefühle schwanken oft und sind stark ausgeprägt. Sie achten nicht auf faktische Details und verkalkulieren sich oft in Terminen oder Uhrzeiten. Ihr Bestreben ist Anerkennung für sich selbst und die verborgene Angst besteht darin, benachteiligt zu werden.

Mögliche Ansatzpunkte der Veränderung könnten sein:
- der verborgenen Angst begegnen
- innerlich zur Ruhe kommen und Konzentration lernen, das Stresslevel senken
- mehr zuhören und wertvolle Fragen stellen
- bei einer Sache bleiben und diese fokussiert und zeitgerecht zu Ende bringen
- Tiefgang, Zuverlässigkeit und Beständigkeit in Beziehungen entwickeln
- authentisch sein und echte innere Zufriedenheit erlangen
- Gefühlsbalance erreichen anstatt emotionaler Dramen

Der **gewissenhafte Fuchs** ist ein wahrer Perfektionist, der Details beachtet und um jeden Preis Fehler vermeiden möchte. Ein Fuchs nimmt seine Verpflichtungen sehr genau und geht den Dingen auf den Grund. Er schafft sich feste Strukturen und will genauestens vorbereitet sein. Seine kritische Aufmerksamkeit gilt auch den faktischen Details und er hat einen Blick für Kleinigkeiten. Mit Entscheidungen tut der Fuchs sich schwer. Seine großen Stärken sind seine analytische Fähigkeit, Zuverlässigkeit und die Präzision. Die Kommunikation von Füchsen ist überlegt, nüchtern, reserviert und sachlich. Sie zeigen ihre Gefühle nicht offen und sind schwer einzuschätzen. Ihr Bestreben ist Perfektion und ihre verborgene Angst besteht darin, Kritik zu erhalten.

Mögliche Ansatzpunkte der Veränderung könnten sein:
- der verborgenen Angst begegnen
- loslassen und den Gedankenlärm abschalten lernen
- den inneren Raum spüren und zur Ruhe kommen
- Leichtigkeit und Offenheit im Umgang mit anderen Menschen
- den inneren Kritiker eindämmen und positive Selbstgespräche führen
- Fehler akzeptieren und Perfektionismus in gesunde Bahnen lenken
- das Kernselbstwertgefühl stärken und die Abhängigkeit vom Marktwert lösen
- innere Zufriedenheit spüren

Der **stetige Labrador** ist die gute Seele, die alles harmonisch zusammenhält. Er strebt nach Stabilität, ist loyal und hilft anderen Menschen gerne. Sein großes Herz hat Platz für alle. Wo er ist, fühlen die Menschen sich aufgehoben, wertgeschätzt und beruhigt. Labradore sind fleißig und laden sich ohne Klage auch unangenehme Arbeiten auf. Sie können schwer loslassen, da sie eine starke Verbundenheit mit Menschen oder Erfahrungen herstellen. Ihre großen Stärken sind ihr Einfühlungsvermögen, ihre Fähigkeit zuzuhören und die Teamfähigkeit. Ihr Bestreben ist Sicherheit und ihre verborgene Angst besteht darin, alleine zu sein.

Mögliche Ansatzpunkte der Veränderung könnten sein:
- der verborgenen Angst begegnen
- innere Unabhängigkeit und Selbstvertrauen
- Unvorhergesehenes und Veränderung zulassen
- Grenzen setzen, die eigenen Bedürfnisse wichtig nehmen und kommunizieren
- delegieren und loslassen lernen
- Anhaftung an die Vergangenheit lösen
- innere Schwere auflösen
- verzeihen können und Leichtigkeit in der Kontaktaufnahme zu neuen Menschen

Häufig tun wir uns mit Menschen schwer, die einer anderen Persönlichkeitsstruktur entsprechen. Wir können nicht verstehen, wie sich ein Mensch so verhalten kann, und ärgern uns zum Beispiel darüber oder fühlen Abneigung. Durch Kenntnis der Persönlichkeitstypen kannst du den Fokus auf die Ergänzung durch andere Typen richten, anstatt die Unterschiede wahrzunehmen und nur nach deinesgleichen zu suchen. Wir erkennen nur durch das Gegenteil dessen, was wir sind, wer wir sind. Immer wenn du auf einen Menschen stößt, der anders ist als du, lernst du, wer du bist. Jeder Mensch hat andere Berührungspunkte mit der Wirklichkeit und keiner kann sie erfassen. Leider verwechselt unser Papagei seinen persönlichen Berührungspunkt mit der Welt mit der Wirklichkeit.

Ein ungleiches Paar findet sich neu
Lara ist Ende zwanzig und kontaktiert mich, weil sie die Partnerschaft mit ihrem Freund Markus infrage stellt. Die beiden sind seit sieben Jahren ein Paar und sind gerade an einem kritischen Punkt miteinander angelangt. Laras Persönlichkeitstyp ist Wellensittich und Löwe: Sie ist offensiv, spontan, risikofreudig, kommunikativ, chaotisch, handlungsorientiert und positiv eingestellt. Lara stören die Verhaltensweisen ihres Partners enorm. Sein Persönlichkeitstyp ist Fuchs, ein wenig Labrador und ein wenig Wellensittich: vorsichtig, unentschieden, kritisch, strukturiert, perfektionistisch, ordnungsliebend, korrekt, problemorientiert.
Lara kann sich mit seinen Verhaltensmerkmalen nicht arrangieren. Sie fühlt sich ständig kritisiert und provoziert, von Markus Ordnungswahn bedrängt, von seiner Entscheidungsunfähigkeit behindert und ärgert sich, weil er große Unzufriedenheit ausstrahlt. Die beiden streiten sich täglich um Kleinigkeiten und sie nimmt immer mehr Anstoß an seinen Eigenarten und Blockaden. Ebenso verbeißt er sich in ihren Eigenarten und beklagt sich über ihre Unordnung, Oberflächlichkeit oder Entscheidungsgeschwindigkeit. Jeder Papagei verteidigt seine eigene Realität und wertet die Realität des anderen als unzulänglich ab. Deshalb fokussieren sich beide nur noch auf die Schwächen des anderen und blenden alles andere aus.

Lara lernt die Persönlichkeitstypen kennen und die Funktionsweise und Absicht ihres Papageien. Ich frage sie zunächst eine wesentliche Frage: »Wie fühlt dein Herz für ihn? Liebst du ihn noch aus ganzem Herzen? Wenn diese anstößigen Themen nicht wären, was wäre dann?«
»Ja, ich liebe ihn sehr und möchte eigentlich mit ihm zusammen sein. Immer wenn er gute Laune hat, kann ich das auch fühlen. Doch leider ist das selten der Fall und meine negativen Gefühle überwiegen.« Sie möchte gerne noch einmal alles versuchen, um die Beziehung zu retten.
Lara entwickelt eine neue Haltung zu Markus Verhalten und versucht, seine Wirklichkeit kennenzulernen und ihn als anders, aber nicht falsch wahrzunehmen. Sie beobachtet, ohne zu verurteilen, und übt sich darin, die gute Absicht zu erkennen, die hinter seinem Verhalten steckt: keine Fehler machen, Übersicht behalten, in Sicherheit sein, nichts Unüberlegtes tun, Für und Wider bedenken.
Lara lässt das Klagen und äußert anstelle dessen Wünsche, ohne zu erwarten, dass sich diese erfüllen müssen. Die Wünsche sollen dazu dienen, dass Markus Laras Sichtweise kennenlernt, ohne sich angegriffen zu fühlen, und sie als Hilfestellung empfindet. Ihre ständige Klage oder Unzufriedenheit bewirkte vorher das Gegenteil und schürte seine Kritik ihr gegenüber. Lara lernt, sich über die Unterschiede in der Persönlichkeit zu erheben und darüberliegende Werte und Gemeinsamkeiten mehr in den Fokus zu rücken. Ihr Verhalten lockert Markus auf und auch er wendet sich ihr zu.
Nur weil sie sich ändert, ändert das die Beziehung. Sie bringt neue Energie in die Beziehung, die etwas in Gang setzt.
Sie erfüllen sich nach einiger Zeit einen großen Traum und kaufen sich ein baufälliges Haus als gemeinsames Projekt, das sie liebevoll renovieren und einrichten. Beide entdecken ihre gemeinsame Liebe zur Natur. Viele Urlaube verbringen sie zukünftig mit dem Rucksack und entdecken sich neu. Sie erwerben ein Wohnmobil und erobern Schritt für Schritt ihre eigene Welt und schaffen gemeinsame Erlebnisse. Durch den Fokus auf das Gemeinsame und die Wertschätzung dessen können die Unterschiede einfach da sein, aber sie sind nicht mehr von so großer Bedeutung – die beiden profitieren sogar davon. Jeder kann den anderen so sein lassen, wie er ist, und fühlt sich da-

durch nicht mehr provoziert. Wenn Markus zu sehr in sein Muster verstrickt ist, kann Lara Mister Bedenkenträger mit Humor betrachten und loslassen. Anfang dieses Jahres berichtet Lara stolz von ihrer Verlobung. Die beiden haben ihre Chance genutzt.

> Wer wellenMUTIG ist, hat Bewusstheit über die Präferenzen seiner Persönlichkeit, aber er nimmt sich nicht zu ernst. Er gewinnt neue Verhaltensflexibilität durch Akzeptanz von anderen Realitäten. Er setzt seine Stärken förderlich ein und ist sich über seine empfindlichen Punkte im Umgang mit anderen Menschen bewusst.

3.6 Schutzimpfung: Spiritueller Materialismus

Dein Gepäck solltest du jetzt zusammenhaben. Fühlst du dich gut vorbereitet? Bevor du jetzt deine Reise startest, möchte ich dir noch eine Schutzimpfung mit auf den Weg geben. Klingen einige Begriffe, die ich bisher erwähnt habe, sehr spirituell? Ist das befremdlich für dich? Fragst du dich, wofür du ein Buch brauchst, das dich mit Spiritualität konfrontiert? Das ist doch nur etwas für Leute, die im normalen Leben nicht zurechtkommen, und ist alltags- oder businessfremd. Lass dich zunächst impfen und entscheide dann neu.

Das Wort Spiritualität leitet sich von dem lateinischen Begriff »spiritus«, Geist oder Hauch, beziehungsweise »spiro«, »ich atme«, ab. Man könnte sie als etwas bezeichnen, was sich auf das Geistige ausrichtet und auf das, was uns mit dem verbindet, was für den Verstand teils unerklärlich ist. Spiritualität beinhaltet weder Anhaftung an einen bestimmten Glauben im engen religiösen Kontext noch weltfremde Pseudoesoterik. Sie ermöglicht dir, dich als Mensch zu erkennen und dich innerlich aus der Abhängigkeit von deiner begrenzten irdischen Sicht zu befreien. Spiritualität war schon immer in der Menschheitsgeschichte präsent und war bis zur Entwicklung der klassischen Religionen ein alltäglicher Lebensinhalt. Die Mystiker aller Richtungen deuteten auf die höchste Wahrheit unseres Seins und wurden oft dafür belächelt. Insbesondere in unserer westlichen Ausrichtung, die das Ego extrem überbetont, hat sie heute keinen Platz und gilt für viele Menschen als überflüssig oder versponnen. Wir bewegen uns immer mehr von unseren wahren Bedürfnissen oder Kernfragen weg und verirren uns in Oberflächlichkeit. Alles, was nicht sein darf oder dem Ego nicht gefällt, verschwindet in unserer Gesellschaft schnell wieder unter die Oberfläche und lebt dort ungesund eigendynamisch weiter. Das blinde oder dogmatische Befolgen einer starren Religion ist ebenfalls nichts, was uns mit den großen Fragen über den menschlichen Geist und den Sinn unseres Menschseins verbindet, weil es uns in eine festgelegte Gedankenform beziehungsweise Vorstellung führt oder zwingt, die uns einengt. Wahre Spiritualität entzieht sich jeder zwingenden Richtung und bringt uns dazu, uns vollkommen zu erfahren und in uns selbst Stärke und Freiheit zu finden.

Wenn die Dimensionen des Gegenständlichen und Formlosen nicht Teil deiner Selbsterfahrung sind, definierst du dich nur durch ein Fragment deiner selbst und versuchst erfolglos, deine alltäglichen Probleme durch Denken zu lösen. Wer Menschsein einzig und allein darauf reduziert, sich durch die Wellen des Verstandes zu definieren, der lebt innerlich so, als würde er nur einen Arm nutzen, obwohl ihm beide zur Verfügung stehen. Je mehr du denkst, Spiritualität nicht nötig zu haben, desto mehr Potenzial könntest du dadurch tatsächlich heben.

Um in der heutigen Zeit frei und erfüllt bestehen zu können, ist alltäglich gelebte Spiritualität eine Notwendigkeit. Alles andere wäre ein Verschließen vor dem, was dich ausmacht.

Wir alle sind als menschliche Form vergänglich und durchlässig und nur die ständige Dichte von Ereignissen lässt uns das vergessen. Menschsein ist Veränderung, ob du Veränderung magst oder nicht. Trotzdem bist du dahinter in deiner Essenz auch Teil der Unendlichkeit.

Ohne Bewusstheit für die eigene Vergänglichkeit verirrst du dich in Oberflächlichkeiten, ohne Verbindung zu dem in dir, was nicht vergeht, verstrickst du dich in Probleme und das Leben erdrückt dich durch seine Schwere.

Du wirst an innerer Armut erkranken, wenn du deinen Geist nicht befreist und schulst. Ähnlich wie mit deinem Körper: Lange Zeit fällt dir Bewegungsarmut oder Fehlernährung nicht auf und du machst dich über Menschen lustig, die sich regelmäßig fit halten und bewusst darauf achten, was sie zu sich nehmen. Und plötzlich erkrankst du und dein Körper funktioniert nicht mehr wie erwartet, weil ihm schon lange Zeit etwas Wesentliches fehlt, auf das er nicht mehr länger verzichten kann. Nun wird dir bewusst, dass du dich in eine Mangellage gebracht hast, weil zum Beispiel die Zähne kaputt sind, die Muskeln schmerzen, der Magen verrücktspielt, das Herz versagt oder der Rücken streikt. Beim Geist merken wir das nicht in dieser Form, weil er uns diese Symptome nicht sendet. Er wird einfach nur träge, angespannt, verwirrt und mürrisch, wenn er nicht atmen kann. Du brauchst geistige Beweglichkeit außerhalb der Gedanken für deine geistige, emotionale und mentale Gesundheit.

Gelebte Spiritualität ist nichts für Personen, die sich auf ihr Meditationskissen oder in die Yogahose flüchten und sich der Alltäglichkeit entziehen. Ohne die Integration in deinen Alltag ist sie nutzlos. Sie sollte dir in jeder Sekunde deines Alltags helfen und dich dazu bringen, beide Dimensionen des Seins in dein Handeln einfließen zu lassen. Meine Schutzimpfung soll dich vor der Täuschung bewahre zu glauben, dass du Spiritualität nicht nötig hättest. Gelebte Spiritualität lässt dich auf den Wellen des Alltags mit Leichtigkeit surfen.

Wir leisten uns ein spirituelles Ego und setzten dazu passende Themen mit auf die Liste, die es abzuhaken gilt:

- ☑ ein Auslandssemester habe ich gemacht
- ☑ den Sportwagen habe ich gekauft
- ☑ geheiratet und gebaut habe ich
- ☑ ich habe Kinder bekommen und diese gut erzogen

Und natürlich bin ich auch spirituell, denn ...
- ☑ ich habe Yoga ausprobiert
- ☑ ich habe ein armes Kind finanziell unterstützt
- ☑ ich habe Buddhafiguren in meinem Garten aufgestellt
- ☑ ich habe eine Zeit lang vegan gegessen
- ☑ ich meditiere in der Sauna auch ganz gerne oder ich entspanne mit Räucherstäbchen in der Wanne
- ☑ ein Mal im Jahr entschlacke ich bei einer Ayurvedakur in Indien

»Wir werden geschickte Schauspieler, und während wir für die wahre Bedeutung der Lehren taubstumm spielen, finden wir es angenehm, so zu tun, als würden wir dem Pfad folgen.«

Chögyam Trungpa Rinpoche (1939–1987), Linienhalter und Tertön der Kagyü und Nyingma Traditionen des tibetischen Buddhismus

Chögyam Trungpa (1939–1987) bezeichnete das mit dem treffenden Begriff »Spiritueller Materialismus«. Trungpa entstammte dem tibetischen Buddhismus und war Begründer der Shambhala-Bewegung. Er begründete in Nordamerika die Organisation Vajradhatu mit zahlreichen Meditationszentren, Shambala-Training und die Naropa Universität. Obwohl er in der strikten monastischen Tradition des tibetischen Buddhismus erzogen worden war, war er sehr am Leben von Menschen aus anderen Traditionen und Kulturen interessiert, engagierte sich zum Beispiel für die Dichtkunst oder bildenden Künste und schätzte die Heiligkeit allen Lebens überhaupt. Trungpa gab Antworten auf Probleme der Menschen, die heute immer mehr ins Zentrum rücken: die Geschwindigkeit und Entfremdung des modernen Lebens, Depressionen, Materialismus, Macht, Aggression, Wut und destruktiver Mangel an echtem Selbstwertgefühl. Er war zutiefst vom grundlegend guten Potenzial im Menschen und von unserer Fähigkeit, eine gesunde und wache Gesellschaft zu errichten, überzeugt. Wir leben heutzutage in einer Kultur, die Materialismus betont, und es ist naiv, anzunehmen, spirituelles Wachstum wäre davon unbeeinflusst.

Spiritualität wird auch benutzt, um mehr Macht zu erlangen, Geld zu verdienen, das Ego zu vergrößern, Komplexe zu vertuschen, Bewunderung und Respekt zu erhalten oder unseren eigenen Problemen zu entfliehen. Wir missbrauchen sie als etwas, was uns hilft, die Wahrheit zu vermeiden, und bilden uns gleichzeitig ein, wir wären weise und hätten Bewusstseinstiefe erreicht. Gelebte Spiritualität braucht sich nach einer Unternehmenspleite oder Scheidung nicht nach Indien zu flüchten oder von Guru zu Guru zu rennen, um endlich Erleuchtung zu erlangen. Was meinst du, wie viele selbst ernannte Gurus ihr dickes gepanzertes Ego damit ausstatten? Wer die Wahrheit wirklich erkannt hat und sich seiner selbst bewusst ist, stellt sich dem, was hier und jetzt ist – in uns selbst und anderen. Es geht nicht vorrangig darum, *was* du tust, sondern *wie* und *mit welcher Absicht*.

Solange du nicht beim Frühstückstisch mit deiner Familie, bei der Diskussion mit deinen Eltern, Kindern, Mitarbeitern oder im Umgang mit deinen Emotionen von der Anhaftung an deinen Papageien loslassen kannst, bist du noch keinen einzigen Schritt weitergekommen.

WellenMUT verkörpert dieses Thema nicht als Mode, die du mitmachst, um dann wieder etwas anderes auszuprobieren. Es geht um dich und dein Verhalten im nackten Alltag ohne Entspannungsmusik und andere Verschönerungsmaßnahmen oder Ablenkungsmanöver. Die reine Wahrheit in deinem Kopf und in deinem Herzen oder in der Beziehung mit deinem Nächsten, um deine Ängste, Krankheiten, Schwierigkeiten und den Umgang mit deiner eigenen Vergänglichkeit. Und noch mehr als das. Vor dir liegt ein außergewöhnlicher Weg zu riesigen Ressourcen und zu einer Quelle von Erfolg, die kaum jemand um dich herum erkannt hat und nutzt. Wenn du versuchst, das Ganze zu erfassen, wirst du alle Antworten finden. Das Ganze ist viel mehr, als die Summe einiger Teile. Nur so kannst du intelligente Unbewusstheit auflösen. Menschen, die intelligent sind, aber tief unbewusst, sind gefährlich für andere und sich selbst. Schaue dich um in der Welt und sieh, was Menschen sich gegenseitig zufügen, obwohl sie intelligent sind. Sie nutzen die Intelligenz für die Vergrößerung ihres Egos und die Ausläufer ihrer Unbewusstheit: Bereicherung, Zerstörung, Krieg, Machtmissbrauch, Unterdrückung, Korruption, Feigheit, Rechtfertigung, Hass. Möchtest du dem etwas entgegensetzen?

Doch die Lösung liegt nicht in noch mehr Hass oder Verteufelung, sondern beginnt bei dir und deiner Intelligenz gepaart mit Weisheit. Erst das zusammen ergibt Lebensintelligenz.

Wer wellenMUTIG ist, ist außergewöhnlich erfolgreich, weil er Spiritualität als Weg zur Selbsterkenntnis nutzt und dadurch die Welt verändert.

4.
Die Reise zur Selbsterfüllung

4.1 Selbstgewahrsein: Die Tiefe des Meeres erfassen

Schön, dass du dich entschlossen hast, mit mir zu reisen. Wie du weißt, liegen jetzt sechs gemeinsame Monate vor uns. Da du zunehmend auch die zeitlose Dimension in dir spüren wirst, wird dir diese Zeit kurzweilig sein. Wenn du neugierig bist, kannst du natürlich während der ersten vier Trainingswochen das Buch schon weiterlesen. Du kannst es auch gerne zweimal oder dreimal lesen. Es ist nur wichtig, dass du zu den Übungen des jeweiligen Monats zurückkehrst und dich intensiv auf jede einzelne Phase konzentrierst. Überspring keine Übung, kürz die Wochen nicht ab und verinnerliche auch das Thema Monat für Monat ganz genau.

Nun startet sie, deine Reise. Du wirst dich schon im ersten Monat intensiv mit dir befassen und eine deutliche Entwicklung spüren, wenn du die einzelnen Übungen in den Wochen regelmäßig anwendest und dabeibleibst. Ich möchte dich einladen, wieder deine Position auf der Sanddüne einzunehmen und deinen Blick auf dem bewegten Wellenmeer vor dir ruhen zu lassen. Wie stellst du dir diese Reise vor? Meinst du, du brauchst ein Boot oder ein Schiff? Kommt ein U-Boot angefahren? Machen wir einen Segeltörn? Oder willst du lieber schwimmen? Schaue auf das Meer und höre dem Rauschen der Wellen zu. Schließ deine Augen, damit du den Klang noch intensiver wahrnehmen kannst. Versuche, deine Aufmerksamkeit ausschließlich auf die Wellen zu richten und dich mit ihnen zu verbinden. Irgendwann wirst du bemerken, dass es außer dem Rauschen noch etwas gibt. Was nimmst du sonst noch wahr? Kannst du den unendlichen Raum spüren, in dem alles stattfindet? Jede Welle kommt aus diesem Raum und geht in diesen Raum. Jede Welle ist von ihm umgeben und er ist der Hintergrund für die Wellen. Ein immerwährender Wechsel. Bleibe bei den Wellen und dem Raum. Stelle dir vor, dass du tauchen kannst in die blaue friedliche Tiefe. Du wirst ganz leicht und wieder spürst du Raum: die Ruhe und Stille, die diese Tiefe in sich trägt. Grenzen heben sich auf. Vielleicht schwimmen ein paar friedliche Fische an dir vorbei. Die Tiefe des Meeres ist der Raum für alles, was darin geschieht.

Jetzt spüre, wie es in dir ist. Was bist du? Spürst du Gedanken, die wie Wellen kommen und gehen? Kein Gedanke bleibt dauerhaft, oder? Beobachte deine Atmung. Was ist mit deiner Atmung? Verlaufen deine Atemzüge nicht ähnlich wie Wellen? Kannst du ebenfalls die Stille und Tiefe fühlen, von denen deine Gedanken und deine Atmung umgeben sind? Weder ein Gedanke noch ein Atemzug bleibt ewig, sie alle sind flüchtige Erscheinungen im Raum deiner Wahrnehmung. Falls du nur Gedankenlärm wahrnehmen kannst, wiederhole diese Übung so lange, bis du den Raum um sie spüren kannst.

Jetzt kannst du vielleicht verstehen, dass deine Reise weder mit einem Schiff noch mit einem Floß stattfinden wird, denn du bist die Wellen und die Tiefe. Du wirst nicht über die Oberfläche reisen, nur in deine eigene, allgegenwärtige Tiefe. WellenMUT ist eine Reise zu dir selbst, um zu erfahren, wer du bist und wo du zu Hause bist. Ich freue mich, dass du den Schritt wagst und mitkommst. Zunächst lernst du, wie du diese Tiefe in dir erfassen kannst, die wesentlich für Freiheit, Erfüllung und dein Kernselbstwertgefühl ist.

Die Fähigkeit, beide Dimensionen deines Wesens (Denken und Raum) zu erfassen, nennt man Selbstgewahrsein.

Selbstgewahrsein ermöglicht dir, deine Aufmerksamkeit tiefer zu lenken, als dein oberflächliches Alltagsbewusstsein bisher gelangt. Die oberflächliche Aufmerksamkeit folgt den Gedanken – die tiefere Dimension erfasst das nicht denkende Bewusstsein. *Diese Stille und Tiefe sind reine Präsenz.* Das Spannende ist, dass Präsenz Leere und gleichzeitig Fülle ist. Präsenz definiert sich zwar nicht durch unser menschliches Ego mit all seinen Gedanken und den Formen, die wir greifen können, doch trotzdem ist der Raum voller Lebendigkeit, Seinsgefühlen und Möglichkeiten. Je mehr Präsenz in deinen Alltag einfließt, desto lebendiger, erfüllter und freier wirst du dich fühlen.

Seit ein paar Jahren wird im Sommer in Düsseldorf am Rheinufer ein Freiluftkino aufgebaut. Eine riesige meterhohe Leinwand schwebt in der Luft vor den Zuschauern, auf der nach Sonnenuntergang täglich ein Kinofilm gezeigt wird. Ein beeindruckendes Schauspiel. Stelle dir Folgendes vor: Der Film, der auf dieser Leinwand läuft, ist das bewegte Wellenmeer deiner Gedanken, Worte, Vorstellungen, Emotionen, Erlebnisse, Lebenssituationen, Begegnungen und so weiter. Ein Teil von dir ist dieser Film, der sich in einer zeitlichen Dimension erfährt und sich ständig zwischen Vergangenheit und Zukunft bewegt. Der Film erzählt eine bestimmte Geschichte. Obwohl sich der Film aus kleinen beweglichen Teilchen zusammensetzt, wirkt er echt und greifbar. Du identifizierst dich mit dem Film – es ist dein persönlicher Lebensfilm, der einen Anfang und ein Ende hat.

Doch das ist nicht alles, was du bist. Selbstgewahrsein bringt dich dazu, zu spüren, dass du ebenfalls die unpersönliche Leinwand bist, die den Raum für diesen Film bietet, damit er überhaupt erlebt werden kann. Das ist deine zeitlose und formlose Tiefe, die keine Rolle im Film spielt und denkt, sondern als reine Präsenz einfach da ist und beobachtet. Dein Film ist das Wellenmeer, das mit den vier Geisteskrankheiten des Papageien und den unheilsamen Wurzeln infiziert ist, während die Präsenz der Tiefe nur Freiheit kennt. Sie ist nichts und gleichzeitig alles.

In der Tiefe kannst du dein volles Potenzial erfahren. Die Qualität deines Erlebens wird sich durch Präsenz enorm steigern. Du findest Zugang zu deinem Kernselbstwertgefühl und zu einem Quell der Seinsgefühle: Freude, Zufriedenheit, Ruhe, Gleichmut, Energie, Zuversicht, Liebe, Frieden, Freiheit, Klarheit, Enthusiasmus und Kreativität. Im Gegensatz zu den Emotionen des Wellenmeeres sind diese Gefühle nicht abhängig von vergänglichen Bedingungen, Sinneskontakten oder Gedanken. Seinsgefühle sind die höchsten Gefühle, nach denen wir alle streben, weil unsere Seele nach diesem Zustand strebt. Suchen wir diese Gefühle auf dem Wellenmeer, wird es ewig bei der Suche bleiben. Wir werden immer wieder danach streben, aber nicht ankommen.

Das hört sich immer noch unglaubwürdig für dich an? Verständlich, denn es ist unvorstellbar für deinen Papageien. Dein Geist ist mehr als dein Papagei. Dein Papagei ist ein Kleingeist. Nur weil du es dir nicht vorstellen kannst, bedeutet das nicht, dass es nicht da ist. Zwischen diesen beiden paradox wirkenden Dimensionen findet unser Leben statt. Beide sind untrennbar miteinander verbunden. Wenn du die Wellen von der Tiefe abschneidest, trennst du dich vom Leben und von deiner Seele ab.

4.2 Reisewoche 1 bis 4: Achtsamkeit entwickeln

Jetzt möchte ich dir zeigen, wie du in die Tiefe der Präsenz kommen kannst. Das wesentliche Werkzeug, das du dafür benötigst, ist Achtsamkeit. Der englische Begriff für diese Fähigkeit ist »mindfulness«.

> **Achtsamkeit ist ein Bewusstseinszustand von höchster Aufmerksamkeit im Innen und Außen, Klarheit und Gegenwärtigkeit.**

Wenn du achtsam bist, gilt deine volle Aufmerksamkeit dem, was gerade ist, ohne dass du darüber urteilst. Du verbindest dich mit der Tiefe, indem du der wachsame Beobachter dessen wirst, was auf dem Wellenmeer der Gedanken und Emotionen geschieht, ohne dich damit zu identifizieren. Deine Fähigkeit zur Achtsamkeit symbolisiert das Ausmaß an Erfüllung und Freiheit, das du in deinem Leben aktuell erfährst.

Wenn du wissen möchtest, wie achtsam du bist, dann probiere Folgendes aus: Setze dich aufrecht hin und schließe deine Augen. Richte die Aufmerksamkeit auf deinen Atemfluss. Beobachte ihn aufmerksam und entspannt. Lasse die Aufmerksamkeit darauf ruhen. Wenn Gedanken aufkommen, die dich ablenken, stoppe dich und bringe die Aufmerksamkeit wieder sanft zurück zur Atmung. Mache diese Übung drei Minuten.

Wie lange konntest du die Aufmerksamkeit halten? Was ging in dir vor? Diese drei Minuten Achtsamkeitstest geben dir Aufschluss darüber, wie viel Ruhe, Klarheit und Tiefe bereits in deinem Leben zugegen sind und wer der Boss deines Geistes ist: du oder der Papagei mit seinem Geplapper.

Achtsame Präsenz bleibt bei der Wahrnehmung der Atmung und ist völlig gegenwärtig – unberührt vom Gedankenlärm da oben. Die Kraft der Tiefe liegt im Nicht-Einmischen oder im Nicht-Reagieren auf das Geplapper im Kopf. Urteile sind keine Achtsamkeit. Durch Achtsamkeit kann es dir gelingen, den Wellen in deinem Leben als Gestalter zu begegnen – nicht als Opfer. Du nimmst wahr, was geschieht und was du fühlst, und hast neue Wahlmöglichkeiten, weil deine Präsenz dir die Freiheit dazu gibt. Egal, was im Leben geschieht, du kannst dich nie mehr in den Wellen verlieren, da die Tiefe dich innerlich stärkt.

Es gibt mehrere Bereiche, denen du Achtsamkeit schenken kannst:

Achtsamkeit auf den Körper: Du nimmst deine Körperhaltung, die einzelnen Körperteile, deine Atmung, deinen Herzschlag, deinen Gang und deine Muskelspannung wahr.

Achtsamkeit auf die Gemütsstimmung: Du nimmst deine Stimmung wahr.

Achtsamkeit auf die Gedanken und Worte: Du nimmst wahr, was dein Papagei denkt und sagt.

Achtsamkeit auf die Gefühle: Du spürst deine Emotionen und beobachtest, wie flüchtig sie kommen und gehen. Du erkennst Auslöser für deine Emotionen.

Achtsamkeit auf deine Absichten und Taten: Du bekommst mit und erkennst, was du tust und warum. Du erkennst Zusammenhänge zwischen Wahrnehmen, Denken, Fühlen und Handeln.

Bitte beachte bei allen nun folgenden Übungen: Lies zunächst das ganze Kapitel und alle Übungsbeschreibungen durch, damit du Inhalt und Ablauf kennst. Schreib dir dann alle Übungen und Aufgaben für den entsprechenden Monat in dein Buch und probiere sie dann zum gewählten Zeitpunkt das erste Mal aus. Jede Übung gilt für jeden Tag in den entsprechenden vier Wochen.

Und das sind die ersten beiden Bausteine deiner wellenMUTIGEN Reise:

Übung 1: Innere Einkehr

Reserviere dir für die nächsten Wochen fünfzehn Minuten pro Tag – am besten am Anfang des Tages nach dem Aufstehen. Diese fünfzehn Minuten sollten deine besondere Aufmerksamkeit bekommen, da sie wahrscheinlich zunächst die einzigen fünfzehn Minuten des Tages sein werden, in denen du in die Tiefe des Meeres gehen kannst, bevor dich die Wellen des Alltags erfassen. Sie sind deshalb von großer Bedeutung für deine Entwicklung, auch wenn dein Papagei dem keine große Bedeutung beimisst oder sie als lästig empfindet. Nutze dafür den Platz, an dem du ungestört bist. Stelle dir am besten einen Wecker mit einem wohlklingenden Klingelton, der die Zeit für dich im Auge hat. Ohne regelmäßige innere Einkehr wird dir WellenMUT nicht zugänglich werden können.

Setze dich aufrecht hin und lehne dich möglichst nicht an. Schließ deine Augen und beginne damit, die Achtsamkeit auf den Atem zu lenken. Beobachte deinen Atemfluss und schenke den Gedanken und Impulsen, die kommen, keine Aufmerksamkeit. Wenn du den Atemfokus verlierst, erkenne es und gehe wieder zurück zur Atmung. Wenn es dir einige Zeit gelingt, bei der Atmung zu bleiben, richte die Aufmerksamkeit auf den Körper. Beginn bei den Füßen und gehe dann weiter zu Beinen, Hüfte, Bauch, Rücken, Brust, Armen, Händen, Nacken und Kopf. Nehme alles in Ruhe wahr. Spüre dich intensiv. Du kannst dir vorstellen, durch jeden Körperteil auszuatmen. Alle ablenkenden Gedanken, die kommen, kannst du kurz erkennen und dann wieder loslassen. Versuche nun, in dich hineinzufühlen und Gefühle wahrzunehmen, die du spüren kannst. Wie fühlen sie sich an? Angenehm, unangenehm? Benenne sie wenn möglich und lasse sie vollkommen zu. Fühle sie, aber denke nicht darüber nach oder bewerte sie. Versuche die ganze Energie deines Körpers zu spüren. Das ist dein innerer Raum und das, was du hinter den Worten und Emotionen bist. Wenn der Wecker klingelt, dann öffne langsam wieder deine Augen.

Schreibe nach dieser Übung gerne deine Erfahrungen in dein Buch. Dort kannst du alles notieren, was dir bemerkenswert erscheint.
- Konntest du den Atemfokus halten?
- Was für Gedanken kamen immer wieder?
- Was konntest du in deinem Körper wahrnehmen? Zonen der Spannung?
- Welche Gefühle konntest du spüren?
- Wie fühlt sich der innere Raum an?

Übung 2: Atemfokus

Die meisten Menschen atmen unbewusst, flach und oberflächlich. Dadurch verstärken sich Stressempfinden, Ängste und Unwohlsein. Der Bauch ist dein zweites Gehirn. Durch gezielte tiefe Atmung in den Bauchraum aktivierst du den Parasympathikus, das Ruhezentrum im Gehirn. Der Parasympathikus bringt den Menschen in einen Ruhezustand – er sorgt zum Beispiel dafür, dass die Herzfrequenz und der Blutdruck sinken. Nutze zwei kurze Freiräume am Tag für diese Übung. Du brachst etwa drei Minuten Zeit. Ein guter Zeitpunkt wäre mittags und vor dem Schlafengehen.

Nimm wie gewohnt deine Sitzposition ein und schließe die Augen. Du kannst die Übung auch draußen im Park auf einer Bank oder auf dem Bürostuhl machen. Stelle dir vor, dass durch deinen Körper vom Scheitel bis zum Beckenboden ein riesiger Lichtkanal verläuft. Atme ein und lasse durch die Öffnung am Scheitelpunkt helles Licht hineinfließen und lasse es durch den Kanal durch den Bauchraum bis unten zum Beckenboden wandern. Sammle das Licht dort und halte den Atem kurz an. Lass beim Ausatmen alle Spannung, die du im Körper wahrnehmen kannst, durch den Kanal in die Luft aufsteigen. Mit dem nächsten Einatmen holst du wieder Licht und angenehme Energie durch den Kanal in den Körper und hältst unten beim Beckenboden wieder kurz an. Das Ausatmen darf dreimal so langsam geschehen wie das Einatmen. Konzentriere dich auf die Atemführung durch den Lichtkanal.

- Einatmen von Licht und heilsamer Energie
- Atem anhalten
- ausatmen und loslassen von Druck und Anspannung und wieder einatmen. Schenke den Gedanken keine Aufmerksamkeit und reagiere nicht auf sie

Mache dir beide Übungen zur Gewohnheit wie Zähneputzen oder Kaffeetrinken und freue dich auf die Gelegenheit, einen wertvollen Kontakt zu dir zu entwickeln. Durch das regelmäßige Mentaltraining wird sich etwas in deinen Gehirnstrukturen verändern.

Achtsamkeit im Alltag

Der erste und wesentliche Schritt zur Achtsamkeit ist das Erkennen von Gefühlen, Gedanken und Körperempfindungen und die Fokussierung der Aufmerksamkeit. Im nächsten Schritt geht es darum, in Bezug auf Denken, Fühlen und Handeln eine bewusste Wahl treffen zu können.

Körper

Beginnen wir beim Körper. Viele Menschen sind sich ihrer Körperhaltung nicht bewusst. Der Körper sendet ständig Signale an dein Unbewusstes und umgekehrt. Deine Körperhaltung ist ein Zeichen für deine Geisteshaltung im Leben. Ein aufrechter und lebensbejahender Gang sendet sofort ähnliche Signale nach innen und verändert dein emotionales Befinden und Selbstbewusstsein. Umgekehrt ist es natürlich auch der Fall. Wenn du den Blick und die Schultern senkst und eine Trauermiene aufsetzt, wird es dir unmöglich sein, Freude zu empfinden. Leider fördert unser Berufsalltag am Schreibtisch eine nach vorne gebeugte Haltung, die weder für unser körperliches noch für unser emotionales Wohlbefinden hilfreich ist.

> Wer wellenMUTIG ist, fördert jederzeit seine Lebensfreude durch eine aufrechte und offene Körperhaltung.

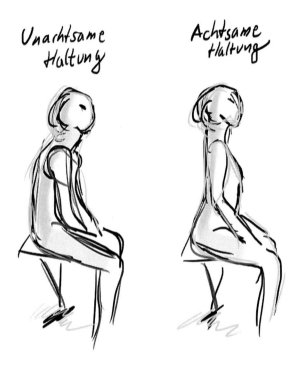

Achtsamkeit ermöglicht dir, dir immer wieder über deine Körperhaltung bewusst zu sein und dich aufzurichten, wenn du beobachtest, dass du dich hängen lässt. Eine aufrechte Haltung sollte nicht versteift sein, sondern sich trotzdem entspannt anfühlen. Zieh das Kinn etwas zum Nacken, richte die Schultern leicht nach hinten, unten aus und lass den Nacken locker. Der Brustkorb ist weit, der Bauch sanft nach innen gezogen. Die Atmung ist dabei tief, aber entspannt.

Gedanken und Worte

1. Stufe: Erkennen des Gedankenflusses
Jeder Gedanke und jeder ausgesprochene Gedanke setzen Energie in Bewegung. Es gibt keinen neutralen Gedanken und jede in Gang gesetzte Energie entfaltet eine Wirkung. Gedankengänge, die sich ständig wiederholen, entfalten eine riesige Macht und festigen Strukturen und Denkgewohnheiten im Gehirn. Du kannst dir diese Gewohnheiten vorstellen wie ein Autobahnnetz. Informationen, die du verarbeiten musst, werden sofort in dieses Netz geleitet und weitergeleitet. Du bist gefangen auf den Straßen deiner Gewohnheiten. Durch Achtsamkeit wird dir deutlich, dass der Denkfluss deines Papageien automatisch läuft. Sicherlich ist dir aufgefallen, dass 98 Prozent deines Denkens entweder durch Denken an Vergangenes oder an Zukünftiges konditioniert sind. Unser kleiner Vogel ist besessen davon, dem Raum der Gegenwart zu entkommen und sich in Vorstellungen (meine Geschichte – meine Wünsche und Ziele) zu flüchten. Deine Präsenz lässt dich erkennen, wie häufig du nicht bei dem bist, was du gerade wahrnimmst oder tust. Es ist unmöglich und auch nicht gewollt, den Papageien dauerhaft zum Schweigen zu bringen. Er kann dich wunderbar unterstützen. Versuche den Gedankenfluss zu betrachten und immer wieder mitzubekommen, wenn du nicht gegenwärtig bist. Worum drehen sich die Gedanken?

Um die Vergangenheit zum Beispiel in Form von Ärger, Vorwürfen, Kritik, Traurigkeit, Sehnsucht, Unzufriedenheit, Beschuldigungen oder um die Zukunft zum Beispiel in Form von Grübeln, Erwarten, Ängstigen, Sorgen oder Planen? Sind deine Gedanken hilfreich für dein Wohlbefinden oder belasten sie dich? Was sind deine negativen Schleifen oder Lieblingsgedanken? Welchem Thema schenkst du immer wieder deine Aufmerksamkeit? Worum kreist dein Papagei gerne wie ein Aasgeier? Was sind deine ausgesprochenen Gedanken? Worüber sprichst du, welche Worte oder Aussagen benutzt du häufig? Worüber klagst du? Was sind deine bevorzugten Gesprächsthemen? Beobachte dich und werde Experte in der Wahrnehmung deines Papageien.

2. Stufe: Hinderliche Gedankengewohnheiten ändern

Wenn dir das gelungen ist, kannst du zum nächsten Schritt übergehen. Immer wenn deine Gedanken nicht hilfreich sind oder sich zum Beispiel in ständigem Grübeln, Ängstigen oder in Selbstkritik äußern, stoppe deinen Papageien aktiv, anstatt auf ihn zu reagieren, und lenke die Aufmerksamkeit sofort auf die Atmung. Eine zweite Möglichkeit wäre, dass du dich nach dem *Stopp* direkt auf die Lauer nach den nächsten Gedanken legst und sie zählst. Durch dieses abrupte Stoppen und Beobachten fühlt sich dein Papagei ertappt und du kannst dich kurz resetten. Nutze die kleine Lücke, die dadurch entsteht! Ärgere dich nicht über deine negativen Gedankengänge. Ersetz die alten Gedanken einfach immer wieder durch hilfreiche und förderliche Gedanken.

Übe dich in der Auswahl von Gedanken, die hilfreich sind – formuliere ebenfalls deine Sprache um, wenn sie destruktiv ist. Vergiss niemals, dass jeder Gedanke und jedes Wort Signale nach innen senden und in die Welt. Sei dir dieser Signale bewusst und wähle sie aus. Alles beginnt bei deinen Gedanken. Es geht bei diesem Training übrigens nicht darum, sich etwas schönzureden oder Tatsachen zu ignorieren. Ganz im Gegenteil, es geht darum, den gegenwärtigen Moment mehr in den Fokus zu rücken, zu betrachten und so zu verarbeiten, dass du deine Energie konstruktiv einsetzen kannst, anstatt dich zu blockieren und alles nur noch schlimmer zu machen. Du lernst, deine Gedanken und Worte zu kanalisieren und Energie zu gewinnen.

WellenMUTIGE Beispiele für geänderte Gedanken

Ich kann das nicht.	⇨	Ich werde täglich besser. Ich übe es.
Ich bin im Stress.	⇨	Ich bin ruhig und entspannt.
Ich muss es allen recht machen.	⇨	Ich gebe mein Bestes.
Ich versuche es.	⇨	Ich tue es.
Ich kann das nicht ertragen.	⇨	Auch das geht vorbei.
Das durfte nicht passieren.	⇨	Es ist so, wie es ist.
Ich würde ja, aber ...	⇨	Ich tue es trotzdem.
Was wäre, wenn ...	⇨	Ich bin jetzt **hier**.
Warum hat er/sie das getan?	⇨	Ich kann es nicht ändern und lasse es so stehen.

Solltest du zum Grübeln neigen, nutze folgende Anregung: Lege täglich eine Grübelzeit fest, zu der du die Grübelthemen durchdenkst. Außerhalb dieser Grübelzeit stoppst du konsequent deine Grübelgedanken.

Sollten Grübelgedanken abends im Bett auftauchen, schreibe sie auf, damit sie aus dem Kopf sind, und nutze die Aufzeichnungen am nächsten Tag wieder für die festgelegte Grübelzeit. Bring deinem Papageien bei, dass das Bett zum Schlafen und nicht zum Grübeln da ist. Hört er nicht auf damit, nachdem du alles aufgeschrieben hast, stehe nach etwa zwanzig Minuten auf und beschäftige dich mit Lesen oder Ähnlichem, bis du wieder müde bist und ins Bett gehen kannst. Gehe auf keinen Fall zu früh ins Bett, wenn du weißt, dass der Vogel diese Zeit gerne nutzt. Vielleicht nutzt du die Übung 2 (Atemfokus), um vor dem Einschlafen ein kleines Ritual zu haben. Mit ein wenig Geduld wirst du dich aus dem Kreislauf des zwanghaften Grübelns lösen können.

Gefühle

1. Stufe: Emotionen erkennen
Wenn du dir bewusst über deine Emotionen bist, kannst du ebenfalls erkennen, dass sie ähnlich fließen wie Gedanken und ihre wahre Natur vergänglich und unpersönlich ist. Ähnlich wie eine Wunderkerze: Primäre Emotionen werden durch einen Auslöser entzündet, dehnen sich etwas aus, sprühen um sich und gehen dann wieder. Die primären Emotionen könnten ohne Gedanken noch nicht einmal eine Minute existieren. Primäre Emotionen sind entweder angenehm, unangenehm oder neutral. Für jede weitere Entwicklung benötigst du gedankliche Unterstützung. Emotionen können sich also nur dadurch verstärken oder länger präsent sein, dass du dir neue Gedanken machst, die das Feuer vergrößern oder am Brennen halten. Du lehnst die unangenehme Emotion ab und reicherst sie mit Bewertungen und gedanklicher Benennung an. Diese Emotionen nennt man sekundäre Emotionen (zum Beispiel Ärger, Wut, Einsamkeit, Traurigkeit, Neid, Enttäuschung). Sekundäre Emotionen beinhalten deine Identifikation mit dem Papageien und die Bewertung des primären Gefühls mit »gut« oder »schlecht«, »will ich« oder »will ich nicht«. Nur so können Stress oder Ärger mehrere Minuten existieren. Durch achtsame Beobachtung kannst du herausfinden, welche sekundären Emotionen bei dir häufig präsent sind und wie lange du an ihnen festhältst.

2. Stufe: Unangenehme Emotionen loslassen
Viele Menschen verdrängen unangenehme Gefühle, indem sie sich ablenken, benebeln, eine Fassade aufbauen oder kontrollieren. Andere Menschen steigern sich hinein oder geraten in Panik und verlieren sich in den Gefühlen. Wieder andere kämpfen dagegen an, lassen den Druck an der Umwelt aus und wollen ein besseres Gefühl haben. Alle drei Varianten sind

destruktiv und helfen dir nicht dabei, das Gefühl loszulassen. Sie stehen für emotionale Unfreiheit. Die einzigen Möglichkeiten, mit der du unangenehme Emotionen auflösen kannst, sind Akzeptanz und Begegnung. Es geht also nicht darum, sich von der Emotion abzuschneiden, sondern sich inmitten darin frei davon zu machen.

Spüre in die Emotion hinein und konzentriere dich auf das Gefühl. Lasse es vollkommen zu und laufe nicht weg. Richte die Aufmerksamkeit auf die körperliche Empfindung und stoppe die Gedanken, die die Emotion befeuern. Setze dem Gefühl keinen Widerstand entgegen.

Begrüße und benenne es und bleibe gegenwärtig, indem du beispielsweise tief atmest. Du wirst bemerken, dass die Wunderkerze langsam abbrennt und wieder Ruhe in dir einkehrt. Wähle dann einen positiven Gedanken aus, der dich stärkt. Wiederhole diesen Ablauf, wann immer du bemerkst, dass unangenehme Gefühle auftauchen.

Hinweis: Sollten spezielle Gedanken oder ein bestimmtes Gefühl trotz dieser Übungen hartnäckig bei dir bleiben, ist das ein wichtiges Signal für dich. Du solltest dich konkret damit beschäftigen und herausfinden, warum dein Unterbewusstsein nicht loslassen will. Häufig kannst du hilfreiche Erkenntnisse gewinnen, was zu tun ist. Du solltest dem unbedingt folgen. Eine Kernfrage könnte sein: Will ich überhaupt, dass es mir besser geht? Ist das intensive negative Gefühl die einzig mögliche Selbstbestätigung, die mein Papagei gerade erfährt? Welche innere Leere kann ich mit meinem Drama füllen?

Absichten und Handeln

1. Stufe: Absichten und Handeln erkennen
Achtsamkeit ermöglicht dir einen wachen Blick auf die Absichten, die dein Handeln motivieren, und auf das Handeln selbst. Wer unbewusst ist, der handelt nicht, sondern reagiert impulsartig auf seine Gefühle oder auf das

Verhalten anderer Menschen. Wann reagierst du impulsiv? Was ist die Konsequenz davon?

Finde deine Absichten, Beweggründe oder Intentionen heraus. Passen deine Absichten zu deinen Handlungen oder gibt es dort Differenzen? Wenn du ständig eigentlich etwas tun willst, aber nicht tust, könnte die unbewusste Absicht dem Handeln entgegenwirken. Ebenfalls kannst du etwas Gutes tun – wenn die Absicht dahinter aber nicht passend ist, werden die gewünschten Ergebnisse ausbleiben.

Zwei Beispiele dazu

Kerstin hat gerade eine neue Position als Teamleiterin in einem Unternehmen bekommen. Ihr Persönlichkeitstyp entspricht dem stetigen Labrador. Es nervt sie, dass sie in Diskussionen oft den Kürzeren zieht und ihr Licht unter den Scheffel stellt. Nun setzt sie sich an einem Wochenende das Ziel, sich ab sofort in Meetings mehr durchzusetzen und ihren Standpunkt zu verteidigen. Das Ziel ist ihr sehr wichtig und sie weiß, dass ihr Durchsetzungsvermögen eine wichtige Fähigkeit in ihrer neuen Rolle darstellt. Am folgenden Montag steht das nächste Meeting an. Kerstin fokussiert sich auf ihr Ziel. Ein Bereichsleiter bringt Diskussionspunkte auf den Tisch. Sie hat eine konträre Meinung und ist überzeugt davon, dass ihre Argumente folgerichtig und wichtig sind. Sie möchte einschreiten, doch das Unwohlsein steigt in ihr hoch und sie schweigt weiter und ärgert sich im Stillen. Bei der nächsten Gelegenheit will sie wieder ansetzen, doch die Stimme bleibt ihr weg. Sie erreicht trotz Anstrengung ihr Ziel einfach nicht.
Kerstin ist sich ihrer Absicht nicht bewusst. Die Absicht lautet: Alle müssen mich mögen! Ich möchte niemanden vor den Kopf stoßen. Da diese unbewusste Absicht so stark ist, behindert sie die Zielerreichung.
Bianca ist unzufrieden mit der wenigen Zweisamkeit, die sie mit ihrem Mann Norbert teilen kann. Ständig arbeitet er lange und kommt spät nach Hause. Persönliche Gespräche finden kaum mehr statt und der Alltagstrott hat beide eingefangen. Bianca fühlt sich vernachlässigt und bittet Norbert um mehr Zeit miteinander. Daraufhin will er ihr einen Gefallen tun und nimmt sich

regelmäßig einmal pro Woche eher frei. Er führt sie abends zum Essen aus und sie freut sich sehr über seine Idee. Norbert sitzt dort mit ihr am Tisch und ist körperlich anwesend. In seinen Gedanken ist er jedoch die ganze Zeit bei der Arbeit und reflektiert das letzte Meeting. Weiterhin blinkt ständig das Handy auf dem Esstisch und er beantwortet immer wieder wichtige Mails und Anrufe, während er sich mit Bianca unterhält. Seine Absicht: die Frau beruhigen und gleichzeitig beruflich keine Zeit verlieren.
Bianca bemerkt diese Absicht und ist gekränkt und verletzt. Sie beißt sich auf die Zähne und sagt nichts. Beim zweiten Abendessen bietet sich das gleiche Szenario und sie springt weinend vom Tisch auf und verlässt das Lokal. Es liegt klar auf der Hand, dass Norbert sein Ziel damit großartig verfehlt hat, oder?

2. Stufe: Bewusstes Handeln
Erkenne, was du tust, und reagiere nicht impulsiv auf deine Gefühle oder auf Aussagen von anderen Menschen. Lass Raum zwischen Impuls und Handlung und frage dich: »Hilft mir das wirklich? Ist das zielführend? Ist es das, was ich wirklich will, oder richte ich mich nach Erwartungen aus?«

Wenn dich jemand provoziert, wird deine Bewusstheit besonders auf die Probe gestellt. Beobachte das Geschehen achtsam und bleibe in der Rolle des Beobachters, auch wenn du den Impuls spürst, dich zu rechtfertigen. Misch dich nicht ein – verlass die Situation, wenn du kannst, oder konzentrier dich auf die Bauchatmung.

Wenn du handelst, um ein Ziel zu erreichen, dann frage dich:
• Was ist meine Absicht?
• Dient sie meinem Ziel oder fördert sie etwas anderes?

Führe die Handlung aus und prüfe, ob das Ziel erreicht wurde. Bring Absicht und Handlung durch diese Selbstreflexion immer mehr in Einklang miteinander.

Nimm in den vier Wochen dein Konsumverhalten unter die Lupe. Was tust du, um dich zu beruhigen, zu bestätigen, zu flüchten, zu kompensieren, Druck abzubauen, dich zu belohnen oder unangenehme Gefühle mit intensiven Reizen zu überlagern? Diese Selbstanalyse dient nicht dazu, dein Verhalten als gut oder schlecht zu bewerten oder dich zu verurteilen. Frage dich nur, was du für Konsumverhalten zeigst und was das in deinem Geist bewirkt: Betäuben, Vernebeln, Verschließen, Beschallen, Beruhigen, Belohnen? Frage dich dann, ob dieses Verhalten wirklich stärkt und klärt oder nur überlagert. Unterbrich eingespielte innere Automatismen. Hole dich aus der Unbewusstheit des Handelns heraus und treffe eine bewusste Wahl, indem du Verantwortung für alles übernimmst, was du tust.

Der Genuss, der zur Sucht wurde

Benny ist ein Genussmensch, wie er sagt. Er nimmt Kontakt zu mir auf, weil er unter seinem Übergewicht leidet und zusätzlich seit einiger Zeit das Gefühl hat, dass er innerlich leer ist und sich nicht mehr wirklich über etwas freuen kann. Früher hatte er Freude beim Essengehen und seinen Gourmettouren durch die Weinberge. Jetzt lässt ihn das gleichgültig und die erhoffte Befriedigung bleibt aus.

Mir kommt ein charismatischer, redegewandter, forscher und humorvoller Mann entgegen. Es fällt ihm schwer, bei unseren Sitzungen in der Kommunikation bei der Sache zu bleiben und nicht abzuschweifen. Zwischendurch steht er gerne auf, läuft ein paar Schritte und sieht aus dem Fenster. Benny ist gerade zweiundvierzig Jahre alt geworden, er ist Single und Verkaufsleiter in einem Unternehmen für hochwertige Innenausstattung. Benny hatte schon immer eine Leidenschaft für gutes Essen und probierte als Junge in der Küche der Eltern allerlei leckere Rezepte aus. Er ist in einer Arbeiterfamilie aufgewachsen und die Familie konnte keine großen Sprünge machen. Sein Vater war den ganzen Tag außer Haus und hatte zwei Jobs, um der Familie ein Auskommen zu verdienen.

Bennys Persönlichkeitstyp ist größtenteils der initiative Wellensittich. Er liebt den Umgang und die Kommunikation mit Menschen, ist gerne aktiv, rege und hasst feste Strukturen. Er beschreibt seine Kindheit als glücklich und auch heute hat er noch guten Kontakt zu seinen Eltern.

Nach seiner Ausbildung als Verkäufer nimmt er einen Job im Ausland an und lernt die große weite Welt kennen. Sein Ehrgeiz wird geweckt und er erkennt sein Talent als Verkäufer. Nach mehreren beruflichen Stationen in den unterschiedlichsten Branchen im Ausland und einem außergewöhnlichen Einkommen für einen jungen Mann in seinem Alter kommt er mit Ende zwanzig wieder zurück nach Deutschland und bekommt direkt eine Stelle als Verkäufer in einem Gourmethandel. Ihm passt das gut, da er Beruf und Hobby miteinander verbinden kann. Er hat einen guten Vertrag vereinbart mit einer hohen Gewinnbeteiligung. Nicht nur der Gewinn des Ladens steigt, sondern auch seine kulinarischen Kenntnisse und Erfahrungen wachsen. Benny arbeitet oft am Wochenende und auch nach Feierabend am Aufbau des Internetshops.

Er ist so erfolgreich, dass er sich nach drei Jahren dort langweilt und nach neuem Input Ausschau hält. Wenige Wochen später erhält er die Zusage für eine Stelle in der Luxusmöbel-Branche. Als Branchenfremder kann er sich trotzdem schnell einarbeiten, da er ebenfalls eine Leidenschaft für Interieur besitzt. Er genießt die Reisen, die neuen Eindrücke und das gute Essen in den schönen Hotels, in denen er unterkommt. Benny arbeitet mittlerweile von sieben Uhr morgens bis spät abends und geht dann meistens mit Kollegen oder Geschäftspartnern lange essen. Sein Netzwerk an einflussreichen Personen ist mittlerweile riesig. An seinem einzigen freien Tag pro Woche ist er fast immer unterwegs und zu tollen Events eingeladen.

Mit Mitte dreißig bekommt er seinen ersten Job mit Führungsaufgabe in der Firma für stilvolle Inneneinrichtung. Er ist verantwortlich für drei Filialen. Plötzlich wird er mit neuen Aufgaben konfrontiert, die ihm nicht liegen: planen, Personal führen und entwickeln, kontrollieren, ständige Besprechungen, einen eng getakteten Terminplan, eine Sekretärin, mit der er sich ständig absprechen muss. Trotzdem beißt er sich durch, verändert die Verkaufsstrategie des Unternehmens, fährt wieder enorme Gewinne ein, hat die Filialen im Griff und verdoppelt innerhalb von fünf Jahren sein Gehalt. Nur für seine persönlichen Bedürfnisse und sein Privatleben bleibt keine Zeit. Nach Feierabend geht er fast täglich gut essen und trinkt zwei Glas Wein dazu, da er keine Lust zum Kochen hat und sich gerne für den harten Arbeitstag belohnt. Es wird meist spät und danach fällt er todmüde ins Bett. Am Wochenende kann aus den zwei Gläsern auch schnell eine Flasche werden. Die Arbeitsdichte bleibt und der gefühlte Druck nimmt eher noch zu. Er versucht, das Stressempfinden beiseitezuschieben. Die enorme Belastung merkt ihm niemand an, da er nach außen immer blendend aussieht, tolle Leistung bringt, immer freundlich ist und locker und gut gelaunt ist.

Ihm fällt im Gespräch mit mir auf, dass der Alkoholkonsum über die letzten zwei Jahre bis heute erschreckend gestiegen ist. Selbst wenn er alleine essen geht, ist die Flasche Wein täglich ohne große Mühe getrunken und er fühlt sich trotzdem fahrtüchtig. Gerne gibt es danach noch einen Absacker für den Magen. Sein Essverhalten hat sich ebenfalls geändert. Während er früher in aller Ruhe die liebevoll zubereiteten Speisen der feinen Küche genießen konnte, isst er jetzt doppelt so schnell und verputzt in der gleichen Zeit drei Gänge, in der er früher einen Gang gegessen hat. Trotzdem will sich ein Sättigungsgefühl oder eine Befriedigung nicht einstellen. Sein Gewicht ist in den letzten drei Jahren um zwanzig Kilogramm gestiegen und er fühlt sich unwohl und behäbig mit dem dicken Bauch. Häufig quält ihn Sodbrennen. Trotzdem kann er sich nicht überwinden und nach der Arbeit zum Sport gehen anstatt ins Restaurant. Ein Feierabend ohne edle Tropfen fühlt sich fad an und er hat den Eindruck, dass er dann nicht entspannen kann. Außerdem fehlt die Belohnung für den erfolgreichen Tag und er ist gereizt und schlecht gelaunt. Der Arzt warnt ihn bei einem Check-up, weil sein Blutdruck enorm angestiegen ist und auch die Blutfette bei Weitem nicht in Ordnung sind. Benny hat Angst vor einem Herzinfarkt. Er fürchtet, dass er alkoholabhängig werden könnte und seine Gewichtszunahme nicht mehr in den Griff bekommt. Jeder Versuch einer Abstinenz oder Diät scheitert und vergrößert seinen Frust.

Was ist passiert? Hast du eine Idee?

Seine Leidenschaft für Genussmittel und seine Fähigkeit, zu genießen, sind umgeschlagen in ein extremes Kompensationsverhalten für Stress und Druck. Dadurch, dass er unter permanenter Anspannung steht, bietet sich nach Feierabend für ihn die einzige Möglichkeit, sich gehen zu lassen und die Spannung durch Nahrungsmittel und Alkohol zu reduzieren. Aus Genuss ist Abhängigkeit geworden, da der Körper sich nur so halbwegs in oberflächliche Balance bringen kann. Seine Abhängigkeit von der äußeren Bestätigung durch die Arbeit bringt ihn in eine andere Zwangslage nach Feierabend: schnell eine große Menge kulinarischer Sinneskontakte zu erleben. Da der Körper sich daran gewöhnt, muss die Dosis immer weiter gesteigert werden. Mit Genuss hat das nichts mehr zu tun. Die innere Leere kann man daraus leicht ableiten: Tagsüber verdrängt er jede Form von Gefühlen und braust durch den Tag – abends verdrängt er Gefühle durch intensive Gaumenreize, Alkohol und Verdauungstätigkeit. Wo sollen da Gefühle spürbar sein? Es ist nur eine logische Konsequenz, dass eine innere Leere folgt und der emotionale Hunger sich immer weiter ausbreitet. Verloren im Wellenmeer, könnte man sagen.

Benny lernt, durch Achtsamkeit einen neuen Kontakt zu sich zu entwickeln. Er findet wieder Zugang zu verdrängten Gefühlen und lernt, diese Signale seines Körpers zu achten und dementsprechend zu agieren. Er integriert neue Gewohnheiten, wie zum Beispiel ein kleines Sportprogramm vor der Arbeit, eine einstündige Mittagspause und zwei komplett freie Tage in der Woche, an denen er sein dienstliches Handy ausschaltet. Des Weiteren wendet er die wellenMUTIGEN Übungen der Achtsamkeit an. Insbesondere übt er Achtsamkeit beim Essen und drosselt seine Mengen und die Geschwindigkeit. Drei Monate später hat er sechs Kilogramm abgenommen, ohne eine Diät zu machen. Sein Alkoholkonsum ist deutlich zurückgegangen und Benny beschließt, nur noch am Wochenende Wein zu trinken. Benny fühlt sich lebendig wie lange nicht mehr und empfindet wieder echte Freude. Die neue Energie und Klarheit, die er seit Neuestem spürt, möchte er auf keinen Fall verlieren. Deshalb empfindet er sein neues Trinkverhalten als Geschenk und es beinhaltet für ihn keinen Verzicht. Benny hat es geschafft, die Bremse zu ziehen. Ein wellenMUTIGER Schritt!

Übung 3: WellenMUTIGER König sein

Welches Bild entsteht, wenn du dir vorstellst, dass du das Beste aus dir herauszaubern könntest? Stelle dir dich selbst in der absolut besten Version deiner selbst vor. Wir nennen diese Vorstellung wellenMUTIGE Königin oder wellenMUTIGER König sein. Es geht dabei nicht um grandiose, überhebliche und überzogene Vorstellungen. Fühle tief in dich hinein und finde heraus, nach welchem inneren Ideal du dich ausrichten möchtest, und nicht, welchen Anspruch dein Papagei erfüllen muss.

Begib dich in den drei Bereichen der Achtsamkeit immer wieder in diese Vorstellung:
- Nimm diese Körperhaltung an, richte deine Schultern passend aus, hebe den Blick und lächle, gehe selbstbewusst und nutze deine Gestik.
- Wähl Gedanken und Worte aus, die dieser Version von dir selbst entsprechen, und stopp das, was diesem Bild nicht entspricht.
- Handel so, dass deine Handlungen ebenfalls großherzig und königlich sind.

Versuche, die nächsten vier Wochen im Alltag immer wieder diese Vorstellung vor Augen zu haben. Du kannst dich auch gerne zunächst nur auf die Körperhaltung konzentrieren. Der Rest folgt oft. Auch wenn diese Übung seltsam für dich ist. Wende sie täglich an und übe dich darin, wellenMUTIGER König zu sein. Dein zweifelnder Papagei kann natürlich mit dieser Übung nichts anfangen und wird sie vielleicht lächerlich finden. Halte dich an unsere Verabredung: Nicht denken – machen!

4 Übung 4: Wertschätzung von Geschenken

Wie oft geht uns der Wert des gegenwärtigen Momentes verloren! Wie oft wissen wir nicht zu schätzen, wie gut es uns geht, selbst wenn es uns schlecht geht. Wie oft klagen wir und erheben unsere Probleme zum Nabel der Welt. Nimm die Geschenke des Alltags wieder wahr und drücke deine Wertschätzung mit einem inneren »Danke« aus! Lass die Geschenke im Raum deiner Wahrnehmung wirken und spüre Dankbarkeit.

Versuch, so viele Geschenke wie möglich zu entdecken!
- die Tatsache, dass du überhaupt lebendig bist
- das Sonnenlicht am Morgen
- das Lachen deiner Kinder
- das Geschenk einer Beziehung
- das warme, kuschelige Bett
- der schmerzfreie Rücken
- die Geldbörse voller Geld
- der leckere Cappuccino
- der freundliche Gruß eines Kollegen
- der bestätigte Auftrag
- das anregende Gespräch
- der Spaziergang mit deinem Hund
- der Vogel vor deinem Fenster
- das leckere Abendessen
- die unversehrte Bewegungsmöglichkeit
- die Menschen, die dir zur Seite stehen

Wenn du die Wirkung dieser Übung intensivieren möchtest, dann kannst du deine Geschenke täglich vier Wochen lang in dein Buch schreiben. Du wirst feststellen, dass du immer etwas finden wirst, auch wenn deine Lebenssituation gerade nicht wünschenswert ist. Durch diese Übung vergrößerst du innere Fülle und Zufriedenheit und öffnest dich dafür, noch mehr Geschenke zu erhalten.

4.3 Reisewoche 5 bis 8: Kernselbstwertgefühl stärken

Wie du bereits erfahren hast, ist dein Kernselbstwert dein innerer Schatz in der Meerestiefe, den es zu finden gilt, wenn du von den Höhen und Tiefen des Marktwertes unabhängig sein willst. Wir haben ihn auch als das Licht bezeichnet, das immer in dir ist und dich zu einhundert Prozent bedingungsfrei wertschätzt. Der Raum deiner inneren Tiefe beinhaltet alles, was du für ein starkes Selbstwertgefühl benötigst. Er ist die Essenz dessen, was du bist: Energie! Leere und gleichzeitig Fülle – Vollkommenheit. Im Raum sind alle Seinsgefühle schon enthalten, nach denen dein Papagei vergeblich sucht. Diese Gefühle sind keine sekundären Emotionen, die von Gedanken abhängig sind und die Wunderkerzenqualität besitzen. Du kannst sie als Quelle des Lichts bezeichnen. Es ist nicht zu glauben und schwer vorstellbar – ich weiß.

Selbstgewahrsein ist die Fähigkeit, diese Energie wahrnehmen zu können. Diese Fähigkeit wird dein Papagei im Gegenteil zu dir niemals erlangen können. Das Einzige, was du für Selbstgewahrsein zu tun brauchst, ist, deine Aufmerksamkeit zu verlagern, denn alles ist schon da. Lenke deine Aufmerksamkeit in die Stille und die Energie hinter das Rauschen der Wellen des Alltags. Stille und Energie sind immer gegenwärtig. Nicht nur um dich herum, sondern auch als Raum in dir drin. Denke an die Leinwand, die der Raum für den Film ist. Stille ist nicht nur dann da, wenn du keine Geräusche hörst, sondern sie ist der allgegenwärtige Raum hinter den Geräuschen. Energie ist auch die Essenz deines Körpers, er ist nicht fest, sondern völlig durchlässig – auch wenn sich vordergründig alles so fest und stabil anfühlt. Letztendlich sind wir lauter kleine Energieteilchen in ständiger Bewegung. Die Naturwissenschaft hat das schon lange erforscht. Doch sind die Erkenntnisse durch das Ego wahrgenommen worden und so sind sie rein faktisches Wissen geblieben, das interessant ist, aber sonst keine weitere Bedeutung für uns hat. Ähnlich wie wir wissen, dass es ein Universum gibt, wissen wir vielleicht, dass der Mensch ein winziges Universum ist aus Teilchen und Raum. Doch dabei bleibt es dann auch.

Je mehr Kontakt du zur Stille und der gedankenlosen Energie in dir suchst, desto stärker wirst du dein Kernselbstwertgefühl wahrnehmen können. Das Wunder daran ist, dass gleichzeitig auch Selbstzweifel, Unsicherheit, Ängste und falsche Annahmen über dich selbst weniger werden. Anstelle dessen tritt ein Gefühl der inneren Ruhe und Stärke. Du spürst den Schatz und kannst in jeder problematischen Situation davon zehren. Du ruhst in der Tiefe des Meeres, während oben die Wellen peitschen. Du spürst, wer du bist, und kannst dich nicht wieder verlieren.

Dieses Wunder kannst du also nur durch ein neues Bewusstsein entdecken. Das Lebensalter sagt nichts darüber aus, ob wir bewusst oder unbewusst leben. Ich kenne sehr junge Menschen, die weise sind, und ebenfalls ältere Menschen, die zwar viel wissen und erlebt haben, jedoch trotzdem völlig unbewusst sind.

Dein Schatz enthält auch dein unendliches Potenzial, denn Energie ist verbunden mit allem, was ist. Wenn du also wirklich kreativ oder schöpferisch sein willst, deine Talente oder deine Berufung herausfinden möchtest, wenn du Antworten auf zentrale Fragen erhalten oder du innere Konflikte lösen willst, dann reichen Gedanken nicht aus. Es braucht den Wechsel zwischen Stille und Gedanken. Es braucht Raum um die Gedanken und Worte. Erst in der Stille erhältst du Zugang zu deinem wahren Potenzial, Power und Ressourcen, die dir auf der Ebene der Wellen nicht zugänglich sind. Das soll nicht heißen, dass Gedanken für einen Schöpfungsprozess unwichtig wären. Es braucht beides: In der Stille werden Ideen gezeugt und die Gedanken bringen sie auf die Welt – machen sie erfahrbar und konkret. Eine Schere ist auch nur dann ein vollständiges Werkzeug, wenn sie die zweite Schneide hat.

Dies ist eine wesentliche Erkenntnis deiner Reise: Keine Anstrengung, keine Weltreise, keine Ehe, kein Titel, kein Traumauto, keine neuen Brüste, keine Leistung der Welt können dauerhaft ein echtes Gefühl der inneren Selbstwertschätzung erzeugen oder ein tiefes Mangelgefühl beheben.

Gleichzeitig ist die Qualität deines Kernselbstwertgefühls die Antwort für alles, was du in deinem Leben erfährst. Deine Lebenserfahrungen spiegeln dir deinen Glauben an dich selbst wider. Ein Mangel an Kernselbstwertgefühl und eine Überbetonung des Marktwertes sind die große Krankheit unserer Gesellschaft. Die meisten Menschen folgen äußeren Konzepten und denken nicht selbst nach über das, was sie sein wollen. Sie streben nach Zustimmung und Billigung des Umfeldes, anstatt nach innen zu gehen und die eigene Antwort in sich selbst zu fühlen.

Fast jeder von uns hat zu wenig Zugang zum Kernselbstwertgefühl – ob groß oder klein, Mann oder Frau, dick, dünn, erfolgreich oder nicht erfolgreich, intelligent oder weniger intelligent, gebildet oder ungebildet. Jemand, der selbstsicher auftritt, ist deshalb noch lange nicht wirklich mit seinem Kern in Kontakt, sondern hat sich vielleicht einfach nur einen souveränen Marktwert gebastelt, der so lange stabil ist, bis hohe Wellen kommen. Das Ego ist groß und fühlt sich überlegen und unschlagbar. Früher oder später wird jeder Mensch hohe Wellen erleben. Deshalb ist es wichtig, das Ego spielerisch zu nutzen, um im Außen die Bühne des Lebens zu betreten und das Theaterstück aktiv zu gestalten, die Stabilität dafür allerdings aus dem Kern zu gewinnen.

Woran kannst du den Unterschied erkennen zwischen einem Menschen, der nur vordergründig große Selbstsicherheit ausstrahlt, aber nicht im Selbstgewahrsein ruht, und einem Menschen, der Zugang zu einem starken Kernselbstwertgefühl hat? Ein Marktwert kann auch dann stark betont sein, wenn die Person sich selbst als wenig selbstsicher empfindet (Opfertyp, Helfersyndrom, harmoniesüchtig und so weiter). Der Unterschied zu einem Macho liegt nur darin, dass diese Menschen sich eben eine andere Geschichte erzählen. Hier findest du einige mögliche Beispiele:

Selbstwert kommt aus dem Marktwert	Selbstwert kommt aus dem Kernwert
Flößt Angst ein und betont Macht	Strahlt Offenheit, Herzlichkeit, Ruhe und Kraft aus
Legt Wert auf Distanz und Trennung	Legt Wert auf Verbundenheit, ist zugewandt und unmittelbar
Sucht Ausreden oder verdreht Tatsachen, steht nicht zu Entscheidungen	Hat Mut zur Wahrheit, ist fair und schafft Klarheit, steht zu Entscheidungen
Tritt oft stark nach vorne und braucht Aufmerksamkeit, redet ständig, setzt sich gut in Szene	Tritt zurück, um zu sehen, hört zu, braucht keine Bühne
Ist impulsiv und unberechenbar, bekommt Wutanfälle oder Gefühlsausbrüche	Zeigt ein ausgeglichenes und konstantes Verhalten ohne große Schwankungen.
Ist starr, jederzeit kampfbereit, aggressiv, provokant und unnachgiebig	Bleibt überzeugt, stark und klar im eigenen Vorhaben, aber greift nicht an und provoziert nicht, kann auch nachgeben
Ist arrogant und überheblich, macht andere klein und lobt nicht	Hält sich für gleichwertig, macht andere groß und unterstützt sie
Manipuliert, baut Druck auf	Regt andere zum Nachdenken an, ist überzeugend, lässt anderen ihre Freiheit
Ist hart gegen sich selbst und andere, geht keine Kompromisse ein	Ist konsequent und zielklar, wo es angebracht ist, geht Kompromisse ein
Hebelt Widersacher aus	Fördert das Miteinander
Ist wenig mitfühlend oder verständnisvoll	Zeigt Verständnis und Mitgefühl
Setzt andere für sich ein	Setzt sich für andere ein

Selbstwert kommt aus dem Marktwert	Selbstwert kommt aus dem Kernwert
Teilt Kritik aus und ist selbst wenig kritikfähig oder entwicklungsbereit	Übt wertschätzendes Feedback oder Kritik aus, ist kritikfähig und entwicklungsbereit
Kann sich keine Schwächen oder Fehler eingestehen, verdrängt Gefühle, vermeidet Angst	Kann sich Schwächen eingestehen und Schwächen bei anderen akzeptieren, lässt Gefühle zu, begegnet der Angst
Ist von einem ungesunden Ehrgeiz getrieben und übergeht häufig Leistungsgrenzen	Hat einen gesunden Antrieb, respektiert Leistungsgrenzen
Kennt nur schwarz oder weiß. Nimmt die eigene Meinung als das Maß aller Dinge, lässt andere Ansichten nicht gelten, belehrt	Lässt Grautöne zu, ist bereit, Ansichten zu verändern und andere Ansichten gelten zu lassen, ist lernbereit
Hat überzogene Erwartungen an sich selbst und andere, macht Vorwürfe	Ist frei von Erwartungen, macht keine Vorwürfe, sondern beginnt bei sich selbst
Kontrolliert und vertraut nicht, kann schwer loslassen	Vertraut und lässt los
Spricht sich nicht ab und kümmert sich in erster Linie um eigene Bedürfnisse	Hat ein offenes Ohr für die Bedürfnisse anderer
Kann nicht verzeihen	Kann verzeihen
Ist neidisch und missgünstig	Freut sich mit anderen über Erfolge und ist großzügig
Hat Vorurteile	Ist aufgeschlossen und neugierig
Ist bindungsunfähig oder verliert sich in einer Beziehung, ist abhängig und definiert sich über den Partner	Gibt sich hin und bleibt trotzdem auch mit sich verbunden, bleibt innerlich frei, definiert sich nicht über das Ego des anderen

Selbstwert kommt aus dem Marktwert	Selbstwert kommt aus dem Kernwert
Ordnet sich immer unter	Steht für sich ein
Trifft keine Entscheidungen, lässt andere bestimmen	Trifft klare Entscheidungen
Strebt immer nach Harmonie, geht faule Kompromisse ein, kann nicht Nein sagen	Kann Unstimmigkeiten aushalten, geht keine faulen Kompromisse ein, setzt Grenzen
Reibt sich selbst auf in der Hilfe für andere, übergeht eigene Bedürfnisse	Hilft aus ganzem Herzen, vergisst aber dabei nicht die eigenen Bedürfnisse
Macht sofort Schuldeingeständnisse, hat Komplexe und Selbstzweifel	Bezieht nicht sofort alles auf sich, trägt keine Schuld mit sich herum
Möchte Kindern die eigene Lebensvorstellung aufzwingen	Lässt Kinder los und ihren eigenen Weg gehen
Ist immer übertrieben gut drauf und lacht ständig, ignoriert unangenehme Themen und verstellt sich	Nimmt auch unangenehme Gefühle wahr und verstellt sich nicht

Du fragst dich jetzt sicher: »Wie komme ich konkret dorthin, mein Kernselbstwertgefühl zu spüren? Wie kann ich Energie oder Stille spüren?«

Denke nicht darüber nach, denn dieser Weg führt nicht dorthin. Für diese Fähigkeit ist dein Papagei nutzlos. Versetze dich innerlich wieder an deinen Platz auf der Sanddüne. Fühle die Tiefe des Meeres, fühle die Weite des Himmels und fühle das Gleiche in dir. Du kannst Energie in jedem Bereich deines Körpers fühlen und um dich herum. Du kannst fühlen, dass dort keine Trennung ist. Du kannst spüren, dass alles aus der Stille kommt und in sie zurückgeht. In den Übungen bekommst du die Gelegenheit, diese Fähigkeit zu trainieren über die nächsten Wochen.

In den ersten vier Wochen hast du vier Übungen gemacht. Für die Wochen 5 bis 8 solltest du unbedingt Übung 1 (Innere Einkehr) weiter beibehalten und natürlich die Achtsamkeit im Alltag üben. Grundsätzlich gilt natürlich, dass du alle Übungen, die du schon kennst, weiter fortführen kannst, wenn du die neuen Übungen nicht vernachlässigst. Nimm dir nicht zu viel vor. Die Übungen sind für die einzelnen Abschnitte deiner Reise bewusst gewählt und bauen aufeinander auf. Es ist auch wichtig, dass du keine Übung auslässt oder überspringst.

Übung 5: Zwischenraum-Bewusstsein

Nutz kurze Pausen und Wartezeiten dafür, die Stille oder Energie in dir zu spüren. Fühle in dich hinein und spüre, dass dein Körper keine Grenzen hat und reine, lebendige Energie ist. Fühle den stillen Raum in dir und überall.

Hier findest du einige Beispiele, zu welchen Gelegenheiten du das tun könntest:
- an einer roten Ampel
- beim Warten an der Zapfsäule, während du tankst
- beim Warten an der Kasse
- während du im Stau stehst
- beim Warten im Wartezimmer
- in Werbepausen
- beim Warten in Telefonschleifen
- in kurzen Momenten der Stille zwischen Worten, wenn du oder jemand spricht
- beim Warten an der Kaffeemaschine

Integriere das Spürbewusstsein für Raum und Energie als festen Bestandteil in dein Leben. Zunächst wird es den Anschein haben, als könntest du das vielleicht nicht. Nach einiger Zeit wirst du sogar auch in der Lage sein, Raum und Energie wahrzunehmen, während du sprichst oder während du etwas tust. Anfänglich ist es manchmal hilfreich, die Augen bei dieser Übung zu schließen, später ist es nicht mehr notwendig und du hast die Energie immer dabei – in Meetings, bei unangenehmen Gesprächen, bei Alltagsaktivitäten.

Übung 6: Naturkontakt

Die Natur kann dich besonders gut an die Fähigkeit des Selbstgewahrseins erinnern. Schenke dir täglich mindestens fünfzehn Minuten Zeit an der frischen Luft ohne Handy oder menschliche Begleitung. Nutze diese Zeit dafür, Kontakt zur Natur aufzunehmen und die stille Präsenz wahrzunehmen, die sie dir vorlebt: Beobachte die Präsenz eines Baumes, einer Blume, einer Wiese oder blicke einfach nur in den Himmel, aber benenne oder bewerte nichts. Du kannst einen Spaziergang machen oder dich auf die Bank oder den Balkon dazu setzen. Halte einen Moment inne, drehe die Handinnenflächen geöffnet Richtung Himmel und fühle das Sein in dir und um dich herum. Fühle, wie deine Atmung das Bindeglied zu allem ist. Nach und nach wirst du erkennen, dass deine Sinne schärfer werden und du Eindrücke wahrnimmst, die dir vorher verborgen waren.

Übung 7: Innehalten

Um mehr Raum in den Alltag zu integrieren, kommt es bei dieser Übung darauf an, deine Reaktion auf jeden starken Impuls (innen oder außen) zu entschleunigen oder einzubremsen. Du hältst für einen Atemzug an, spürst den Raum und fährst erst dann wieder fort. So schaffst du Platz zwischen Wahrnehmung des Reizes und Reaktion darauf.

Beispiele:
- Du willst dich verteidigen und hältst vorher inne.
- Du willst meckern und hältst vorher inne.
- Du willst eine Beobachtung kommentieren und hältst inne.
- Du willst einen Bissen essen und hältst vorher inne.

- Du willst zu Süßigkeiten greifen und hältst vorher inne.
- Du willst auf eine Anfrage »Ja« sagen und hältst vorher inne.
- Du willst auf eine provokante Nachricht antworten und hältst vorher inne.

Übung 8: Aus der Fülle handeln

Fühle Selbstgewahrsein im Alltag. Sei achtsam und fühle die innere Fülle. Spüre, dass nichts fehlt. Nimm wahr, wie sich deine Lebendigkeit verändert, wenn du ganz bei dir bist. Kannst du spüren, dass Genuss und Ganzheit aus Gegenwärtigkeit entstehen und nicht von intensiven Sinnesreizen abhängen?

- bei der Hausarbeit
- beim Kochen
- während der Gartenarbeit
- beim Zuhören
- beim Einkaufen
- beim Duschen
- beim Lernen
- beim Sport
- beim Essen
- beim Sex oder während der körperlichen Nähe danach
- beim Duschen
- bei beruflichen Aktivitäten
- beim Spielen mit deinem Kind

Du kannst dich auch im Zusammensein mit anderen Menschen darin üben, deren Präsenz wahrzunehmen. Fühle den anderen, wenn du ihn begrüßt, und konzentriere dich nicht nur auf die Worte während des Treffens.

Ausflug
Die ersten zwei Monate deiner wellenMUTIGEN Reise liegen jetzt hinter dir. Hast du in der Zwischenzeit einmal wirklich das Meer gesehen und gefühlt? Falls nicht, wird es jetzt Zeit. Fahre alleine ans Meer oder zumindest an einen See oder Kanal. Nimm dir mindestens einen halben Tag dafür Zeit (besser einen ganzen Tag oder sogar zwei Tage) und lasse dein Handy in dieser Zeit aus. Genieße deinen Freiraum, die Stille und lasse deinen Blick über die Weite streifen. Kannst du fühlen, was du in den letzten Wochen in dir verankert hast? Wie fühlt es sich an? Mache ruhig einen Spaziergang. Vielleicht trinkst du zum Abschluss noch einen Kaffee oder Tee und gönnst dir eine Kleinigkeit zu essen. Genieße sie! Bleibe achtsam und beobachte all die Menschen um dich – bewerte sie nicht. Lass alles einfach nur auf dich wirken.

Notier deine Eindrücke in deinem Buch, wenn du wieder zu Hause bist. Was ist dir über dich und deine bisherige Veränderung bewusst geworden? Könntest du dir vorstellen, so eine Reise ans Meer zu einem regelmäßigen kleinen Ritual zu machen? Jeden Monat oder alle zwei bis drei Monate? Wie könntest du das sicherstellen?

Die WellenMUTIGE spürt, dass ihre Selbstsicherheit wächst und sie sich besser wahrnimmt. Sie fühlt sich besser und vitaler.
Der WellenMUTIGE bemerkt, dass seine Gedanken konzentrierter und klarer werden und seine Sinne schärfer. Eine seltsam lässige Entspanntheit und Lebendigkeit kommt manchmal auf, die ihm bisher unbekannt war.
Wer wellenMUTIG ist, spürt im Alltag innere Präsenz und ist dadurch mit einer stärkenden, neuen Kraft verbunden. Der innere Durst nach Wertschätzung ist dadurch gestillt und der Marktwert kann hinzugefügt werden. Wahres Selbstwertgefühl entsteht von innen nach außen.

Und plötzlich kam das Licht

Du erinnerst dich vielleicht noch an meinen Sturm. Natürlich habe ich mich auch gefragt, warum ich in eine so bodenlose Tiefe gefallen bin, obwohl ich mich als glückliche, selbstbewusste und starke junge Frau empfand.

Ich hatte einen guten und stabilen Marktwert aufgebaut durch alles, was du auch sonst in der Erfolgsliteratur lesen kannst:

- positives Denken
- Lebensziele und Visionen haben, Werte formulieren
- hilfreiche Überzeugungen
- Lösungsorientierung
- das Leben aktiv gestalten
- Herausforderungen annehmen und das Beste aus sich herausholen
- attraktiv und fit sein
- innere Motivation und Exzellenzstreben
- Beziehungen wertschätzen

All das hatte ich verinnerlicht und mit meinem Seelenpartner gemeinsam ausgebaut. Wir hatten ein tolles Leben, arbeiteten gerne für unseren Erfolg, bildeten uns weiter, gingen gut essen, lernten viel über Speisen und Wein, besuchten Konzerte, reisten in wunderschöne Hotels, fuhren tolle Autos, richteten uns geschmackvoll ein, fühlten uns frei und kreativ, verwirklichten unsere Träume, hatten eine tolle Sexualität, waren großzügig, gute Gastgeber und weltoffen. Was will man mehr?

Weil der Marktwert nicht glücklich macht...
In den ersten beiden Jahren nach dem Sturm ging es mir emotional sehr schlecht. Vor allem zu den Feiertagen kam die Einsamkeit hoch und der Papagei wollte das alte Leben zurückhaben, das er so liebte. Ich beschloss, über Weihnachten nach Abu Dhabi zu fliegen, um den Festtagen zu Hause zu entkommen. Mein erster Urlaub nach zwei Jahren Kraftlosigkeit und zum

ersten Mal im Leben vierzehn Tage völlig allein in einem Luxushotel. Ich wollte mir zeigen, dass ich all die schönen Dinge des Lebens auch alleine genießen konnte, und hoffte, dass ich die Feiertage so gut überstehen würde. Es kam alles völlig anders als geplant. Der Luxusschuppen war voll mit Scheichs in weißen Gewändern, verliebten Paaren und Familien mit süßen kleinen Kindern. Ich war die einzige Alleinreisende und wurde dementsprechend auch mitleidig beäugt oder verwundert angestarrt. An Heiligabend saß ich allein mit meinem Handy an einem romantisch eingedeckten großen Tisch für zwei Personen und ließ das feine Sechs-Gänge-Menü mit Weinbegleitung und Pianomusik über mich ergehen. Mein Papagei litt furchtbar und stellte ständig Vergleiche mit der Vergangenheit an und weinte über das, was jetzt fehlte. Nach dem vierten Gang unterbrach ich das Essen und stolperte mit meinen High Heels und dem schicken Kleid tränenüberströmt in mein Bett.

Ebenso ging es mir an der Bar, beim Frühstück, in der Sauna und am Pool. Überall sah ich knutschende Menschen, die Weihnachten feierten und den Luxus genießen konnten. Nur der Fitnessraum war morgens um sechs Uhr menschenleer und bot mir eine Zuflucht. Selbst die schöne Suite im zwanzigsten Stock mit ihrem tollen Ausblick machte mich als Einzelperson traurig und depressiv und ließ mich leidvoll in Erinnerungen schwelgen. Der Papagei und ich waren eins! Jede Technik des positiven Denkens versagte, denn die Leere war unerträglich und wurde durch das Szenario in Abu Dhabi um ein Vielfaches verstärkt und mir auf dem Präsentierteller serviert. Gefühlt fand das tolle Leben jetzt ohne mich statt.

Hast du eine Idee, was passiert war?
Ich versuchte vergeblich, im Marktwert etwas wiederzuerlangen, was zerschlagen war, und spürte keinen inneren Kern, der es auffangen konnte. Die letzten Tage des Urlaubs blieb ich nur noch auf dem Zimmer und schlief, las, weinte oder schaute DVDs. Nach einiger Zeit waren fast alle Bücher durchgelesen. Ich liebte es, Bücher zu lesen, die mich weiterbrachten. Doch nichts half.

Plötzlich fiel mir ein Buch in die Hand, das mir meine Mutter zu Weihnachten geschenkt hatte. Ich hatte es bisher erfolgreich ignoriert, weil der Titel mir nicht schmeckte: *Suche nichts – finde alles! Wie Ihre tiefste Sehnsucht sich erfüllt.* Der Autor ist Frank Kinslow. »Was für ein dämlicher Titel«, dachte ich. Das ging völlig gegen mein Erfolgsdenken und hörte sich sehr passiv, weich gespült und esoterisch an. Doch nach den ersten Kapiteln durchzuckte es mich wie ein Blitz der Erkenntnis und es wurde Licht um mich. Er schreibt von Informationsexplosion, Gedankenmatrix, Geistesstörung und erwähnt etwas, was er Momentum nennt. »Wenn Momentum [Eigendynamik, Schwungkraft, Impuls. Anm. d. Verlags] sich zu entwickeln beginnt, stellt sich der innere Friede automatisch wieder ein, ohne Mühe oder Vorsorge. Von da an können die dornigen Probleme des Lebens nicht mehr an Ihnen haften bleiben, Ihr Leben wird freier und reibungsloser.« Er brachte mich zum ersten Mal in Kontakt mit dem inneren Raum und es war so, als würde er über etwas schreiben, was ich schon intuitiv wusste, aber jetzt erst durch ihn erinnerte. Ein irres Gefühl! Ich fühlte mich befreit und wusste schlagartig, wie der einzige Weg aussieht, diese Leere in Fülle zu verwandeln. Bis zu diesem Zeitpunkt hatte ich an der falschen Stelle nach wirklicher Erfüllung gesucht.

4.4 Die Sache mit dem Glück

Nun kommen wir zu einem sehr wichtigen Teil deiner Reise, nämlich zu deinem Weg zum Glück. Dazu ist folgende Erkenntnis wesentlich: Je durchlässiger das Ego, desto erfüllter kannst du leben! Man könnte auch sagen: »Kleines Ego – große Wirkung.« Mittlerweile kennst du den Papageien als Reisebegleiter schon ganz gut, denke ich. Für deine persönliche innere Glücksforschung sollten wir ihn noch ein wenig näher kennenlernen. Der zweite Vorname des Vogels ist Ego, erinnerst du dich? In der Psychologie wird es auch das Selbst genannt. Das Ego ist der Teil in dir, der sich durch greifbare Form definiert und den Raum nicht wahrnehmen kann. Man könnte auch sagen, das Ego ist eine begrenzte Anzahl an Denk-Fühl-

Verhaltensstrategien und Gewohnheiten, bewussten und unbewussten Prägungsmustern im Gehirn. Dein Ego sichert dein Überleben als menschliche Form, ist immer in Bewegung, will Wissen anhäufen und erschafft.

Du hast ein Ego und bist das Sein.

Dein Ego bezieht sein Selbstgefühl zwar durch Form, ist aber trotzdem eine dynamische und keine statische Konstruktion. Da das Ego seine Energie, Vollkommenheit und Verbundenheit mit dem Ganzen nicht spüren kann, grenzt es sich von anderen ab und fühlt sich als getrenntes, unvollkommenes Wesen (die vier Geisteskrankheiten). Die Folge daraus ist ein ständiger Kampf um Selbstbehauptung, Angst vor Schwäche und Verletzbarkeit. Jeder Verlust, jede Ablehnung, jedes Versagen bedeutet für das Ego einen großen Verlust des Selbstgefühls. Jede Leere macht ihm Angst, seine Identität zu verlieren. Die subjektive Wahrnehmung und Berührung, die dein Ego mit der Realität hat, hält es für wahr, richtig und objektiv. Deshalb gibt es auch nicht schlimme oder weniger schlimme Probleme. Jeder Papagei leidet gleich unter seinen Problemen.

Natürlich ist dein Ego ständig damit beschäftigt, Abweichungen von seiner Realität und seinen Vorstellungen zu kommentieren. Dies kann Menschen, Resultate, äußere Umstände, Lebenssituationen und auch körperliche Wahrnehmungen betreffen. Es glaubt, der Widerstand dagegen sei Stärke. Da das Ego den Raum der Gegenwart als bedrohlich ansieht, versucht es ihm ständig zu entkommen, indem es das »Loch des jetzigen Erlebens« mit Gedanken um Zukünftiges oder Vergangenes stopft. Wie du weißt, ziehen diese Gedanken sekundäre Emotionen nach sich: Ärger, Angst, Wut, Stress und so weiter.

4.5 Reisewoche 9 bis 12: Heilsame Wurzeln fördern und Leid auflösen

Konntest du die vier Geisteskrankheiten (Unzufriedenheit, Minderwertigkeit, Angst oder Zweifel, Unruhe) bisher bei dir selbst erkennen? Ich möchte dich vor einer Missdeutung bewahren. Diese Reise ist keine Reise, um das Ego loszuwerden, aber sie dient dir dazu, dem Ego weniger Bedeutung beizumessen und unabhängiger von seinen Geisteskrankheiten zu werden. So kannst du endlich den Papageien für das nutzen, wofür er als Denker hilfreich und wichtig ist: zur bewussten Schöpfung deines äußeren Lebenslaufs und deiner menschlichen Erfahrungen. Sieh ihn als wichtigen Teil deines inneren Teams an und nicht als deinen Boss.

Wir hatten über die drei unheilsamen Wurzeln deines Egos gesprochen, die Leid erzeugen.
- Unbewusstheit und in der extremsten Ausprägung Verblendung (Identifikation mit dem Ego und deshalb Illusion der Getrenntheit zu anderen)
- Ablehnung und in der extremsten Ausprägung Hass
- Anhaftung und in der extremsten Ausprägung Gier

Wie du durch die vier Geisteskrankheiten erkannt hast, ist alles, was das Ego kurzfristig tut, um emotionaler Leere und Unglück zu entkommen, langfristig damit verbunden, noch mehr Leere zu erzeugen. Du brauchst eine andere Medizin:

Für jede dieser unheilsamen Wurzeln kannst du heilsame Wurzeln in dir erkennen und fördern. Diese Wurzeln sind gleichzeitig deine Reisemedizin gegen die vier Geisteskrankheiten.

Die erste heilsame Wurzel: Bewusstheit und Achtsamkeit
Mithilfe der ersten Wurzel lassen sich die beiden anderen heilsamen Wurzeln überhaupt erst entwickeln. Deine ganze wellenMUTIGE Reise dient deiner Bewusstheit. Die Fähigkeit der Achtsamkeit hast du schon in den ersten Wochen erkannt und entwickelt und es ist wichtig, dass du sie täglich weiter förderst.

Die zweite heilsame Wurzel: Akzeptanz und Mitgefühl
Die heilsame Wurzel, die der Ablehnung entgegenwirkt, ist Akzeptanz. Diese Wurzel steht im engen Kontakt mit unserem Mitgefühl und Verbundenheit zu allem, was lebendig ist. Das Urgefühl dieser Wurzel ist echte Liebe. Akzeptanz bedarf der Fähigkeit zur Gleichmütigkeit. Gleichmütigkeit beinhaltet keinen Hass, aber auch keine Gleichgültigkeit. Verbinde dich mit der Tiefe des Meeres und blicke auf die Wellen. Die Wellen verlaufen nicht gleichförmig und kontrollierbar. Es gibt hohe und tiefe Wellen, viele und wenige Schaumkronen. Wenn Akzeptanz in dir ist, kannst du innerlich zulassen, dass die Erfahrung, die du im gegenwärtigen Moment machst, oft nicht zu ändern ist, da sie ja schon da ist. Eine Welle, die da ist, lässt sich nicht aufhalten oder wegdrängen. Wenn du das Wasser versuchst aufzuhalten, dann staut es sich und schlägt mit gewaltiger Wucht zurück.

Ablehnung oder emotionaler Widerstand gegen die Wellen sind unsinnige Kämpfe, die nichts daran ändern, dass die Welle da ist. Aus der Tiefe heraus kannst du mit der Welle gleichmütig umgehen und sofort deinen Frieden mit ihr machen, wenn sie auftaucht. Du gehst mit dem Wellengang, nicht gegen ihn, weil du weißt, dass das unnötiges Leid erzeugt. Wenn du gegen schmerzhafte Wellen bist, bist du gegen das Leben, denn Schmerz ist ein Teil des Lebens. Akzeptanz fordert von dir, Ja zum Leben zu sagen und es in allen seinen Wellenformen zu lieben. Ablehnung lenkt die Aufmerksamkeit und Energie auf das, was dir Schmerz bereitet. Also wird Schmerz wachsen. Akzeptanz macht den Weg frei für Frieden (Zufriedenheit). Du bewegst dich zum Frieden und genau dieses Signal sendest du ans Universum. Das Universum ist ein Spiegel. Gleichartige Energie wird zurückkommen.

Leichter gesagt als getan. Akzeptanz kann bei den meisten Menschen nur durch Training erreicht werden, weil der Papagei erst dorthin erzogen werden muss, dir zu folgen. Schon kleine Kinder stampfen wild auf dem Boden herum und schreien wütend, wenn Papagei Junior nicht das bekommt, was er will. Ein Kind muss und sollte diesen Bewusstseinszustand zunächst durchlaufen. Als Erwachsener können wir erkennen, dass das unnötig ist und uns selbst schadet. Wir brauchen in diesem Stadium des Kindes nicht stehen zu bleiben. Auch wenn die erwachsene Variante davon vielleicht etwas dezenter aussieht, Ablehnung ist Ablehnung und kann nur durch Akzeptanz und Gleichmütigkeit geheilt werden.

Übung 9: Den Wellengang akzeptieren

Finde zunächst heraus, wie oft und was du alles ablehnst oder hasst, und notiere es in deinem Buch.

Hier ein paar Beispiele:
- Personen, Tiere, Orte
- das Verhalten von anderen Menschen, ihre Kleidung, Figur oder Auftreten
- andere Meinungen, Kulturen, Werte, Lebensformen
- Entscheidungen
- das Wetter, Jahreszeiten
- Aufgaben oder anstehende Verpflichtungen
- Lebenssituationen
- Schmerz, Angst, Verluste
- Nahrungsmittel, Farben, Autos, Stilrichtungen
- Bewegung oder Sport, Anstrengung
- Krankheiten
- deine Figur oder dein Aussehen, das Altern
- deinen Beruf oder die Arbeit dort (beispielsweise Verkaufen oder Telefonieren ...)

Dir fällt bestimmt noch mehr ein. Immer wenn dein Papagei etwas ablehnt, was du gerade erfährst, bringe dich sofort in deine Präsenz und mache dir blitzschnell bewusst, dass du dich doppelt bestrafst, wenn du Ärger, Wut, Enttäuschung entwickelst. Jede Welle hat ihren Sinn.

So kannst du innerlich Ja sagen lernen
XXXXX ist da
XXXXX ist geschehen
XXXXX tut weh
XXXXX ist anders
XXXXX ist noch nicht geschehen
XXXXX ist weg
XXXXX ist nicht erfüllt worden
XXXXX ist unangenehm
… und trotzdem akzeptiere ich diese Erfahrung voll und ganz.

Dein Papagei denkt jetzt, dass Gleichmütigkeit und Akzeptanz Bewegungslosigkeit fördern? Das Gegenteil ist der Fall. Akzeptanz ist ein höchst positiver und dynamischer Zustand, der Energien förderlich bewegt und Raum schafft. Es geht nicht immer darum, wie wir in einer Situation bestmöglich unsere Bedürfnisse befriedigen können oder wer Schuld hat, sondern wie du ihr angemessen und für dich förderlich gerecht werden kannst. Akzeptanz beginnt in den Kleinigkeiten des Alltags, in denen wir uns von Wut und Ärger befreien können: der volle Parkplatz, das Glas, das herunterfällt, die andere Meinung des Partners, der mürrische Kunde am Telefon, der Paketdienst, der zu spät kommt, der Kellner, der das falsche Essen bringt, das Date, das dich kurzfristig versetzt, der Kunde, der Ausreden stammelt und nicht kauft und so weiter.

Das Geheimnis der Akzeptanz: üben, üben, üben. Wenn du es nicht kannst, bist du entweder innerlich noch nicht bereit oder dir fehlt Übung.

Jeder trägt diese heilsame Wurzel gegen das geistige Gift der Ablehnung in sich. Ich habe von Ayya Khema einmal ein schönes Zitat gehört, das wunderbar auf den Punkt bringt, worum es geht: »Licht kämpft nicht gegen Dunkelheit, es ist einfach da, mehr ist nicht nötig.«

Dritte heilsame Wurzel: Loslassen und Großzügigkeit
Die heilsame Wurzel, die der Anhaftung und Gier entgegenwirkt, sind das Loslassen und die Großzügigkeit. Das Urgefühl dieser Wurzel ist ebenfalls pure Liebe.

Loslassen und Großzügigkeit sind dann möglich, wenn du zwei Lebenswahrheiten in dir anerkennen kannst:

- Alles kommt und geht irgendwann, nichts kann ich festhalten.
- Es gibt keinen Mangel und keine Trennung. Letztendlich bist du Teil eines großen Ganzen und kannst weder etwas wirklich besitzen noch verlieren. Alles, was du suchst, kannst du in dir finden.

Loslassen bedeutet nicht, dass du etwas von dir drängst, fallen lässt oder dich zwanghaft abwendest. Es bedeutet lediglich, dass du nicht an dem festhältst, was weiterfließt oder sich verändert, und auch nicht leidest, wenn dich etwas verlässt, was schön war.

Loslassen bedeutet: es so sein lassen, wie es ist!

Du schaust aus der Tiefe auf das, was ist, und verbindest dich mit der Intelligenz des Lebens. Du kontrollierst und zwingst nicht, sondern lässt das entstehen oder vergehen, was entstehen oder vergehen soll. Wer loslassen kann, haftet auch nicht an seinen Erwartungen, Lebensplänen, Glückskontakten und Vorstellungen an. Du hast vielleicht Wünsche und genießt angenehme Erfahrungen, aber deine Zufriedenheit ist nicht von deren Erreichung oder ständiger Intensivierung beziehungsweise Erweiterung abhängig, weil du weißt, dass der Lebensfluss sich nicht nach den Vorstellungen deines Papageien richtet. Kein Glücksmoment kann ewig dauern und dich vollständig erfüllen – deshalb gierst du auch nicht danach.

Wer die Verbundenheit allen Seins fühlt, der spürt, dass es wenig Sinn macht, sich ständig zu vergleichen, etwas zu horten oder mehr als andere haben zu müssen. Aus dem inneren Gefühl der Tiefe heraus kannst du großzügig teilen und schenken, ohne dich danach auszurichten, was du dafür bekommst, oder dich zu fragen, ob es sich lohnt. Wer innere Fülle spürt, geht wohlwollend mit anderen Menschen um, weil er überzeugt ist, dass für ihn gesorgt ist. Plötzlich ist dir klar, dass du nichts bekommen musst, um glücklich zu sein, sondern nur das loszulassen brauchst, was dich nicht glücklich macht: deine Illusion von Glück.

Übung 10: Anhaftung loslassen

Finde zunächst heraus, was deine Anhaftungen sind und wie oft du anhaftest. Schreibe es in dein Buch, wenn du möchtest.

Hier einige Beispiele:
- Bestätigung und Anerkennung
- Orte
- Gedanken und Gewohnheiten
- Menschen
- Tiere
- Abläufe
- deine Meinung
- Erwartungen, Ansichten, Lebensvorstellungen
- Vorurteile
- Macht, Besitz, Geld, Erfolg
- Sex, Bestätigung

- Kicks, Drogen, Alkohol, Zigaretten, Süßigkeiten oder andere Genussmittel oder Abhängigkeiten
- Medien
- das Aussehen, die Jugend
- eine Rolle
- die Vergangenheit oder Erinnerungen
- Minderwertigkeitsgedanken
- Schuld

Woran haftest du besonders an? Beobachte deinen Papageien ganz genau, wann immer er sich festbeißt oder den Hals nicht vollbekommen kann und dir dadurch Leid, Unzufriedenheit oder Stress erzeugt. Stopp, bring dich in deine Präsenz und halte das unangenehme Gefühl aus, es einfach so sein zu lassen, ohne deinen Impulsen zu kaufen, zu essen, im Netz zu surfen, zu antworten, anzurufen, zu verteidigen, zu kritisieren, Erinnerungen hervorzuholen oder Ähnlichem direkt nachzugehen. Konzentriere dich auf das Gefühl und die Spannung, die entsteht, und atme tief in das Gefühl hinein. Du wirst nach einiger Zeit erkennen, dass du dich besser fühlst und der Druck sich auflöst, wenn du gegenwärtig bleibst. Halte das Gefühl von Unwohlsein, Einsamkeit, Langeweile oder Unruhe einfach einmal aus, ohne in Kompensationsverhaltensweisen zu verfallen. Sei dir bewusst, dass jedes Kompensationsverhalten (wie zum Beispiel täglicher abendlicher Alkoholgenuss) vielleicht kurzfristige Erleichterung erzielt, langfristig deine Unbewusstheit jedoch verstärkt. Lerne, Genuss von Kompensation zu unterscheiden.

Verteidige dich nicht sofort, wenn du meinst, im Recht zu sein. Jede Form von Auseinandersetzung, Verteidigung und Kampf stärkt dein Ego. Lasse den Impuls einfach los. Zu Beginn wird diese Übung dich ganz schön fordern. Doch du wirst Fortschritte machen und dich wundern, wie viel Freiheit und Zufriedenheit in dein Leben einzieht.

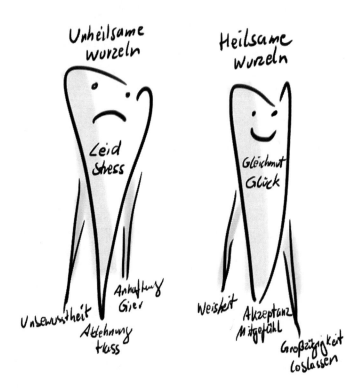

Akzeptieren oder Loslassen ist kein Denkprozess, sondern eine bewusste Wahl und innere Qualität. Du kannst dir immer wieder einreden, was du alles loslassen willst und wie viel Mitgefühl du zeigen möchtest, anstatt aggressiv zu reagieren. In der Praxis wirst du scheitern.

Saboteure des Glücks

Dein Ego ist nicht nur ein Papagei, sondern auch ein kleiner Fuchs, wenn es darum geht, deine Achtsamkeit zu torpedieren. Um sein Selbstgefühl zu bestärken und die innere Leere zu überlagern, benötigt es vor allem intensive Emotionen. Starke Emotionen liefern ihm Energie und Möglichkeit zur

Identifikation. Das ist der Grund, warum dein Ego Dramen und Probleme liebt und es ständig nach Anlässen sucht, um seine passenden Lieblingsgefühle zum Beispiel durch Streit oder Angstvorstellungen zu aktivieren. Dies wird vor allem dann unterstützt, wenn du zu Seinsgefühlen keinen Zugang hast und unangenehme Emotionen wie Druck, Angst, Unsicherheit, Unausgeglichenheit, Müdigkeit, Unruhe, Kränkung, Traurigkeit und Unzufriedenheit im Alltag verdrängst und dich extrem kontrollierst. Durch das Verdrängen entsteht ein riesiger emotionaler Hunger, den dein Ego dann liebend gerne durch Streit und Dramen ausgleicht.

Du wirst hin und wieder in Situationen geraten, in denen dein Ego massiv gegen deine Präsenz rebellieren wird. Oft sind es individuelle Trigger, die es plötzlich anheizen und die Lust auf Streit oder Leid zum Leben erwecken. Es könnte eine Aussage von deinem Partner sein, das Verhalten eines Kollegen, ein anstehendes Event, eine Szene im Film oder eine Passage in einem Buch oder ein Kunde, der abgesagt hat. Manchmal ist es bei Frauen die hormonelle Situation, die es begünstigt, in so eine schwarze Emotionswolke abzutauchen.

Wenn du in so einem Drama-Anfall deines Egos bist, dann wird es alles daransetzen, um dich davon zu überzeugen, dass du keine andere Wahl hast, als dich schlecht zu fühlen, wütend zu sein oder zu streiten. Du wirst es möglicherweise daran erkennen, dass du extrem gereizt und aggressiv reagierst, alles negativ deutest, sofort kampfbereit oder beleidigt bist, dich regelrecht in etwas hineinsteigerst, Streit suchst, nahestehende Menschen verletzt, Panik erzeugst oder sehr nah am Wasser gebaut bist. Deine Reaktion fällt also viel extremer aus als sonst. Dein Ego schüttet alle dunklen Emotionen über dich aus, die sich jemals in dir angesammelt haben. Man könnte es auch einen Schmerzanfall nennen. Jeder von uns kennt so einen Anfall, der eine hat mehr, der andere hat weniger damit zu kämpfen. Manchmal hast du jahrelang Ruhe davor und dann führt dich ein spezielles Ereignis wie beispielsweise eine Trennung, ein Verlust oder eine Krankheitsdiagnose in einen sehr intensiven und langen Schmerzanfall. Ist die schwarze Wolke aktiv, helfen ausschließlich achtsame Betrachtung und Akzeptanz dieses inneren Zustandes weiter.

Es ist schon ein erster wichtiger Schritt, dass du dir dessen überhaupt bewusst bist, denn dann wütet sie nicht mehr in der Dunkelheit und du bist nicht mehr entsetzt, was mit dir los ist. Ich höre oft von Klienten die Aussage: »Ich erkenne mich dann selbst nicht wieder. So bin ich gar nicht. Es ist, als ob eine fremde Macht in mir wütet, die alles zerstören will!«

Achtsamkeit hilft, dass der Schmerzanfall zumindest nicht noch schlimmer wird, schafft Raum und macht ihn erträglich. Sei dir bewusst, dass auch dieser emotionale Zustand vergänglich ist, und halte dich an folgende Regeln, um so schnell wie möglich aus der Wolke herauszukommen:

Regeln für einen Schmerzanfall auf deiner Reise

Triff keine vorschnellen Entscheidungen, bevor der Schmerzanfall nicht vorüber ist.

Nimm diese Schmerzattacke nicht persönlich, sondern erkenne sie als üble Laune deines Egos.

Tue nichts, was du später bereust, auch wenn es sehr verlockend ist.

Kämpf nicht dagegen an, mach dir keine Selbstvorwürfe oder ärgere dich darüber. Was hilft es, dass du dem Himmel dafür Vorwürfe machst, dass er dunkle Wolken hat?

Lass dich nicht irreführen und denke nicht, dass dieser Zustand in irgendeiner Form die Realität widerspiegelt und so bleibt. Fälle keine starren Urteile.

Erwarte keine schlagartige Linderung. Es ist okay, dass du dich gerade unwohl fühlst! Fühle den Schmerz körperlich und denke nicht darüber nach oder heize ihn mit Gedanken an. Wenn das nicht möglich ist, erlaube dir einen Trauerzeitraum und beende dann nach einiger Zeit auch wieder aktiv dein Selbstmitleid, damit du dich nicht darin verlierst.

> Am besten lenkst du dich ab, verabredest dich, gönnst dir eine Massage, isst ein Eis, gehst spazieren oder treibst Sport.
>
> Wenn du häufig Schmerzwolken erlebst, kannst du dir einen Notfallplan vorbereiten, wie du ihnen begegnest. Überwinde dich und halte ihn ein, auch wenn dein Ego alles torpedieren will, was dich dich besser fühlen lässt.

Natürlich wird es herausfordernd, wenn du auf einen Menschen triffst, der gerade einen Schmerzanfall hat. Wenn du in einer Partnerschaft oder Ehe lebst, ist der andere für das Ego die erste Anlaufstelle. Nahestehende Menschen sind Lieblingsopfer unserer Papageien. Auch wenn du dich schon in den heilsamen Wurzeln übst, wird ein Mensch mit einem Schmerzanfall es dir besonders schwer machen, dich nicht provozieren zu lassen, dich nicht zu ärgern oder in Bösartigkeit zu verfallen. Dieser Mensch ist dann so sehr in Negativität gefangen, dass er durchaus einen Schmerzanfall deines Egos auslösen kann. Wozu diese potenzierte Negativität führt, hast du sicher schon erlebt.

Wenn du gerade mit jemandem zu tun hast, der im Schmerzanfall gefangen ist, dann unterlasse es, ihn umstimmen, motivieren oder beruhigen zu wollen. All das wird das Drama nur verstärken, da das Ego dieser Person gerade leiden **will**. Es produziert hohe Wellen und deine Bemühungen, diese zu glätten, stören es gewaltig. Das Einzige, was dir und diesem Menschen hilft, ist die Tiefe des Meeres, derer du gewahr bist. Ist die Wolke abgezogen, tut diesem Menschen sein Verhalten oft selbst leid.

Sieh zu, dass du Distanz gewinnst, und steige nicht in Diskussionen ein. Nimm es auf keinen Fall persönlich, du bist leider gerade die Angriffsfläche geworden. Nicht immer wird dir das gelingen, aber du kannst es üben. Wenn du so eine Person am Telefon hast oder in ein Gespräch mit ihr verwickelt bist, dann kannst du die Unterhaltung beenden, wenn es destruktiv oder beleidigend wird. Sei dir sicher: Du zerstörst dadurch nichts. Hier wird es gerade keine Lösung geben. Du verschwendest deine Zeit und eventuell wird es nur noch schlimmer, wenn du bleibst. Es braucht zunächst ein Reset. Eine mögliche Variante könnte sein: »Ich stelle fest, wir kommen heute nicht weiter und es schaukelt sich auf und führt zu nichts Gutem. Ich möchte jetzt an dieser Stelle das Gespräch beenden und wir sprechen morgen noch einmal darüber.«

Es ist für deine innere Stabilität wichtig, dass du einen Schmerzanfall bei dir und anderen erkennen kannst, um verstehen zu können, was gerade geschieht, und angemessen handeln zu können. Die Übungen auf deiner Wellenreise werden nach und nach dazu führen, dass deine Schmerzanfälle grundsätzlich weniger werden und du auch mit Menschen, die gerade davon unbewusst heimgesucht werden, immer besser umgehen kannst und dich nicht damit identifizierst.

Manchmal wirst du auf Menschen treffen, die so voller Negativität sind, dass sie einem dauerhaften Schmerzanfall unterliegen. Diese Menschen benötigen dauerhaft Probleme, weil ihr Papagei diese als Teil seiner Persönlichkeit (Problem-Selbst) fest verankert hat. Jeder Versuch der Lösung wird abgewehrt werden. Stresse dich auf keinen Fall dadurch, indem du dir ständig wieder neue Begründungen anhörst, warum keine Besserung oder Lösung möglich ist.

Merke dir: Wer sein Problem kennt, aber nicht zur Lösung beiträgt, der ist Teil des Problems. Niemand kann jemandem helfen, der sein Problem oder sein Unwohlsein behalten will.

Was kannst du tun? Es gibt nur zwei Möglichkeiten, wenn du nicht dauerhaft darunter leiden willst:

- Du bist entweder schon achtsam genug, um dieser Person mit Gelassenheit und Akzeptanz zu begegnen.
- Du solltest dich wenn möglich entfernen, da dein eigenes Wohlbefinden immer wieder extrem sabotiert wird.

4.6 So findest du dein Glück

Wahre Zufriedenheit kannst du erleben, wenn du die Illusion ablegst, dauerhaftes Glück in äußeren Sinneskontakten zu finden. Diese Glücksgefühle sind natürlich angenehm und nichts spricht dagegen, sie zu genießen. Versuche herauszufinden, welche Sinneskontakte dir besonders viel Wohlbefinden bereiten, und zelebriere sie. Reduziere die Quantität und betone die Qualität. Ein intensiv erlebter, lebendiger Tag an der Nordsee auf einem Handtuch kann schöner sein als schlechte Laune auf einer vergoldeten Luxusliege in der Karibik. Ein Abend voller Liebe, Aufmerksamkeit und Zweisamkeit kann erfüllender sein als emotionale und körperliche Kicks, bei denen du innerlich nicht wirklich anwesend bist.

So schön Sinneskontakte auch sind, sie bieten nur die erste, oberflächliche Ebene des Glücks auf der Ebene der Wellen. Jedes Glück, das du hier erlebst, ist vergänglich und du musst über kurz oder lang wieder etwas finden, was ein ähnliches Gefühl auslöst. Selbst intensive Glücksauslöser nutzen sich ab und verursachen nach einiger Zeit nicht mehr das gleiche Glücksempfinden wie zu Beginn. Denke an ein neues Auto. Zu Beginn bist du voller Vorfreude, und wenn es dann da ist, steigst du vielleicht eine Zeit lang voller Begeisterung ein und bist happy. Und irgendwann flacht der Zauber ab. Unser Alltag ist auf dieser Ebene des Glücks ständig dadurch bestimmt, dass wir sehnsüchtig auf Glückskontakte warten und Glückskontakte anhäufen (wenn wir uns alles leisten können, wird das umso schwieriger). Das kostet viel Energie und macht dich abhängig davon, denn du musst ja ständig etwas finden, was ein Glücksgefühl wert ist. Zudem ist es unvermeidbar, dass dein äußerer Lebenslauf sich irgendwann dem Ende zuneigt. Dir sollte klar werden, dass Endlichkeit der menschlichen Form zum Leben dazugehört. Es ist ein Zeichen von Lebendigkeit, sich diese Vergänglichkeit immer wieder vor Augen zu führen, anstatt die Augen davor zu verschließen. Du wirst merken, dass dann von ganz allein ein anderes Bewusstsein für Glück entstehen wird.

Eine tiefere Ebene des Glücks kannst du mithilfe der heilsamen Wurzeln erreichen, da sie Seinsgefühle in dir aktivieren. Deine Liebesfähigkeit, Mitgefühl, Freude, Großzügigkeit und Gleichmut werden gefördert. Diese Gefühle bringen dich in Verbindung mit deiner Tiefe und können unabhängig vom Wellenmeer ein stabiles Fundament der Zufriedenheit in dir erzeugen. Dann beziehst du Freude nicht aus dem, was du bekommst, erreicht hast oder erlebst, sondern sie fließt in das ein, was du tust. Du fragst dich dann nicht mehr: »Was muss ich bekommen, um glücklich zu sein?«, sondern du bist es einfach. Deine Fähigkeit zum Glück bekommt eine ganz andere Qualität und bietet dir auch eine Basis der Zufriedenheit, wenn auf der Ebene der Wellen Glückskontakte wegfallen oder keine vorhanden sind.

Deine vier Geisteskrankheiten werden auf ein erträgliches Maß abheilen:
- Aus Unzufriedenheit wird innere Zufriedenheit, weil deine Lebensfreude nicht von äußeren Umständen abhängig ist.
- Aus Minderwertigkeit wird ein starkes Kernselbstwertgefühl, weil du den Schatz gefunden hast und unabhängig vom Marktwert bist.
- Aus Angst und Zweifel wird Zuversicht, weil du Wandel akzeptierst und Kontrolle loslassen kannst.
- Aus Unruhe wird Gelassenheit, weil du der Gegenwart nicht mehr durch Aktivität entfliehen musst.

Es gibt noch eine tiefere Ebene des Glücks, die du im weiteren Verlauf deiner Reise kennenlernen wirst, doch darauf möchte ich erst später eingehen.

> **Wer wellenMUTIG ist, übt sich täglich in Gleichmut, weil er dadurch in tiefere Ebenen des Glücks vordringt. Nicht die äußeren Umstände lassen uns leiden, sondern unsere Unfähigkeit, achtsam damit umzugehen.**

4.7 Endlich frei sein

Vor Antritt deiner Reise hast du erfahren, was einen Freigeist ausmacht. Bist du dem schon etwas nähergekommen? Ich hatte dir folgende Begriffe mit auf die Reise gegeben, welche die zehn Qualitäten für innere Freiheit beschreiben:

1. Präsenz und Achtsamkeit
2. Selbstgewahrsein/innere Unabhängigkeit
3. bedingungslose Liebe, Freude und Mitgefühl
4. Akzeptanz, Gleichmut
5. Wandel akzeptieren, loslassen
6. frei von Begierden
7. Verbundenheit
8. offener, flexibler Geist
9. Humor
10. Unmittelbarkeit

Ich bin mir sicher, dass du mindestens die ersten sieben Qualitäten einordnen kannst. Sie waren alle bereits Stationen deiner bisherigen Reise. Du hast erfahren, wie du Präsenz durch Achtsamkeit erreichen kannst, wie du die formlose Tiefe des Selbstgewahrseins in dir spürbar machst und wie dein Kernselbstwertgefühl entsteht. All das macht dich unabhängig von äußeren Urteilen. Wie ist bisher dein Resümee? Wie reagierst du auf Kritik oder äußere Urteile? Machst du dein Handeln und dein Selbstwertgefühl noch stark vom Außen abhängig oder richtest du dich frei aus?

Die heilsamen Wurzeln fördern die Qualitäten der Liebe, Akzeptanz, das Loslassen und das Gefühl der Verbundenheit. Die Qualität der bedingungslosen Liebe werden wir in einer anderen Phase der Reise noch einmal intensiver betrachten.

4.8 Reisewoche 13 bis 16: Qualitäten eines Freigeistes verankern

In den nächsten vier Wochen wirst du die nächsten drei Qualitäten eines Freigeistes kennenlernen und verinnerlichen.

Ein offener und flexibler Geist ist eine wesentliche Grundvoraussetzung für innere Freiheit, weil du ansonsten in deiner geistigen Begrenzung gefangen bist.

»Offen« steht für die Fähigkeit, neugierig zu sein und sich auf etwas Neues und Unbekanntes einzulassen. Es tut uns gut, in diesem Punkt von Kindern zu lernen, denn Kinder setzen diese Fähigkeit grundsätzlich ein, um sich etwas anzueignen. Das Handeln und Erleben steht im Vordergrund. Alles ist spannend und neu. Für uns Erwachsene steht oft zunächst das Denken im Vordergrund und wir türmen durch Vorurteile, Vorwissen oder Angstgedanken Wellen auf, die nicht sein müssten. Flexibilität ermöglicht dir, dich an wechselnde Umstände des Alltags anzupassen, sie jederzeit neu kennenzulernen und neue Facetten bei dir und anderen zu entdecken. Wie du weißt, verändern die Wellen ständig ihre Form und wir können nicht vorhersehen, wie sie sich verändern.

Du kannst nur frei sein, wenn du dich auf die Wellen einstellst. Ayya Khema, eine bekannte Buddhistin und Weisheitslehrerin, pflegte zu sagen: »Stolz macht steif.« Wir sind festgefahren, vorbelastet und brüchig, wenn wir keine innere Beweglichkeit besitzen und nicht bereit sind, uns neu auszurichten. Stell dir eine Bogensehne vor: Der Pfeil fliegt nicht, wenn die Sehne zu fest oder zu wenig gespannt ist. Sie braucht etwas Spielraum. Ungeduld verhindert Flexibilität. Dein Papagei hat eine bestimmte Vorstellung vor Augen, die **sofort** erreicht werden muss. Spielraum und Entwicklung fehlen komplett und es entsteht Druck. Du wirst das bestätigen, wenn du unter starker Ungeduld leidest. Du bist immer auf dem Sprung und das Leben rauscht an dir vorbei, ohne dass du es wirklich lebendig erfährst.

Wenn du in den nächsten vier Wochen die neuen Übungen trainierst, ist es besonders hilfreich, wenn du Übung 1 (Innere Einkehr) und Übung 5 (Zwischenraum-Bewusstsein) weiterhin trainierst, da sie sich unbedingt vertiefen sollten. Am besten ist es, wenn sie in Fleisch und Blut übergehen und du gar nicht mehr darüber nachdenken musst, ob und wann du sie ausführst: Du tust es einfach! Ebenso ist es irgendwann ganz natürlich, dass du im Alltag achtsam bist.

Anfängergeist

Den Begriff »Anfängergeist« verdanken wir der japanisch-buddhistischen Richtung des Zen. Das Wort ist nicht abwertend gemeint. Es meint vielmehr, sich den Anfängergeist (shoshin) zu bewahren. Wenn du ständig meinst zu wissen, was passiert, wirst du genau das auch erleben. Wir sprachen über das Echo des Universums. Man nennt es auch Selffulfilling Prophecy. Deine negative Erwartungshaltung lenkt die Ereignisse in diese Richtung.

Wann immer du mit Menschen oder Ereignissen in Verbindung bist, versuche, dich immer wieder neu auf sie einzulassen und sie nicht in Schubladen zu packen oder Vorurteile zu fällen. Sei bereit, Überraschungen zu erleben. Lasse die Überzeugung fallen, alles zu wissen oder ausgelernt zu haben. Wie oft wirst du feststellen: »Person X ist doch ganz anders, als ich dachte.« »Es war doch viel schöner, als ich erwartet hatte.«

Übung 11: Anfängergeist reaktivieren

11

Übe dich darin, dich auf Neues einzulassen, ohne wie wild zu planen, dich unnötig zu stressen und alle Eventualitäten zu analysieren. Sei wie ein Kind, das voller Vorfreude unvoreingenommen das Leben entdeckt. Mache es dir zur Gewohnheit, mindestens eine neue Erfahrung pro Woche zu machen, etwas zu lernen, oder verändere eine festgefahrene Gewohnheit, um deinen Geist flexibel zu halten.

Hier einige Beispiele:
- jemand Fremdes ansprechen
- deine Laufstrecke verändern
- abends den Fernseher auslassen
- eine neue Fähigkeit erlernen
- eine Fremdsprache lernen
- allein ausgehen
- deinen Kleidungsstil ab und zu ändern
- neue Gerichte kochen
- eine alte Ansicht revidieren
- am Wochenende den Ablauf ändern und etwas Neues kennenlernen
- etwas tun, wovor du Angst hast oder was du nicht magst

Wenn du dich dabei ertappst, wieder auf deinen Papageien gehört zu haben, revidiere deine Haltung im Nachgang, wenn es möglich ist.

Humor macht frei!

Erinnere dich an die letzte Situation, in der du so richtig herzhaft gelacht hast. Weißt du noch, wie befreiend es sich anfühlte? Schlagartig sind Stress, Ärger, Anspannung, Angst oder düstere Stimmung Geschichte. Du kannst mit wochenlangen Versuchen des positiven Denkens um Längen nicht das Ergebnis erzielen, das ein Lachen von Herzen bewegt. Eine chinesische Lebensweisheit sagt nicht ohne Grund: »Der kürzeste Weg zwischen zwei Menschen ist ein Lächeln.« Als Kind lachen wir etwa vierhundert Mal am Tag, als Erwachsene sind es im Schnitt etwa zehn bis zwanzig Mal. Manche Menschen lachen fast nie. Lächeln müssen wir nicht lernen, sondern es ist uns angeboren. Selbst Säuglinge lachen schon aus Reflex. Es gibt etliche Studien, die belegen, das Lachen das Lernen unterstützt, unser Immunsystem stärkt, uns gesund hält, Depressionen entgegenwirkt und den Heilungsprozess von körperlichen sowie seelischen Erkrankungen beschleunigt.

Die positiven Auswirkungen des Lachens sind in allen Bereichen deines Körpers spürbar:
- die Durchblutung steigt
- der Kreislauf wird angekurbelt
- der Blutdruck reguliert sich
- Schmerzempfinden lässt nach
- es werden weniger Stresshormone produziert, Körper und Geist entspannen sich
- Glückshormone werden ausgeschüttet

Spannend ist dabei, dass selbst ein lächelnder Gesichtsausdruck schon positive Auswirkungen hat, unabhängig davon, ob dir zum Lachen zumute ist oder nicht. Zu Beginn meines buddhistischen Studiums bekam ich in einer Präsenzphase die Aufgabe, einen Großteil der Zeit mit einem Stift zwischen den Zähnen herumzulaufen. Die Mundwinkel verziehen sich dadurch zu einem Lächeln. Ich war selbst überrascht, welche positive Wirkung das auf unsere Stimmung hat. Wer Humor hat, kann den Unzulänglichkeiten der Menschen, den alltäglichen Schwierigkeiten, Herausforderungen und Missgeschicken mit Heiterkeit und Gelassenheit begegnen. Eine gewisse spielerische Leichtigkeit ist zu erkennen und das Leben wird als nicht so ernst und tragisch empfunden. Humor ermöglicht es, uns inmitten unserer Probleme zu befreien und Licht durch die dicke Wolkenschicht scheinen zu lassen. Häufig findet sich der Weg zur Lösung dann ganz von allein. Das soll nicht bedeuten, dass du eine belastende Lebenssituation nicht ernst nehmen sollst oder durch Lachen alle Probleme sofort verschwunden sind. Es ist vielmehr so, dass Humor ein wichtiger Freund ist, der dir bei der Bewältigung deiner Probleme zur Seite steht und dir die Enge und etwas von deiner Last wegnimmt.

Gerne möchte ich eine Geschichte über das Kloster/Zentrum des Lächelns mit dir teilen. Vielleicht hast du sie auch schon gehört oder gelesen. Ich liebe diese Geschichte und sie passt perfekt zum Thema Humor: Viele Menschen, die die Geschichte vom Kloster des Lächelns hören, möchten sofort hinreisen. Leider ist es aber inzwischen in einem Krieg zerstört worden und so lautet der neue Wunsch: eine Art Kloster des Lächelns vielleicht sogar im deutschsprachigen Raum entstehen zu lassen – und zwar möglichst ohne Festlegung auf bestimmte Religionen oder spirituelle Glaubensrichtungen. Jeder soll dort willkommen sein. Wir geben den Wunsch hiermit ans Universum weiter.

Das Kloster in Kirgisien hieß eigentlich Kloster der Feueranbeter, da stets ein Feuer dort brannte. Aber berühmt geworden ist es durch das Lächeln. Der Bericht, der es berühmt gemacht hat, entstammt dem Buch *Eselsweisheit* von Mirsakarim Norbekov.

Hier der Erfahrungsbericht
Professor Norbekov betreute ehemalige Partei-Bonzen im Ruhestand und es war normal, dass jeder von ihnen, in ihrem meist hohen Alter, unter der einen oder anderen unheilbaren Krankheit litt. Auf einmal jedoch erfuhr einer von ihnen während einer längeren Reise eine vollkommene Heilung von Parkinson. Kurz darauf verschwanden die nächsten vier Herren für einige Wochen und kamen ebenfalls komplett geheilt wieder. Das konnte nicht mit rechten Dingen zugehen. Professor Norbekov fragte nach und wurde informiert, dass die Herren zur Genesung in einem Kloster gewesen wären.
Das musste Professor Norbekov gesehen haben. Nichts wie hin. Er nahm zwei Freunde, einen Kameramann und einen Regisseur mit und machte sich auf in jenes Kloster. Alle vierzig Tage empfing man dort eine Gruppe von Gästen. Professor Norbekov und seine Freunde meldeten sich an und machten sich auf den Weg.
Der erste Schrecken ereilte sie, als sie feststellten, dass sie die letzten sechsundzwanzig Kilometer auf einer steilen Bergstraße zu Fuß gehen mussten. Und der noch größere Schrecken folgte sogleich. Denn im Kloster angekommen, machte man dort keinerlei Anstalten, die neuen Gäste zu untersuchen oder ihnen eine Medizin zu verschreiben. Stattdessen wurden sie gebeten, nicht zu sündigen. Wer dieser Bitte nicht nachkomme, werde zum Wasserholen geschickt. Dazu muss man zwei Dinge wissen: Es galt als Sünde, eine

düstere Laune zu haben und nicht zu lächeln. Und um das Wasser zu holen, musste man eine vier Kilometer lange Serpentinenstraße abwärts an einer steilen Felswand hinabsteigen, dann das Wasser an einem kleinen Rinnsal einfüllen und es dann wieder hochtragen. Der volle Krug mit dem Wasser wog über zwanzig Kilogramm.
Wenn man wieder oben ankam, war man fertig mit der Welt.
Da ein durchschnittlicher Städter selten lächelt und selbst wenn er versucht zu lächeln, es meist nach zwei Minuten wieder vergessen hat, dauerte es nicht lange, bis Professor Norbekov zum Wasserholen geschickt wurde.
Völlig fertig kam er schließlich nach acht Kilometern Serpentinenschleichweg mit dem schweren Krug wieder oben an – und wurde aufgefordert, noch einmal zu gehen. Er habe beim Aufstieg die Sünde mit sich getragen.
Professor Norbekov leugnete alles. Er war sicher, es nicht noch einmal zu schaffen. Aber der Mönch führte ihn zu einem Fenster mit Ausguck auf den Pfad und die Wasserquelle. Dieser Mönch hielt ein Fernglas in den Händen und beobachtete die Gäste auf dem Weg nach oben. Wer nicht lächelte, musste wieder hinab.
Die ersten Tage waren fast alle Gäste ständig beim Wasserholen. Nach einer Woche musste keiner mehr zum Wasserholen. Sie hatten sich an das Dauerlächeln gewöhnt.
Die Mönche bedankten sich dafür, dass die Gäste Licht in das Kloster brachten, und zeigten ihnen die hauseigene Quelle. Der ganze lange Gang nach unten war völlig unnötig und nur dazu erdacht, den Gästen die Sünde auszutreiben.
Es gab eine zweite Gewohnheit in diesem Kloster: Neben dem Lächeln gingen auch alle Menschen dort sehr aufrecht. Zudem erfreuten sie sich an den Kleinigkeiten des Lebens und erlaubten sich auch mal, zu spielen wie die Kinder. Nach vierzig Tagen waren wie auf wundersame Weise die meisten Krankheiten und Wehwehchen von den Gästen abgefallen und jeder verließ das Kloster gesünder, als er angekommen war.
Als Professor Norbekov wieder zu Hause war, wollte er natürlich genau wissen, ob Lächeln und aufrechtes Gehen wirklich derart durchschlagende Wirkungen haben konnten. Und so lud er Patienten zur freiwilligen Teilnahme an einem

Trainingsprogramm ein. Zwei Stunden täglich gingen die Patienten aufrecht mit einem Lächeln im Gesicht in der Turnhalle einer Polyklinik auf und ab. Und tatsächlich, auch hier waren nach vierzig Tagen alle zumindest ein wenig gesünder als zuvor.
Professor Norbekov forschte weiter und baute seine Programme aus. Als er bei einem weiterentwickelten Trainingsprogramm mit fünfzehn schwer kranken Patienten im Endstadium arbeitete, konnte er bei allen fünfzehn eine komplette Heilung erreichen.
Seine nahezu hundertprozentigen Erfolge sind bis heute geblieben und er hat ein Trainingsprogramm für jedermann dazu entwickelt.
Problem: Die meisten Kurse gehen über sieben bis zehn Tage und danach müssten die Teilnehmer alleine weitermachen. Das aber schaffen nicht alle. Und so wünschen sich viele Menschen ein neues Kloster des Lächelns oder einfach nur ein liebevolles Zentrum des Lächelns, in das man für vierzig Tage reisen kann, um dort gemeinsam zu trainieren.
Dieses Zentrum des Lächelns müsste nicht das ganze Jahr über nur dafür genutzt werden: Es würde ausreichen, drei- bis viermal im Jahr so ein Training dort zu veranstalten – ungestört von der Welt außen und ausschließlich mit Menschen, die sich am Training beteiligen. Murrendes Personal, unwirsche Köche oder nicht lächelnde Zimmermädchen würden auf keinen Fall gehen. Besser würde man alles selbst machen, um sicherzustellen, dass auch hier, wer immer das Lächeln vergisst, zum Wasserholen oder etwas Ähnlichem geschickt wird.

Einstweilen dürfen wir uns selbst zum Wasserholen schicken, wenn wir wieder die Schultern hängen lassen und zu lächeln vergessen. Auch den Druck der Umwelt muss man aushalten lernen, denn da guckt schon öfter mal einer schräg: »Was grinst du denn so?« – »Ich norbekove …«

Die Norm ist, ausdruckslos vor sich hinzustarren, wer abweicht von ihr, fällt auf. Aber es kann ja nicht wirklich schaden, anderen ab und zu mit ein bisschen penetrantem Optimismus auf die Nerven zu gehen …
So weit der Bericht.

Übung 12: Etwas zu lachen haben

12

Du brauchst ja nicht gleich ein Kloster des Lächelns zu gründen, aber ein Schritt in die richtige Richtung kann vieles verändern: Erstelle eine Sammlung von allem, was dich aufheitert und worüber du lachen kannst. Dabei ist es egal, was andere dazu sagen oder ob sie das befremdlich finden. Entscheidend ist, was **du** als erheiternd empfindest.

Richte in den nächsten vier Wochen den Fokus darauf, möglichst viele dieser Reize in dein Leben zu integrieren. Selbst wenn die Umstände aktuell ungünstig sind und du Traurigkeit empfindest, schaffe dir Momente der Heiterkeit. Niemals ist alles zu einhundert Prozent düster in allen Lebensbereichen. Gib dir einen Ruck und lache trotzdem. Der Papagei darf dabei einfach einen Moment düster in der Ecke sitzen und auf dich warten. ☺

Unmittelbarkeit

Unmittelbarkeit bezeichnet den direkten, ursprünglichen Zugang zu etwas. Unsere künstlichen Szenarien im Alltag stehen unmittelbaren Erfahrungen häufig im Wege und sperren uns in ein Gefängnis der modernen Zivilisation. Viele Menschen sehen montags bis freitags fast nie den freien Himmel, da sie sich entweder im Auto, im Flugzeug, in der Tiefgarage, in klimatisierten Büros, Hallen oder Meetingräumen, Restaurants, Fitnessstudios, Hotels oder Wohngebäuden befinden und überwiegend virtuell kommunizieren.

Wir essen oft industriell verarbeitete Lebensmittel, kaufen attraktiv beleuchtetes, makelloses Obst und Gemüse aus Übersee, tragen Push-up-BHs und künstliche Haarverlängerungen, führen schicke Autos oder frisierte Hündchen spazieren, verstecken ältere und kranke Menschen und bezahlen mit einer Plastikkarte. Freundschaften werden über das Internet geführt, manch einer flüchtet sich noch weiter in die künstliche Welt durch ständiges Fernsehen, Spiele und Kämpfe in fiktiven Welten. Selbst die Nachrichten sind zensiert und verzerrt. Wir bekommen das präsentiert, was wir glauben sollen. Überall wo man auch hinsieht, werden Konsumgüter präsentiert, die man angeblich haben muss, um dazuzugehören. An jeder Ecke warten Verlockungen, die unser Ego zum nächsten unerfüllten Wunsch animieren und Gier, Minderwertigkeitsgefühle oder schlechte Laune erzeugen. Wer bei Gewohnheiten des kollektiven Egos nicht mitmacht, wird oft als schräger Vogel bezeichnet und ausgegrenzt oder belächelt.

Wie wollen wir da frei und unabhängig werden? Wie willst du fühlen, wer du bist, wenn das kollektive Ego unserer Gesellschaft Menschen, Tiere und die Natur zur Ware macht? Freiheit und Zufriedenheit haben Unabhängigkeit von kollektiven Zwängen und vorgegebenen Idealen als Grundlage. Erst die Erfahrung von Unmittelbarkeit macht dich innerlich frei und zeigt dir, wie wenig nötig ist, um erfüllt zu sein. Unmittelbarkeit erfordert gegenwärtiges, achtsames Erleben: einen Sonnenauf- oder untergang betrachten, mit einem Kind spielen, jemandem helfen, mit dem Rad zur Arbeit fahren, in einem Natursee baden, eine frische Mahlzeit voller Liebe selbst zubereiten und mit Lust essen. Unmittelbarkeit bedeutet aber auch, die Achtsamkeit mitten im Geschehen des Alltags zu üben. Was bringt dir ein Intensivseminar oder eine achtsame Trainingsphase in einer Kur, wenn nichts davon im Alltag Bestand hat. Aus diesem Grund habe ich die Übungen in diesem Buch entwickelt, die dich unmittelbar ins Erleben führen.

Übung 13: Unmittelbarkeit erleben

Bringe Unmittelbarkeit in deinen Alltag zurück. Das kann beinhalten, deinen Lebensstil ein wenig naturkonformer auszurichten oder überhaupt einmal wieder mehr Zeit in der ursprünglichen Natur zu verbringen. Wie könntest du diese unmittelbare Verbindung zur Welt wieder betonen? Diese Übung beinhaltet drei konkrete Ideen. Falls du etwas findest, was dir besser passt, kannst du gerne meine Vorschläge dagegen tauschen.

- Vier Wochen lang abends auf Fernsehen, Nachrichten oder andere Medien verzichten. Lasse den Tag anders ausklingen. Suche echte Kontakte. Dein Papagei spuckt gerade und fragt sich, wie das gehen soll – ich habe es gehört. ☺
- Mache dir bei allem, was du konsumierst, bewusst, wo es herkommt, wie es produziert wurde und was es bewirken könnte. Überlege, ob du etwas ändern möchtest oder ob du eventuell sogar darauf verzichten könntest.
- Suche Verbindung zu einem Vermittler, der dir hilft, Unmittelbarkeit zu spüren: dein Haustier, deine Kinder, dein Garten, der naheliegende Wald oder das Feld. Spüre den Zauber, der davon ausgeht.

> Wer wellenMUTIG ist, kann im Schlechten auch das Gute erkennen und begegnet der Welt mit Offenheit, Leichtigkeit und Humor. Unmittelbarkeit befreit dich von dem Panzer deines Egos.

Äußere und innere Ziele

Wir hatten vom inneren und äußeren Lebenslauf gesprochen. Erinnerst du dich? Der äußere Lebenslauf beinhaltet natürlich auch äußere Ziele deines Egos, die es anstreben will. Äußere Ziele sind nach außen gerichtete Ziele. Ziele, auf die du dich zubewegst. Du hast einen Startpunkt und formulierst ein messbares, konkretes Ziel in der Zukunft, das du erreichen möchtest. Sie ermöglichen es dir, dich im Wellenmeer auszurichten und dich gestalterisch darin zu erschaffen. Sie geben Auskunft über etwas, was du sein willst, und schenken dir Anreize, Herausforderung und Bestätigung in unserer zivilisierten Welt. Für deine äußere Schöpfung und deinen Erfolg im Alltag sind diese Ziele sehr förderlich, und wenn du sie richtig auswählst, können sie dich voller Energie und Schaffenskraft beschwingt durch den Tag bringen. Ebenso sind sie eine wichtige Messgröße für unsere Wirtschaft, für Unternehmen und ein Führungsinstrument, mit dessen Hilfe Steuerung erzielt wird und berufliche Leistung eingeschätzt werden kann. Bei vielen Menschen ist das Gehalt verbunden mit Zielerreichung. Businessratgeber und die meisten Erfolgsratgeber konzentrieren sich auf äußere Ziele und deren bestmögliche Erreichung. Menschen, die sich Ziele setzen und diese schriftlich formulieren, sind erfolgreicher, zufriedener und effektiver in dem, was sie tun. Äußere Ziele helfen uns dabei, das Beste zum Ausdruck zu bringen, uns in den Verlockungen des Alltags nicht zu verlieren und das anzustreben, was wir wirklich wollen. Innere Ziele zeichnen sich durch eine andere Qualität aus (dazu gleich mehr), die dem Ego nicht zugänglich ist. Deshalb kennen die meisten Menschen nur die äußeren Ziele.

4.9 Reisewoche 17 bis 20: Ziele erreichen und Sinn finden

Viele Menschen setzen sich entweder keine, zu ungenaue oder unrealistische Ziele. Wenn du dir keine oder ungenaue Ziele setzt, dann lebst du jeden Tag impulsgesteuert vor dich hin und Bequemlichkeit breitet sich irgendwann aus. Sind sie zu hoch gesetzt, torpedierst du dich selbst, da du immer wieder an deinen überzogenen Ansprüchen scheitern wirst. Fantasie genügt nicht. Wer sich Ziele setzt, bewegt sich aus der Fantasievorstellung heraus in die Aktion. Zu Beginn einer Zielsetzung sind Fantasie und Kreativität hilfreich. Doch dann sollten wir zum nächsten Schritt übergehen und nicht in unseren Visionen und Träumen verbleiben. Ich habe einige Klienten kennengelernt, die sich in bestimmten Lebensbereichen niemals aus der Fantasie herausbewegt haben.

Dir sollte klar sein, dass häufige Fantasievorstellungen der Versuch sind, das auszugleichen, was deiner inneren und äußeren Welt fehlt. Du erlangst natürlich eine Befriedigung, doch nur in der Luftblase der Fantasiewelt. Diese kurzzeitige Befriedigung und Beruhigung hindert dich jedoch daran, in Aktion zu kommen. Es ist eine Abwehrhaltung gegen das, dem du dich nicht stellen möchtest.

Es gibt eine einfache Formel, mit deren Hilfe du realistische Ziele formulieren kannst und gleichzeitig durch die Kraft deines Unbewussten gelenkt wirst. Das ist die Besonderheit an dieser Formel. Die meisten Formeln beziehen sich ausschließlich auf Fakten – das Gefühl wird nicht befragt. Für zahlenlastige Ziele ist das auch nicht erforderlich. Hierzu eignet sich am besten die allgemein bekannte SMART-Formel. Die Abkürzung SMART steht für:

S	Specific (spezifisch)
M	Measurable (messbar)
A	Achievable (erreichbar)
R	Realistic (realistisch)
T	Time framed (Zeitrahmen)

Für persönliche oder menschenorientierte Ziele sieht es etwas anders aus, denn dort spielen das Unbewusste und dessen emotionale Befindlichkeit eine große Rolle. Da das Unbewusste über dein Tun letztendlich entscheidet, ist es gut, wenn du es mit im Boot sitzen hast.

Die SPEZI-Formel habe ich vor elf Jahren in meiner Ausbildung als Personal Coach und Kommunikationstrainerin kennengelernt und seitdem habe ich sie erfolgreich für eigene Ziele und bestimmt mehr als fünfhundert Ziele von Klienten, Seminarteilnehmern und Freunden genutzt. Die Anfangsbuchstaben der Formel stehen für folgende Begriffe und Erklärungen:

S	Sinnesspezifisch konkret: Das Ziel ist mit meinen Sinnen erfahrbar oder besitzt eine Messbarkeit. Es ist in der Gegenwart formuliert und klingt so, als hätte ich es bereits erreicht.
P	Positiv, vergleichsfrei: Alle Worte sind positiv besetzt, es enthält keine Negationen oder Vergleiche.
E	Eigeninitiierbar: Ich selbst bin für die Zielerreichung verantwortlich und kann das Ziel eigenständig erreichen. Es ist realistisch.
Z	Zeitangabe: Das Ziel ist zeitlich begrenzt. Der optimale Zeitraum beträgt einen Monat. Bei größeren Zielen bedarf es Zwischenzielen.
I	Intentionserhaltend (gut für mich): Das Ziel trägt zu meinem Gesamtwohl bei und verträgt sich mit meiner Lebenssituation und allen anderen Bedingungen und Bedürfnissen.

Beispiele für die SPEZI-Formel

Ungenaue Formulierung: *Ich möchte nächstes Jahr einen Spanischkurs machen.*	Passgenaue Formulierung: *Ich habe mich zum 1. Februar bei einem wöchentlichen Spanischkurs in einem Sprachzentrum in meiner Stadt angemeldet.*
Nicht vergleichsfrei: *Ich rauche weniger als in der letzten Zeit.*	Passgenaue Formulierung: *Ich rauche bis Ende Mai maximal zwei Zigaretten am Tag und fühle mich entspannt und wohl damit.* (Bei Bedarf Zwischenziele formulieren.)
Nicht eigeninitiierbar: *Ich möchte mich mit meiner Frau besser verstehen.* Unrealistisch: *Ich verstehe meine Frau.*	Passgenaue Formulierung: *Ich lasse meine Frau in unseren Gesprächen ausreden und höre ihr gerne und aufmerksam zu.*

Ich mache bei der Formulierung von Zielen gerne eine Gefühlsprüfung und frage meine Klienten, nachdem sie sich das Ziel in Ruhe intensiv mit geschlossenen Augen bildlich vorgestellt haben:

- Wie fühlt es sich Wort für Wort auf einer Gefühlsskala von 0 Prozent (ganz unangenehm) und 100 Prozent (vollkommen positiv) an?
- Wie fühlt es sich auf der Gefühlsskala an, wenn du dir vorstellst, du hättest das Ziel bereits erreicht?
- Wie fühlt sich der Weg zum Ziel auf der Gefühlsskala an?
- Was könnte gegen die Zielerreichung sprechen oder dir im Weg stehen? Wie kannst du dem entgegenwirken?
- Wie wichtig ist dir das Ziel auf einer Gefühlsskala von 0 Prozent (unwichtig) bis 100 Prozent (extrem wichtig)?
- Wie sehr glaubst du daran, dass du das Ziel erreichen kannst (Gefühlsskala 0 Prozent bis 100 Prozent)?
- Hast du alle Fähigkeiten, um das Ziel zu erreichen?
- Ist der Zeitpunkt für das Ziel passend gewählt? Verträgt sich das Ziel mit deiner aktuellen Lebenssituation?

Ziele, die nicht mindestens 70 Prozent auf der Gefühlsskala erreichen, werden umformuliert.

Der Hund auf dem Feld

Christine ist vierundvierzig Jahre alt, Mutter von zwei Kindern (fünfzehn und siebzehn Jahre) und Immobilienmaklerin. Sie hat einen dreijährigen Hund namens Riko. Ein Mischling, den sie mit einem Jahr aus der Tötungsstation gerettet hat. Innerhalb von zwei Jahren ist das Tier aufgeblüht und hat sich toll entwickelt. Er liebt es, über die Felder zu toben und zu spielen. Oft nimmt sie den Hund mit ins Büro. Riko ist der Liebling der Kunden geworden. Christines Persönlichkeitstyp sind Löwe und Fuchs. Sie ist ehrgeizig, gut organisiert und im Beruf sehr erfolgreich. Ihr Arbeitstag beginnt aktuell um Punkt acht Uhr, endet um sieben Uhr und lässt wenig Platz für eine Auszeit, obwohl ihr diese eigentlich sehr wichtig ist. Häufig hat sie auch Termine am Wochenende und fährt zu Besichtigungen mit Kunden. Christine hat sich vorgenommen, endlich wieder mit dem Laufen zu beginnen als Ausgleich zur Arbeit. Vor den Kindern und noch zu Beginn der ersten Schwangerschaft hat sie das extrem gerne gemacht und war fit. Jeden zweiten Tag war sie im Park joggen gegangen.

Damals wohnte sie noch in einer anderen Stadt und hatte den schönen Park direkt vor der Haustür. Mit dem Umzug und den Kindern blieb der Sport auf der Strecke, da sie recht bald auch wieder halbtags mit der Arbeit begann. Seit fünf Jahren arbeitet sie wieder Vollzeit. Sie ist mit sich und ihrem Leben zufrieden, allerdings fühlt sie sich nicht wohl in ihrem Körper, weil Bewegung fehlt, die Fitness nicht wirklich gut ist und alles bei Weitem nicht mehr so in Form ist wie früher. Christine hat keine überzogenen Ansprüche, aber ein wenig straffer dürfe der Körper schon sein. Sie ist zwar schlank, aber die Form fehlt und alles »hängt so rum«, wie sie sagt. Das Wichtigste ist ihr allerdings, wieder Freude an regelmäßiger Bewegung und Joggen zu haben. In einem Seminar hat sie die SMART-Formel kennengelernt und ihr Ziel vor einem halben Jahr danach ausgerichtet: Ich gehe jeden zweiten Tag fünfzig Minuten joggen.

Christine kauft sich ein neues Jogging-Outfit, die besten Schuhe und eine Pulsuhr, um ihre Werte und die Geschwindigkeit zu messen und die Entwicklung aufzuzeichnen. Leider geht sie trotzdem nicht joggen. Sie hat es zweimal gemacht und dann wieder schleifen lassen, weil etwas Wichtiges dazwischenkam. Christine sucht Rat bei mir und will wissen, wie sie in den Rhythmus kommen kann. Sie denkt, dass danach alles von alleine laufen wird, weil sie früher ja eigentlich gerne joggen gegangen ist.

Für mich klingt ihr Ziel zu mechanisch. Wir prüfen das Ziel mit den Fragen und kommen zu der Erkenntnis, dass das Wort »joggen« aktuell nur zu 30 Prozent positiv besetzt ist. Sie verbindet »joggen« aktuell mit »quälen«. Fünfzig Minuten fühlen sich auch nicht gut an, wenn sie ehrlich ist. Der Wert ist 25 Prozent. Die Bezeichnung »jeden zweiten Tag« klingt realistisch, fühlt sich aber trotzdem nicht greifbar an. Ich gehe mit Christine und ihrem Hund eine Runde spazieren und wir überlegen gemeinsam, wie wir die Zielformulierung ändern könnten.

Riko freut sich tierisch, tobt derweil über die Felder und ist wie immer ganz außer sich. Er apportiert wie wild Stöcke und jagt Fliegen hinterher. Plötzlich fällt ihr Blick länger auf den Hund: »So wie Riko möchte ich mich fühlen … frei und spielerisch. Einfach alle Termine einmal vergessen und ein Stündchen nur für mich in der Natur sein.«
Da kommt mir eine Idee. Ich formuliere ihr Ziel um: Ich gönne mir dreimal pro Woche eine halbe Stunde freien Auslauf.
Bedingung: Mindestens vier Wochen die Uhr und das Handy zu Hause lassen, einfach nach Gefühl, Lust und Laune joggen oder walken, mit dem Hund toben und zurückkommen, wenn etwa dreißig Minuten um sind. Ich setze die Hürde bewusst sehr niedrig in der Hoffnung, dass sie länger laufen wird, wenn sie einmal dabei ist.
Christine ist sofort hellauf begeistert und startet direkt am nächsten Tag. Ein paar Tage später bekomme ich einen Anruf: »Es ist so befreiend und einfach nur wunderschön! Ich war jeden Tag draußen bisher und oft fast eine Stunde. Es kam mir vor wie zwanzig Minuten. Ich laufe nicht durch, weil ich zu schnell aus der Puste komme, aber das macht überhaupt nichts. Endlich einmal kein Leistungsdruck. Meistens laufe ich in der Mittagspause. Du kannst dir nicht vorstellen, mit wie viel guter Laune und Power ich die zweite Tageshälfte beginne.«
Sie plant ab sofort ihren Tagesablauf um die Mittagspause herum und schafft es bis heute, die drei Male pro Woche mindestens einzuhalten. Mittlerweile läuft sie locker durch und sie fühlt sich extrem wohl in ihrem Körper.

Was ist passiert? Ihr Unbewusstes wollte nicht ein weiteres To-do erfüllen, was sich zudem noch unangenehm anfühlte. Durch die Umformulierung war das Ziel plötzlich kein To-do, sondern eine Auszeit und jedes Wort daran wirklich ermutigend und wohlklingend.

14 Übung 14: Wohlgeformte Ziele definieren

Bevor du mit der nächsten Übung beginnst, wäre es gut, wenn du aus allen bisherigen dreizehn Übungen mindestens zwei Übungen heraussuchst, die du weiterhin während der nächsten vier Wochen trainierst. Lass dir ruhig etwas Zeit und wähle in Ruhe aus. Die erste Übung solltest du zusätzlich auf jeden Fall weiterhin ausführen und ihre Dauer um zehn Minuten verlängern (fünfundzwanzig Minuten). Sie zählt also nicht bei deiner Auswahl.

Formulier zwei Ziele nach den SPEZI-Kriterien, die du in den nächsten vier Wochen für dich erreicht haben wirst. Gut wäre es, wenn die Ziele mit deiner bisherigen Reise und deinen Erkenntnissen in Verbindung stehen. Nutz die Fragen und die Gefühlsskala, um die Formulierung zu überprüfen.

Erstes Ziel:

_____

_____

_____

Zweites Ziel:

_____

_____

_____

Dein inneres Ziel ist der Sinn des Lebens

Wie oft hast du dir schon die Frage nach dem Sinn des Lebens gestellt? Da wir alle ohne Ausnahme mit Eintritt in unseren Körper auch gleichzeitig eine recht überschaubare Lebensspanne und die Ausreise mitgebucht haben, ist es ziemlich naiv, sich die Frage nach dem Sinn des Ganzen erst am

Ende zu stellen, oder? Viele Menschen können sich das ganze Leben über diese Frage nicht beantworten, andere fragen erst gar nicht oder fragen erst verzweifelt am Ende des Lebens und manche Menschen finden Antworten, die sie aber nur teilweise zufriedenstellen. Sehr wenige Menschen finden die Antwort in sich. Machen wir einen Anfang:

Dein inneres Ziel steht in Verbindung mit dem inneren Lebenslauf. Es hat mit Bewusstwerdung, Befreiung und Lebendigkeit zu tun, dem Gegenteil von gedanklicher Kontrolle. Dein inneres Ziel beinhaltet die Erfahrung, wer du als Mensch wirklich bist – also dich selbst zu erkennen, zu schätzen, zu spüren und im Sein zu erfahren. Wer mit dem inneren Ziel verbunden ist, spürt das Leben in seiner Tiefe, verbessert die Qualität des Bewusstseins und findet sich selbst Es verfolgt die Absicht der Vertiefung des Seins, Qualität des Bewusstseins und einer Reise zu sich selbst. Der Mensch ist eine Seele, die menschliche Form angenommen hat. Du bist ein Sinnwesen oder Geisteswesen, dessen Ego mit der Suche nach einem tieferen Sinn ausgestattet ist.

Wenn du wie dein Papagei ausschließlich äußere Ziele erreichen willst, **suchst** du immer wieder nach dem Sinn des Lebens in der Zukunft. Wenn du präsent bist und die Meerestiefe in dir verankert hast, **spürst** du das Leben. Leben ist Sinn und Fülle, es braucht den Sinn nicht zu suchen oder Fülle zu erreichen. Leben ist immer und hat kein Gegenteil. Jetzt fragst du dich vielleicht, was der Tod dann ist. Ist er nicht das Gegenteil von Leben?

Leben ist Sein – der unendliche Raum, in dem du dich als Mensch innerhalb einer begrenzten Zeit erfahren kannst. Deine Essenz stirbt nicht – wohl aber deine menschliche Form. Hat deine Form ihren Sinn erfüllt, geht sie in eine neue Form über und wandelt sich. Dementsprechend wäre Geburt das Gegenteil zu Tod. Die Energie der Seele bleibt. Denke an Blumen und Blätter, an einen Regentropfen oder denke an die Jahreszeiten. Alle Formen des Lebens sind ohne Ausnahme irgendwann vergänglich. Wir nennen das bei der menschlichen Form »sterben«. Doch Energie kann nicht sterben. Sie wandelt sich und kann eine neue Form werden.

Kurze Frage: Ist das gerade anstrengend? Rebelliert der Papagei? Wenn du mir nicht folgen kannst oder starke Widerstände verspürst, lies einfach weiter oder blättere zum nächsten Kapitel. Nimm dir diesen Abschnitt zu einem späteren Zeitpunkt noch einmal vor. Ich möchte dich nicht von etwas überzeugen. Mein Angebot ist ähnlich wie ein Buffet. Wenn es dir nicht schmeckt, brauchst du es nicht zu essen. Es soll dich zu eigener Erkenntnis führen, die aus deinem Erleben entsteht. Glaube mir nichts, sperre dich aber auch nicht. Erfahre selbst und entscheide dann.

Dein inneres Ziel ist zeitlos und immer abrufbar, dafür aber nicht in eine Formel zu bringen, konkret zu umschreiben oder messbar. Du bewegst dich nicht von einem Punkt hin zum anderen, sondern erfährst dich gegenwärtig. Der tiefe Sinn deines Daseins auf dieser Welt ist das Erwachen. Das kann nur in der Gegenwart geschehen, denn nichts anderes existiert. Wenn dein höchstes Ziel »Erwachen« ist anstatt »dauerhaftes Glück«, dann folgen Erfüllung und Freiheit auf dem Fuße. Wenn dein höchstes Ziel dauerhaftes Glück ist, wirst du, wie du hoffentlich schon verinnerlicht hast, viel Unzufriedenheit, Unfreiheit und Enttäuschung erfahren.

> **Bringen wir es auf den Punkt:** Das, was dein Ego unternehmen kann, um den Sinn des Lebens zu erfahren, wird niemals dazu führen, dass du ihn erfährst. Wer wellenMUTIG ist, hat Folgendes verstanden: Die Antwort auf *wofür* ist *jetzt*!

Verbundenheit mit deinem inneren Ziel ist der Sinn des Lebens

Äußere Ziele sind ohne Verwirklichung des inneren Ziels eine leere Hülle. Dein inneres Ziel bietet das Fundament, das alles trägt. Dein Papagei kann natürlich mit dem inneren Ziel nichts anfangen. Er braucht etwas, das er fassen und worauf er hinarbeiten kann. Er braucht Futter oder Material.

Das soll er haben. Doch das ist eben nicht alles. Wann immer du die wellenMUTIGEN Übungen zu Achtsamkeit und Selbstgewahrsein ausführst, bist du mit deinem inneren Ziel verbunden. Du ziehst daraus gewaltige Kraft für alle äußeren Ziele. Du wirst dich wundern, wie viel Freude und Leidenschaft plötzlich in dir ist, wenn du Sein mit Aktivität verbindest. Bist du schon einmal in einer Tätigkeit so aufgegangen, dass du voller freudiger Gefühle und besonderer Energie warst? Die Tätigkeit bleibt die gleiche, die Verbindung mit der Tätigkeit wird eine andere. Deine Aufgabe kostet dich keine Energie mehr, sondern sie schenkt dir welche – es existiert kein Unterschied mehr zwischen dem, was du tust und bist, und der Tätigkeit. Um kreativ zu sein, ist es notwendig, das innere Ziel in das äußere Ziel einfließen zu lassen. Wahre Kreativität ist ohne den Wechsel aus Stille und Denken nicht möglich. Alle großen Dichter, Künstler, Musiker und Erfinder haben das Geheimnis bewusst oder unbewusst erfasst.

Möglicherweise machst du bald folgende Erfahrungen:
- Deine Antriebslosigkeit in Bezug auf deine Ziele reduziert sich und du erfährst immer mehr Momente der Freude und Power aus dir selbst heraus.
- Dein Stressempfinden mindert sich, du erreichst Ziele entspannter, da das Gedankenchaos verschwunden ist. Du nutzt Gedanken als konstruktive Hilfe.
- Du ärgerst dich nicht mehr über Dinge, die deinem Ziel im Weg stehen, sondern du tust einfach das, was möglich ist.
- Einige Fragen beantworten sich von selbst.
- Dein Verlangen nach mehr verwandelt sich zu einem Wunsch nach »ehrlicher«, »klarer«, »wertvoller«, »unverfälschter« oder »tiefer«. Die Qualität deiner beruflichen Ziele verändert sich, aber auch Freizeitaktivitäten, Beziehungen und deine Gespräche werden gehaltvoller und prägnanter, weil aller Ballast schwindet, den du nicht brauchst. Übrig bleibt das Wesentliche.

Da das innere Ziel nicht von einem Resultat abhängig ist, sondern dich dazu bringt, Freude und Bereitwilligkeit in jedes Handeln einfließen zu lassen, kannst du nicht versagen, wenn du mit deinem inneren Ziel verbunden bist. Wenn sich die Qualität deines inneren Erlebens verbessert, verändert sich auch dein Umgang mit Zielen. Du hangelst dich in deiner To-do-Liste nicht mehr unzufrieden oder getrieben von einem Punkt zum nächsten, sondern du hast Freude am Weg zum Ziel **und** an der Zielerreichung.

Der innere Lärm wird leiser und selbst wenn der Papagei wieder auf den Trip der Hektik gerät, steigst du innerlich aus und lässt ihn alleine rennen. Du wirst dementsprechend nicht erst erfolgreich sein, wenn du etwas erreicht hast, sondern du bist in jedem Moment erfolgreich und sinnerfüllt, in dem du ganz anwesend bist. Dazu brauchst du nichts – außer dir selbst.

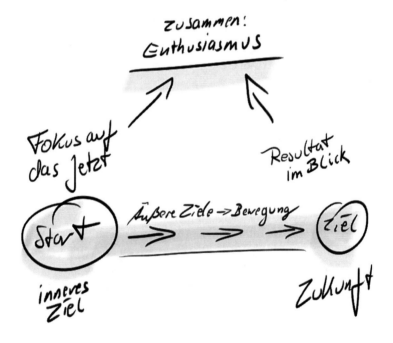

Die Wette gilt

Im Sommer nach meinem neunzehnten Geburtstag traf ich auf Sebastian. Er war ein guter Freund meines damaligen Lebenspartners und passionierter Marathonläufer. Sebastian war siebenmal hintereinander jedes Jahr einen Marathon gelaufen und wollte dieses Jahr seinen achten Marathon in Köln absolvieren. Seine angestrebte Zielzeit war unter 3:29 Stunden – schon eine beachtliche Geschwindigkeit für die 42,195 Kilometer. Damals sagte mir diese Zeit nicht sonderlich viel. Ich hatte gerade mein Sportstudium begonnen und war recht fit, ging ins Fitnessstudio und ab und zu dreißig Minuten joggen. Wir saßen zu dritt in einem Biergarten und Sebastian erzählte begeistert von seinen Trainingsläufen von neunzig Minuten und länger. Ich bewunderte seine Ausdauer und konnte mir nur schwer vorstellen, wie man sooo lange an einem Stück durchlaufen konnte.

Mit ein wenig Alkohol kamen wir dann in eine eifrige Diskussion darüber und er zog mich damit auf, dass ich solche langen Trainingseinheiten niemals schaffen würde. Da hatte er mich angezündet, ohne es zu merken. Ich wettete mit ihm, dass ich den Köln-Marathon in zehn Wochen mit ihm laufen würde und schneller sein würde als er. Er lachte mich aus und schlug ein.

Am nächsten Tag kaufte ich mir die beste Literatur, die ich zu diesem Thema kaufen konnte, schloss mich einen Tag ein und sog das Wissen auf. Ich stellte mir ein Equipment zusammen und recherchierte nach einem Trainingsplan für unter 3:30 Stunden. Da erst wurde mir klar, auf was ich mich eingelassen hatte: 12,1 Kilometer pro Stunde durchhalten über 42,195 Kilometer. Am gleichen Tag noch ging das Training los.

Zehn Wochen waren verdammt knapp – vor allem dann, wenn man vorher überhaupt nicht im intensiven Lauftraining zu Hause war. Fünf Einheiten pro Woche standen auf dem Plan, jede Woche gab es einen langen Lauf von zunächst fünfundzwanzig Kilometern und später dreiunddreißig Kilometern. Nach dem ersten langen Lauf konnte ich mich für den Rest des Tages nicht mehr bewegen.

Damit ich ein Gefühl für das Tempo bekam, maß ich eine Runde von einem Kilometer ab und lief diese fünfundzwanzig Mal. Für mich war das alles willkommen und passend. Ich war mit einer großartigen Idee verbunden und war überzeugt, das Ziel zu erreichen.
Egal, ob zehn Kilometer Wettkampf zur Zeitüberprüfung oder langer Lauf im Regen, ich absolvierte jede Trainingseinheit voller Freude und langweilte mich keine Minute: Da waren weder Überwindung noch innere Ablehnung, innere Bereitschaft und Enthusiasmus über die gesamten zehn Wochen. Mir hat es deshalb nichts ausgemacht, weil ich dort unbewusst die Prinzipien der Achtsamkeit angewendet habe und im Selbstgewahrsein ruhte. Nach der ersten Stunde eines langen Trainingslaufs, in der ich den Gedankenfluss einfach laufen ließ und über dies und das nachdachte, gab es dann einen Punkt, an dem ich einfach nur gegenwärtig war, die Gedanken in den Hintergrund rückten und ich entweder die Natur beobachtete oder in meinem Körper Beobachter meiner Atmung oder meines Laufschrittes wurde. Somit verschwand ebenfalls die Dimension der Zeit und ich war mit dem Sein verbunden. Ich hatte oft ein Gefühl von Freude, Leichtigkeit und besonderer Energie.
[Man bezeichnet es auch mit dem Begriff »Flow«: Sein und Handeln werden eins. Die intensivste Erfahrung, die damit verbunden ist, ist das bekannte Runner's High. An einem bestimmten Punkt entsteht ein intensives Hochgefühl, an dem alle Anstrengung vergessen ist und du das Gefühl hast, ewig weiterlaufen zu können. Auch wenn dieser Zustand laut Wissenschaft auf eine hormonelle Komponente zurückzuführen ist, kannst du trotzdem wahrnehmen, dass du in einem Zustand von völligem Selbstgewahrsein bist, der dich etwas erleben lässt, was du im Alltagsbewusstsein nicht erleben kannst.]
Dann kam der Wettkampftag. Trotz der Nervosität und der ganzen neuen Eindrücke glaubte ich an mich und meinen Körper. Selbst die Ernährung hatte ich bestens abgestimmt. Ich fühlte mich gut vorbereitet und hatte mir jede Zwischenzeit für die einzelnen Kilometerabschnitte ausgerechnet. Der Startschuss: Eine Gänsehaut lief mir über den Rücken … begeisterte Zuschauermassen am Rand, Musik, laute Rufe. Ein Knäuel von Läufern setzte sich in Bewegung. Ich war bei mir und meiner Atmung, Konzentration und

meinem Rhythmus. Äußere Reize erreichen mich nicht wirklich. Auch nicht Sebastians Stimme, der mich ab Kilometer zwanzig bremsen wollte, weil ich das Tempo etwas anzog. Bei den Kilometern dreißig bis fünfunddreißig sollte angeblich der »Mann mit dem Hammer« warten und mir Energie aus dem Körper ziehen. Es kam keiner.

Und dann wusste ich: Jetzt gilt es nur noch, ins Ziel zu kommen. Ich überhole Sebastian. Der Körper schmerzte und die Beine waren schwer. So einen Muskelschmerz hatte ich noch nie in meinem Leben gespürt. Ich steigerte trotzdem wieder das Tempo und holte ganze sechs Minuten zu meiner angestrebten Zielzeit auf. Schließlich lief ich mit einer Zeit von 3:23 Stunden ins Ziel. Das war damals der Rekord der westfälischen Juniorinnen im Marathon. Meine Leidenschaft war geweckt – das Ego von Sebastian gekränkt. Er tat mir wirklich leid. Zwar hatte er auch seine Zielzeit erreicht, doch er konnte nur schwer damit umgehen, dass er von einem Mädchen abgezockt und vom Thron des Marathongottes gestoßen wurde, das fast zehn Jahre weniger Lauferfahrung hatte und zehn Jahre jünger war. Ein Jahr später lief ich eine neue Bestzeit von 2:56 Stunden und stieg in den Hochleistungssport ein.

Was war passiert in Köln? Sicherlich gab es da auch Talent, aber eins war auch geschehen: Ich hatte unbewusst das innere Ziel mit dem äußeren Ziel verbunden.

Lass uns jetzt etwas ausprobieren: Stelle dir vor, du stehst wieder auf der Sanddüne und schaust in den Himmel. Du empfindest einen starken Wunsch, der unbedingt in Erfüllung gehen soll. Du bist ein Magnet, der Energie aussendet und empfängt. Wenn du einen starken Wunsch hast und diesen ohne Verbindung mit dem inneren Ziel anvisierst, dann stehst du jetzt sehnsüchtig oder ungeduldig auf der Sanddüne und flehst den Himmel an, dass er deine Bitten endlich erhört, richtig? Du richtest alle Aufmerksamkeit auf den Himmel, der sich öffnen soll. Du klebst mit den Augen an der Zukunft und hoffst, dass endlich der Himmel aufgeht. Die Energie und Absicht, die du aussendest, ist Bedürftigkeit, »bekommen

Wollen«, denn du bist nicht erfüllt, du wartest und sendest diese Energie der Leere aus.

Jetzt nehmen wir eine andere Variante. Du stehst auf der Sanddüne und bist mit deinem inneren Ziel verbunden und spürst deine Fülle. Du richtest alle magnetische Anziehungskraft der Fülle Richtung Himmel und weißt, dass sich dein Wunsch bereits erfüllt hat. Du hast alle Weichen gestellt und alles Weitere ist bereits zu dir unterwegs. Du widmest dich deinem gegenwärtigen Erleben. Du kannst alle Hoffnung, Erwartungen und alles Betteln loslassen, weil du bereits bekommen hast und spürst, dass **alles** zum höchsten Wohl deiner Seele ist. Der Himmel öffnet sich von ganz alleine, weil deine Energie gleiche Energie anzieht. Dein Wunsch erfüllt sich, während du das Warten loslässt und entspannt in dir ruhst und im Alltag wachsam bist. Du erkennst Zeichen und auch wenn dein Wunsch nicht auf die Art und Weise in Erfüllung geht, wie dein Ego es wollte, vertraust du auf das Leben und das höchste Ziel: Erwachen.

Kannst du einen Unterschied wahrnehmen? Ich weiß, es ist eine seltsame Vorstellung, die Hoffnung und das Warten aufzugeben und sich stattdessen dem inneren Ziel hinzugeben. Du übst es in der folgenden Übung.

Übung 15: Innere und äußere Ziele synchronisieren

Eine Verbindung zwischen äußeren und inneren Zielen kannst du herstellen, indem du überprüfst, ob deine Alltagsaktivitäten eine innere Zustimmung und Freude aus dir selbst heraus erhalten.
Wird dir bewusst, dass Freude oder zumindest Bereitwilligkeit erst ein Zukunftsprodukt sind oder dass du ständig gegen innere Widerstände angehen musst, besteht keine Verbindung. Weiterhin besteht keine Verbindung zum inneren Ziel, wenn deine Zielerreichung eigentlich nur ein weiterer Zwischenstopp auf deinem Schnellboot ist, mit dem du über die Wellen jagst, und du deine Zielerreichung nicht genießen kannst.

Klebst du an Hoffnung und am Resultat und steht dein Leben auf Wartestellung, bis das Ziel endlich erreicht ist, oder hast du deine Absicht kraftvoll ausgerichtet und dich von Erwartungen freigemacht?

Beobachte dich in beruflichen, persönlichen und sportlichen Aktivitäten. Spüre bei Signalen wie Unlust, Abneigung, Ungeduld, Stress oder ausbleibender Freude in dich hinein:

- Was steckt für eine Botschaft hinter dieser inneren Reaktion?
- Was sagt mir das über mein Ziel? Bin ich gegenwärtig oder ausschließlich resultatsorientiert?

Such dir ein paar alltägliche Tätigkeiten heraus, die du oft in Hektik oder Unmut erledigst. Sei dabei völlig achtsam und konzentriere dich auf den Raum der Tiefe. Gelingt es dir, Unruhe und Abneigung in Bereitwilligkeit oder sogar Freude zu verwandeln?

Möglicherweise ändert sich durch die Verbindung nach innen demnächst auch deine äußere Zielsetzung. Einige Ziele treten in den Hintergrund und werden weniger wichtig – andere formen sich neu. Vielleicht gibt es ein höheres Ziel, das du anstreben möchtest? Eine Vision, die dich trägt? Hat deine Vorstellung der besten Version deiner selbst (Königin beziehungsweise König) neue Züge angenommen? Gibt es vielleicht eine große Idee, beruflich, privat, sportlich? Jede große Idee, die dich herausfordert, erweitert deinen Horizont und bringt dich in Kontakt mit deinem großen Potenzial. Es ist nur wichtig, dass du sie konkret machst und dich nicht in deinen Träumen verlierst. Jede Entscheidung, die du täglich triffst, gestaltet deine Geschichte neu oder wiederholt das alte Märchen.

> Der WellenMUTIGE ist zielklar. Er gestaltet äußere Ziele und ist auf dem Weg dorthin mit seinem inneren Ziel verbunden. Er nennt es »Erwachtes Handeln«.
>
> Die WellenMUTIGE sieht Misserfolge, Rückschläge oder Schwierigkeiten auf dem Weg zur Zielerreichung nicht als persönliches Versagen an, sondern als eine hilfreiche Rückmeldung dabei, ihren Weg zu finden.
>
> Wer wellenMUTIG ist, erweitert seinen Horizont durch eine große Idee, die er aus dem Herzen formuliert und zum Erfolg bringt.

Das höchste Gefühl

Das höchste Gefühl, das du erfahren kannst, ist pure, echte Liebe. Diese Liebe ist Energie, aus der alles gemacht ist und die alles antreibt, die Essenz allen Seins. Liebe ist ein Seinsgefühl und das Urgefühl von Glück. Wenn du anstrebst, Liebe als höchstes Gefühl zu erfahren, und Liebe deine höchste Absicht ist, die dich anleitet, kannst du deinen Sinn nicht verfehlen. Strebst du als höchstes Ziel Erwachen an und verwirklichst du dieses Ziel, indem du Liebe durch dich zum Ausdruck bringst, wirst du ein sinnreiches, erfülltes Leben führen. Dann hast du deinen Auftrag verstanden und kannst das Beste aus dir herausholen.

Du wirst dir nie wieder die Frage nach dem Sinn stellen und eine gewaltige innere Kraft spüren, die dich dazu motiviert, Außergewöhnliches zu vollbringen, mutig zu sein oder dich einer großen Idee zu verschreiben. Du spürst eine innere Antriebskraft, die nicht nachlässt. Sie ermöglicht dir, sehr konzentriert und unablässig auf ein großes Ziel hinzuarbeiten und Widerstände zu überwinden, weil du in Verbundenheit mit einer großen Idee bist. Du bist Liebe und liebst dein Ziel. Dabei handelt es sich nicht um eine naive, verklärte oder altruistische Vorstellung, sondern um geistige Gesetze, die man entweder erkennt und anwendet oder nicht. Oft höre ich die Frage: »Aber muss ich dann alles erdulden und mich unterordnen?« Natürlich nicht! Kein Grund zur Sorge. Liebe ist etwas anderes als lieb sein.

»Macht brauchst du nur, wenn du etwas Böses vorhast. Für alles andere reicht Liebe, um es zu erledigen.«

Charlie Chaplin (1889–1977), britischer Schauspieler, Regisseur und einer der Gründerväter der US-amerikanischen Filmindustrie

Die meisten Menschen streben vielleicht Liebe als höchstes Gefühl an, aber sie senden etwas anderes aus, ohne es zu wissen: zum Beispiel Angst, Minderwertigkeit oder einen Mangel an Liebe. Ihre Absicht ist, Liebe zu bekommen, nicht Liebe zu geben. Für unser Ego ist Liebe Bedürfnisbefriedigung. Wenn das Ego sagt: »Ich liebe dich«, dann meint es: »Ich begehre dich«, »Ich brauche dich«, »Ich erwarte von dir«, »Ich gebe dir die Verantwortung für mein Glück«, »Ich mache mich abhängig von dir«, »Ich gebe dir X und will dafür Y«, »Ich besitze dich«, »Bitte gib mir das, was ich mir nicht geben kann«, »Ich halte dich fest« und so weiter.

Warum verfehlst du mit dieser Haltung das höchste Gefühl? Weil du nur das bekommen kannst, was du aussendest. Um Liebe zu erhalten, solltest du unbedingt aufhören zu denken, dass du sie brauchst oder danach zu verlangen. Fange an, Liebe zu verschenken. Fülle geht zu Fülle. Wenn du geliebt sein willst, dann liebe und verschenke Liebe. Dazu brauchst du ein Herz, das in seiner Liebesfähigkeit geschult ist. Jedes Herz kann lieben, doch wusstest du, dass auch die Fähigkeit der Liebe etwas ist, das du lernen und entwickeln kannst in ihrer Qualität?

Die meisten Menschen haben diese Fähigkeit nicht geschult und sagen Liebe zu dem, was ihr Ego unter Liebe versteht. Es investiert Liebe, um Liebe zu bekommen, es verschenkt sie nicht. Wenn sich sein Invest nicht gelohnt hat, ist es enttäuscht, verletzt, verbittert oder sogar feindlich gestimmt. Landläufig sagen wir, dass Hass das Gegenteil von Liebe ist. In der

Welt deines Egos stimmt das annähernd. Es hasst es, einen Verlust oder Schmerz zu erleiden. Dein Ego hasst es, Liebe zu verlieren, und hasst alle, die ihm Liebe entwenden. Es gönnt niemandem Glück und Liebe, der ihm Liebe entzogen hat.

Doch leider verhindert diese Ausrichtung, dass dein Ego jemals erfahren kann, was echte Liebe ist. Wenn Liebe aus dem Selbstgewahrsein heraus gefühlt wird, hat Liebe kein Gegenteil. Liebe ist immer und kann nicht verloren gehen. Liebe drückt sich in Mitgefühl aus, einer ganz besonderen Intelligenz außerhalb von Wissen. Mitgefühl ist Herzensintelligenz. Das Herz ist weise, gütig, groß und weit – es ist voller Fülle. Auch hier zitiere ich gerne die gute Ayya Khema, sie pflegte den Ausspruch: *»Liebe ist Liebe! Egal, was uns als Problem vorgelegt wird. Wenn ein Herz liebt, dann liebt es! Man kann Liebe nicht in kleine Fächer unterteilen. Man kann zwar anders lieben, aber nicht mehr oder weniger.«*

Hätte man es treffender formulieren können?

Leider verhindert unser Alltag zusätzlich, dass wir dieses höchste Seinsgefühl und seine Kraft erleben. Wir werden dazu angehalten, echte Gefühle entweder zu kontrollieren oder zu unterdrücken. Wer insbesondere als Mann echte Gefühle zeigt, ist schwach und unbrauchbar. Damit kann man doch kein Geld verdienen! Deshalb krankt unsere Gesellschaft an allgemeiner Gefühlsleere der echten Seinsgefühle. Liebe, Mitgefühl, Mitfreude, Ruhe, Fürsorge, Nähe, Empathie, Verletzbarkeit und Hilfsbereitschaft sind für viele Menschen ein Fremdwort oder werden missinterpretiert. Diese innere Leere gleicht der Papagei dann durch intensive emotionale Kicks aus und meint, dass er dadurch Gefühl und Lebendigkeit in sein Leben bringen könnte. Leider sind diese Emotionen nur ablenkende Füllungen, die verhindern, dass Herzensintelligenz entstehen kann. Der Zugang zu echter Liebe bleibt versperrt.

Der Untertitel meines Buches beinhaltet zwei Worte: **frei** und **erfüllt**.

Beide Fähigkeiten sind die Basis für erfüllte Liebe, ganz egal, ob in der Partnerschaft oder woanders. Der Feind von Freiheit ist Anhaftung. Du erinnerst dich? Die dritte unheilsame Wurzel: Liebe ist nicht Festhalten – sie ist Dasein. Nur was frei ist, kann sich in Liebe finden.

Der Verhinderer von Fülle ist ein Mangelgefühl (die Geisteskrankheit zwei deines Egos). Liebe ist Fülle und braucht niemanden, um sich zu bereichern, sondern will Reichtum teilen und verschenken. Wie willst du etwas erfahren, was du einem anderen nicht zugestehst? Wie willst du mehr erhalten, als du annehmen kannst?

Liebe ist keine große Kunst, sondern natürlich. Doch leider ist Liebe in unserer Welt nicht normal, weil wir uns von Seinsgefühlen wegbewegt haben. Echte Liebe ist ein Gefühl von Einheit. Warum? Weil Liebe alle Gefühle enthält und keines ausklammert. Da Liebe vollkommen ist, muss sie sich auch insbesondere in ihrem Gegenteil erkennen, damit sie weiß, wer sie ist. Ein Herz, das liebt, begegnet allem und flieht vor nichts. Du kannst nicht jemand anderen mehr lieben als dich. Wenn du überzeugt davon bist, dass du dich nicht lieben kannst, aber andere schon, dann kannst du noch nicht erkennen, was Liebe ist, und spüren, dass es zwischen den anderen und dir in Bezug auf echte Liebe keine Trennung gibt.

Der Papagei liebt weniger, wenn seine Ansprüche nicht mehr erfüllt werden. Dein Herz hat keine Ansprüche. Natürlich soll das nicht bedeuten, dass erfolgreiche gelebte Liebe in einer Partnerschaft im Alltag nicht durch Bedingungen beeinflusst ist. In einer Ehe oder Partnerschaft spielen eine Menge Bedingungen eine Rolle. Das hat aber nichts damit zu tun, dass das Herz liebt. Du kannst feststellen, dass die Beziehung im Alltag nicht funktioniert und diese Form der Liebe loslassen und dann auf andere Weise lieben.

Ich selbst habe die schmerzhafte Erfahrung gemacht, eine wundervolle Beziehung loszulassen, weil die beiden Lebensabschnitte sehr unterschiedlich waren und nicht miteinander harmoniert haben. Egal, wie tief die Liebe war, der Alltag war durch unterschiedliche Bedürfnisse und Bedingungen geprägt, die sich nicht miteinander verbinden oder langfristig wegdrängen ließen. Die Beziehung löste sich auf, weil die Liebe im Alltag nicht zu leben war. Das Gefühl der Liebe bleibt – doch die Form der Liebe ändert sich. Das alles geht ohne Klammern oder Hassgefühle.

Woran kannst du erkennen, dass deine Absicht Verbundenheit mit purer Liebe ausstrahlt?

- Liebe öffnet und teilt sich mit,
- Liebe bleibt,
- Liebe lässt frei und wünscht das Beste,
- Liebe teilt und verschenkt,
- Liebe versteht und schätzt wert,
- Liebe ist echt und versteckt nichts,
- Liebe hilft und verbindet,
- Liebe ist stark und klar wie ein Diamant,
- Liebe respektiert und achtet und verurteilt nicht.

Übung 16: Herzensintelligenz trainieren

Um die Herzensintelligenz zu trainieren, kannst du jeden Kontakt zu Menschen als Gelegenheit nutzen. Frage dich, was du diesem Menschen geben kannst, damit er sich nach der Begegnung mit dir zumindest ein klein wenig besser fühlt als vorher. Manchmal ist es einfach nur eine freundliche Begrüßung aus dem Herzen – mehr nicht.
Frage dich in Beziehungen: »Was wünsche ich mir von dieser Person? Was ist mein Bedürfnis?« Und dann fordere es nicht ein oder klage, sondern schenke diesem Menschen genau das, was du dir wünschst. Allerdings geht es um ein Geschenk, nicht um einen Handel. Schenke, ohne zu erwarten, gebe aus offe-

nem Herzen, unabhängig davon, was oder ob etwas zurückkommt. Löse dich von der Vorstellung, du könntest andere Menschen ändern. Ändere dich selbst und lerne, Mitgefühl zu empfinden. Mitgefühl bringt dich direkt in Kontakt mit dem höchsten Gefühl. Fast alle Menschen agieren aus Unbewusstheit, nicht aus Böswilligkeit. Das Wunderbare an Liebe ist, dass sie auch in dir unendlich wächst, wenn du sie verschenkst. Du wirst viel Liebe erhalten.

Mir fällt in diesem Zusammenhang immer wieder mein Labrador Skimmy ein. Immer wenn jemand klingelt, schnappt er sich ein Kuscheltier und kommt zur Tür. Er begrüßt den Besuch voller Freude, blickt ihn mit treuen Augen an und hält ihm das Geschenk vor die Nase. Ich habe noch niemanden erlebt, dem nicht das Herz aufgegangen ist und der nicht mit Liebe geantwortet hat. Wer wellenMUTIG ist, verschenkt Liebe, weil er um ihren Zauber weiß. Je mehr Liebe er verschenkt, desto mehr Liebe fühlt er auch für sich.

Surfen lernen durch innere Führung

Jetzt bist du schon ziemlich weit gereist und hast dich fünf Monate gut kennengelernt. Im letzten Teil der Reise wird es darum gehen, wie du deinen Rollen des Alltags gerecht werden kannst, ohne dich in den Wellen zu verlieren. Wie kannst du dich innerlich führen und deine Bedürfnisse im Blick haben? Gibt es eine innere Stimme oder ist das ein Märchen?

Die nächsten Wochen werden dir diese Fragen beantworten. Behalte für die nächsten Wochen zunächst Übung 1 (Innere Einkehr) bei und versuche, aus dem Gefühl heraus möglichst viele Inhalte der anderen Übungen in den Alltag frei zu integrieren, ohne dir das als feste Übung vorzunehmen.

4.10 Reisewoche 21 bis 24: Selbstbalance als Erfolgsfaktor

Klienten fragen mich immer wieder, ob es stimmt, dass wir eine innere Stimme haben, auf die wir hören sollten, und wie wir diese erkennen können. Wir alle tragen sie in uns, die innere Stimme, die unser Ratgeber sein kann und uns hilft, den besten Weg für uns zu wählen. Die innere Stimme ist der Sprecher unserer Seele und kennt ihre Bedürfnisse. Schon immer war den bewussten Menschen aller Kulturen bekannt, dass es so etwas wie eine innere Stimme gibt:

»*Im Inneren deines Seins*
ist die Antwort.
Du weißt, wer du bist,
und du weißt, was du willst.«

Laotse (6. Jahrhundert vor Christus), Begründer des Daoismus

»*Es geht geisterhaft zu, jeder Augenblick des Lebens will uns etwas sagen, aber wir wollen diese Geisterstimme nicht hören. Wir fürchten uns, wenn wir allein und still sind, daß uns etwas in das Ohr geraunt werde, und so hassen wir die Stille und betäuben uns durch Geselligkeit.*«

Friedrich Nietzsche (1844–1900), deutscher klassischer Philosoph

»*Dies sage ich euch zum Abschied: Höret auf den Vogel! Höret auf die Stimme, die aus euch selber kommt! Wenn sie schweigt, diese Stimme, so wisset, dass etwas schief steht, dass etwas nicht in Ordnung ist, dass ihr auf dem falschen Weg seid. Singt und spricht er aber, euer Vogel – oh, dann folget ihm in jede Lockung und noch in die fernste und kälteste Einsamkeit und in das dunkelste Schicksal hinein!*«

Hermann Hesse (1877–1962), deutschsprachiger Schriftsteller, Dichter und Maler

»Wer mit seiner inneren Führung ein starkes Bündnis aufgebaut hat, bleibt seinem wirklichen Pfad treu und verringert das Maß an Selbstbestrafung, da der Betreffende mit der Flussrichtung des größeren Gesamtbildes in Einklang steht und es so einrichtet, dass er sich zur rechten Zeit am rechten Ort einfindet.«

Jasmuheen (*1957), australische Esoterikerin und Buchautorin

Wer aus der inneren Stimme heraus handelt, benötigt weder Moral noch Bescheidenheit oder sonstige vorgegebene Normen und Werte. Das Herz führt das Handeln an. Den Sprecher deiner Seele darfst du nicht verwechseln mit deinem Papageien. Der Papagei plappert und klagt laut und löst starke Emotionen aus. Lass dich davon nicht in die Irre führen und nimm nicht an, dass das deine innere Stimme sei. Die innere Stimme ist ein Gespür, keine sekundäre Emotion wie Zorn oder Wut, Angst oder Eifersucht. Sie ist viel feiner und unterschwelliger. Du spürst sie wie eine Vorahnung – deutlich und unmissverständlich, aber sie drängt sich nicht in den Vordergrund. Sie bietet dir eine Wahlmöglichkeit im Sinne deines höchsten Wohls, aber sie zwingt dich nicht, dieser zu folgen. Nur in der Stille kannst du sie hören, da sie aus der Meerestiefe kommt – nicht aus den Wellen.

Wir haben verlernt, sie zu integrieren oder sie ernst zu nehmen, und haben den Kontakt verloren. Die innere Stimme führt dich aus der Tiefe durch das Wellenmeer. Lerne, sie zu hören und ihr zu vertrauen. Oft meldet sie sich schon sehr früh, wenn es beispielsweise um eine Entscheidung geht. Doch der Papagei will es nicht wahrhaben und erzeugt sofort Gedanken und Gefühle, die dich in die Richtung seiner Vorstellungen und Wünschen lenken. Ich kenne Menschen, die krank geworden sind, weil sie jahrelang die innere Stimme ignoriert haben, und zwar nur deshalb, weil sie eine Vorstellung nicht aufgeben wollten. Die Geisteskrankheiten haben sich selbst zum Sprecher ernannt. Ohne den Sprecher deiner Seele befriedigst du zwar die Bedürfnisse deines Papageien, triffst aber Entscheidungen im Außen, die dich langfristig in große Unzufriedenheit, Konflikte und Probleme führen.

17 Übung 17: Die innere Stimme wahrnehmen

Überdecke Momente des Alleinseins nicht sofort mit gedanklichem Lärm oder Aktivität. Lerne, dich zu fühlen und auf sanfte, aber deutliche innere Signale zu achten. Es kann sein, dass deine innere Stimme dich nicht immer den bequemen und bekannten Weg leiten wird und dein Ego Unwohlsein oder Angst signalisiert. Fasse Mut und lasse dich darauf ein. Dein inneres Ziel zu erfüllen, bedeutet, auch unangenehme Gefühle zu durchleben und sie nicht zu selektieren.

Die vier zentralen Lebensbereiche im Blick haben

Selbstbalance ist die Ausgewogenheit von persönlichen Bedürfnissen, die durch aktive Selbstführung in den zentralen Lebensbereichen sichergestellt wird.

Das Wellenmeer des Alltags enthält vier Lebensbereiche, die miteinander im Einklang stehen sollten. Richte deine Achtsamkeit im Alltag immer wieder auf diese Lebensbereiche und behalte ihre Ausgewogenheit im Blick. Extreme zerstören Selbstbalance und machen dich langfristig weder glücklich noch frei noch dauerhaft leistungsstark. Ausgewogenheit hingegen ermöglicht dir Zugang zu deinen inneren Ressourcen, stellt sicher, dass du dein wahres Potenzial nutzen kannst, fördert Gesundheit und Wohlbefinden.

Ausgewogenheit kannst du sicherstellen durch	
Aktivität	den Alltagsrollen gerecht werden, körperlich aktiv sein, Leistung abrufen und äußere Ziele vorantreiben, einer Vision dienen
Ruhe	Zeit für innere Einkehr in die Tiefe, das innere Ziel erfüllen
Mäßigung	die Extreme meiden – den mittleren Weg gehen
Regelmäßigkeit	Konstanz in dem, was uns guttut

Selbstbalance entsteht durch Lenkung der Energien in ein Gleichgewicht. Dieses Gleichgewicht ist niemals dauerhaft gleich, sondern muss immer wieder neu hergestellt werden. Warst du schon einmal auf einem Wackelbrett für eine Balanceübung? Du kannst niemals komplett stillstehen, sondern es braucht immer ein leichtes Ausbalancieren, um oben stehen bleiben zu können. Wenn du nicht für deine Selbstbalance sorgst, wird es keiner tun. Die Gesellschaft zeigt dir diesen Weg nicht. Du selbst bist verantwortlich für aktive Gegensteuerung gegen den Alltagsstress.

Die aktuelle Entwicklung geht dahin, dass Depressionen die neue Volkskrankheit werden. Bis 2020 wird jeder zweite Mensch zwischen dreißig und fünfzig Jahren irgendwann mit Depressionen oder einem Überlastungssyndrom zu kämpfen haben. Es ist normal, gestresst und völlig abgearbeitet zu sein. Selbstbalance steigert sogar deine Leistungsfähigkeit.

Eigentlich ist der Körper in Lage, seine geistige und körperliche Gesundheit selbst zu regulieren. Nach einer Phase mit hoher Energieaufwendung folgt eine Periode mit weniger Energie. Auf hohen gedanklichen Input folgen geistige Erschöpfung und Müdigkeit. Der Körper verlangt Entspannung, der Geist strebt nach Freiraum und Ruhe. Wir alle erleben im Alltag Perioden mit viel und wenig Energie. Diese Tatsache allein ist nicht schädlich, sondern natürlich.

Die Selbstschädigung entsteht durch unsere Reaktion auf die Phasen mit wenig Energie. Wir leisten dagegen Widerstand und ignorieren sie. Wir erwarten dauerhafte Leistungshochs und Überaktivität, gehen der Ruhe aus dem Weg und verfallen in die Extreme. Symptome wie Müdigkeit, Kopfschmerzen, Gereiztheit oder Magenbeschwerden werden mithilfe von Koffein oder Tabletten ausgeschaltet nach dem Motto: »Körper, sei still, du störst.« Dadurch entstehen Krankheiten, weil wir die Selbstregulationsmechanismen des Körpers blockieren und wichtige Bedürfnisse ignorieren. Bedürfnisse lassen sich allerdings nicht wirklich ignorieren. Unerfüllte Bedürfnisse kommen später verkleidet als Krankheitssymptome wieder an die Oberfläche und rauben uns mehr Energie, als wenn wir vorher rechtzeitig auf die inneren Zeichen gehört hätten. Mit wenig Energie hast du wenig Leistungskraft. Versuchst du aber trotzdem weiterhin, den Anforderungen unserer Leistungsgesellschaft gerecht zu werden, betreibst du noch mehr Raubbau an dir selbst und begibst dich in eine destruktive Spirale:

Phase mit wenig Energie ⇒ Ignorieren von Bedürfnissen der Ruhe ⇒ Krankheitssymptome ⇒ noch weniger Energie ⇒ eingeschränkte Leistungskraft ⇒ Ignorieren und Widerstand ⇒ wiederholte oder dauerhafte Phase mit wenig Energie ⇒ Kampf gegen diese Phase und Erzwingen von Leistung ⇒ Dysbalance wird immer stärker.

In dieser Abwärtsspirale aktivierst du dauerhaft dein Stresszentrum im Gehirn, den sogenannten Sympathikus. Wenn das Stresszentrum dauerhaft aktiviert ist, bist du nicht wirklich frei in deinen Reaktionen. Du entscheidest nicht, sondern folgst lediglich einem inneren destruktiven Muster. Stress ist dann nicht mehr eine kurzzeitige Reaktion des Körpers auf eine Situation, sondern ein grundsätzlicher innerer Zustand.

Lebensbalance

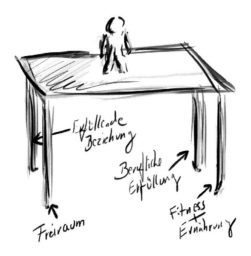

Erster Lebensbereich: Fitness und Ernährung

Dein Körper ist Träger deiner Lebensenergie. Die meisten Menschen erwarten zwar, dass der Körper einwandfrei funktioniert, sind aber nicht wirklich bereit, etwas dafür zu tun oder ihn auf eine gesunde Art und Weise wertzuschätzen. Dabei wäre das gerade in unserem zivilen Alltag besonders wichtig, da wir uns von unseren körperlichen Bedürfnissen in vielen Bereichen extrem wegbewegt haben und den Körper missachten.

Für Selbstbalance ist es wichtig, dass du die natürlichen Bedürfnisse deines Körpers wieder spürst und ihnen nachgehst. Die Bedürfnisse deines Körpers sind auf die alltäglichen Bedingungen abgestimmt, denen er in seiner ursprünglichen Prägungsphase gerecht werden musste. Auch wenn sich die äußeren Umstände und Bedingungen zwischen Steinzeit und unserem heutigen zivilisierten Lebensstil deutlich geändert haben, hat der Körper seine Ausrichtung im Wesentlichen aber noch nicht geändert.

Skelett und Magen-Darm-Trakt haben sich noch nicht an die Bewegungs- und Ernährungsgewohnheiten eines Fast Food essenden Sitzmenschen gewöhnt.

Der Steinzeitmensch legte im Schnitt pro Tag vierzig Kilometer zurück mit Gepäck auf dem Rücken und bezog seine Nahrung direkt aus der unbelasteten Natur: Fisch, Meerestiere, Weichtiere, hochwertiges Fleisch von frei laufenden Tieren aus dem Wald, gute Fette, hochwertige Proteine aus Hülsen, Samen, Nüssen, Wurzeln, frische Kräuter und wenig Kohlenhydrate zum Beispiel in Form von Beeren. Menschen ernährten sich bis zum Einzug des Ackerbaus zu einem großen Teil von karnivorer (tierischer) Nahrung. Ebenfalls mussten sie sich ihre Nahrung erst einmal hart erarbeiten, hatten einen wertschätzenden Bezug dazu und verwendeten alles von den erlegten Tieren. Das Leben war durch die Natur geprägt und durch ein ausgewogenes Verhältnis zwischen Aktivität und Ruhe gekennzeichnet.

Menschen in der Steinzeit ernährten sich abhängig von ihren jeweiligen Klimazonen und geografischen Gegebenheiten. Was unsere Vorfahren in den unterschiedlichen Regionen ganz genau aßen, wissen wir nicht. Aber wir wissen, was nicht in den Körper kam: industriell verarbeitete Produkte, ungesunde Fette, Getreide, Zucker und Kohlenhydrate in rauen Mengen. Der zivilisierte Mensch bewegt sich im Schnitt vierhundert Meter pro Tag, ist mit guten Fetten unterversorgt und mit Kohlenhydraten überversorgt. Der Schlaf-wach-Rhythmus ist durch das künstliche Licht nicht mehr naturkonform. Viele Menschen leiden unter Schlafstörungen. Doktor Vilhjálmur Stefánsson hat Folgendes beobachtet: Naturvölker wie Eskimos, die nicht mit der heutigen Zivilisation in Berührung kamen und fast ausschließlich tierische Nahrung zu sich nahmen, kannten keine Zivilisationskrankheiten. Sie kannten weder Herz-Kreislauf-Krankheiten noch Schlaganfälle, Diabetes oder Krebs. Stefánsson war Abenteurer, Arzt und Anthropologe, lebte fünfzehn Jahre mit den kanadischen Eskimos zusammen und studierte deren Lebensweise. Mit dem vermehrten Genuss von Getreide gehen auch Krankheiten wie Karies und Dickleibigkeit einher.

WellenMUTIGE Ernährung und Bewegung

Was kannst du also tun, um den natürlichen Bedürfnissen gerecht zu werden? Im Vordergrund sollte die Qualität, nicht die Quantität deiner Lebensmittel stehen. Es geht natürlich nicht darum, das Leben in der Steinzeit zu imitieren. Hochwertiges Fleisch, Fisch, Meeresfrüchte, Gemüse, Salate, etwas Obst, Hülsenfrüchte, Kräuter, Sprossen, Nüsse, hochwertige Öle und Kräuter können Bestandteile einer bedarfsgerechten Ernährung sein.

Allgemein sind eine Reduzierung von Kohlenhydraten und Zucker, sehr fetten Fleischsorten und Milchprodukten enorm förderlich für Gesundheit und das Wohlbefinden. Je naturkonformer deine Ernährung ist, desto besser: wenig Fast Food, keine Konservierungsstoffe oder Fertigprodukte, keine künstlichen Aromen, keine künstlichen Zusatzstoffe. Es geht nicht darum, auf etwas zu verzichten, sondern darum, dich etwas zuzuwenden, was dir guttut. Je weniger Produkte du isst, die Zucker enthalten, desto stabiler werden dein Energielevel und die Stimmung über den Tag sein. Ganz nebenbei wirst du dabei auch lästige Kilos verlieren. Nimm hier wie überall Abstand vom Schwarz-Weiß-Denken.

Wir wissen natürlich nicht mit absoluter Genauigkeit, was damals wo gegessen wurde. Außerdem gibt es auch individuelle Unverträglichkeiten. Es ist daher eher als eine grundsätzliche Herangehensweise oder roter Faden zu verstehen, der Orientierung bietet.

Körperliche Bewegung, insbesondere Ausdauersport, bringt dich in Form und vergrößert deine Belastbarkeit und Ermüdungswiderstandsfähigkeit. Du vernachlässigst deinen Körper, wenn du während des Tages deinen Muskeln und deinem Herz-Kreislauf-System keine Aufmerksamkeit schenkst und ihre Funktion nicht beanspruchst. Sie verkümmern und das äußert sich irgendwann zum Beispiel durch frühzeitigen Verschleiß, schlechte Koordination, Schmerzen, Verspannungen, geringe Belastbarkeit, Übergewicht und Herz-Kreislauf-Probleme.

Es stellt sich nicht die Frage, **ob** du etwas für deine Fitness tun solltest, sondern **was**. Ich bezeichne das Ausdauertraining gerne als Wundermittel, weil es nichts gibt, was gleichzeitig mehr Wirkungen auf einmal im Körper erzielt. Damit du einen Eindruck bekommst, möchte ich die wichtigsten Wirkungen richtig dosierten Ausdauertrainings für dich zusammenfassen:

Psycho-emotionales System	Steigerung des Wohlbefindens, Verminderung von düsteren Gefühlen, Abbau von Stress, Körperachtsamkeit, Selbstbewusstseinssteigerung, emotionale Ausgeglichenheit
Körperform	Fettabbau
Muskulatur	Verbesserung der Durchblutung, Zunahme des muskulären Mitochondrienvolumens, Training der Muskulatur, Verbesserung der Energiespeicherung
Risikofaktoren	Stärkung des Immunsystems, Vorbeugung von Herz-Kreislauf-Erkrankungen, Abbau von Risikofaktoren wie zum Beispiel Bluthochdruck, erhöhte Blutzuckerwerte, erhöhte Blutfettwerte, erhöhter Harnsäurespiegel, Übergewicht, Bewegungsmangel, Vorbeugung gegen Osteoporose und Arteriosklerose
Lunge	Verbesserte Sauerstoffkapazität, Verbesserung der Atemökonomie für Belastungen, Ausweitung des Lungenkapillarnetzes, Weitung von Lungenvenen und -arterien
Stoffwechsel	Steigerung des Grundumsatzes, Stresshormonabbau (im richtigen Pulsbereich), Senkung der submaximalen Adrenalin- und Noradrenalinproduktion, Verbesserung der Insulinsensibilität, Verbesserung des Fettstoffwechsels und der Energiebereitstellung

Gefäße und Blut	Verbesserte Kapillarisierung im Skelettmuskel, vermehrter Hämoglobingehalt, verbesserte Blutumverteilung im Muskel, bessere Fließeigenschaften, Abnahme des Blutfettspiegels und Vergrößerung des positiven HDL-Anteils, bessere Versorgung der Organe und der Muskulatur mit Sauerstoff und Nährstoffen
Herz	Senkung von Ruhepuls und Belastungspuls (bei gleicher Leistung), Herzstärkung, verbesserte Durchblutung des Herzmuskels, Vergrößerung der maximalen Sauerstoffaufnahmefähigkeit, Ökonomisierung der Herzarbeit und geringere Herzbelastung

Am besten eignen sich Sportarten für dein Training, bei denen der ganze Körper zum Einsatz kommt: Walken, Joggen, Crosstrainer, Spinning, Radfahren, Skilanglauf. Für ein optimales Ergebnis sollte die Häufigkeit bei mindestens zweimal in der Woche und die Dauer bei mindestens fünfundvierzig Minuten liegen, beim Radfahren mindestens bei neunzig Minuten, da weniger Muskeln des Körpers im Einsatz sind. Bei der Intensität des Ausdauertrainings ist es hilfreich, dass du einen Pulsmesser verwendest, um einschätzen zu können, ob du dich in einem förderlichen Trainingspuls befindest. Es ist wichtig, dass dein Körper während des Trainings genug Sauerstoff zur Verfügung hat (aerobes Training). Ist die Intensität zu hoch gewählt und kommst du in ein Sauerstoffdefizit, besteht die Gefahr der Überforderung, die Stresshormonproduktion steigt enorm, es werden nur Kohlenhydrate und keine Fette als Energieträger genutzt und deine Regenerationszeit nach der Belastung dauert viel länger. Auch das Immunsystem wird dadurch eher geschwächt anstatt gefördert und die Muskulatur übersäuert unangenehm.

Meine Trainingsempfehlung wäre daher eher, dass dein Ausdauertraining im aeroben Bereich stattfindet. Dazu errechnest du zunächst deinen Maximalpuls. Die Faustformel ist: 220 minus Lebensalter. Davon rechnest du 65 Prozent bis 75 Prozent aus und trainierst in diesem Bereich.

Es gibt sehr gute Messungen dazu (beispielsweise Spiroergometrie oder Laktatmessung), die den Trainingspuls und die Fitness genau bestimmen. Mit meinen Klienten mache ich zu Beginn eines Sportcoachings immer so eine spiroergometrische Messung, damit wir das Training passend auf die aktuellen Voraussetzungen abstimmen können.

Natürlich freuen sich deine Muskeln, wenn du ab und zu mit ihnen kommunizierst, damit sie wissen, wofür sie da sind. Spätestens ab dem dreißigsten Lebensjahr fängt der Körper langsam an, Muskelmasse abzubauen (1 Prozent pro Jahr), wenn man nicht aktiv etwas dagegen unternimmt und die Muskulatur durch gezieltes Krafttraining fordert. Ebenso braucht dein Körper genug Schlaf (je nach Menschentyp sechs bis acht Stunden), damit die körpereigene Energiebatterie sich wieder füllen kann.

Ich bin ein großer Freund von Muskeltraining mit eigenem Körpergewicht. Dazu eignen sich spezielle Übungen oder Sportarten wie Yoga und Pilates, bei denen zusätzlich noch die Beweglichkeit des Körpers und Koordination im Mittelpunkt stehen. Für manche Übungen empfiehlt es sich zusätzlich, kleine Hilfsmittel wie zum Beispiel Kurzhanteln, einen Gymnastikball oder ein Thera-Band zu integrieren. Auch bei der Kräftigung kommt es auf die Regelmäßigkeit an. Die Basis sind zwei Trainingseinheiten pro Woche. Wenn du alle vierzehn Tage einen intensiven Reiz setzt, findet keine Anpassung der Muskulatur statt.

Übung 18: WellenMUT Trainings- und Ernährungsplan

Für die nächsten vier Wochen deiner Reise schenkst du besonders deinem Körper Aufmerksamkeit und gönnst ihm vitale Ernährung und gezielte Bewegung. Ich möchte dich dazu anregen, diese Punkte möglichst alle umzusetzen und dich darauf einzulassen, zu beobachten, welche Veränderungen du dann bemerken wirst und wie es sich anfühlt, gewisse alte Gewohnheiten einmal infrage zu stellen. Je genauer du dich daran hältst, desto größer werden die positiven Veränderungen sein. Übung 1 (Innere Einkehr) sollte weiterhin zu deinem täglichen Achtsamkeitstraining gehören.

Der WellenMUT Zehn-Punkte-Plan

Punkt 1: Trinke mindestens zwei Liter Wasser pro Tag, besser drei Liter, möglichst ohne Kohlensäure. Achte darauf, dass du zwischendurch auch Wasser mit einem hohen Mineralstoffgehalt trinkst. Die Zusammensetzung kannst du auf den Flaschen erkennen. Zusätzlich kannst du alle Sorten ungesüßten Kräutertee genießen, die du magst. Abends vor dem Schlafen trinkst du eine Tasse Brennnesseltee.

Punkt 2: Genieße morgens und mittags oder am frühen Nachmittag eine Tasse schwarzen Kaffee und verzichte ansonsten auf Kaffee, Säfte oder andere Limonaden.

Punkt 3: Genussmittel wie Alkohol, Chips oder Süßigkeiten fallen weg. Auch Fast Food oder Pizza sollten dem Speiseplan fernbleiben. Verwende keine fertigen Dressings, Soßen oder Würzmittel. Iss wenig Salz und viele frische Kräuter.

Punkt 4: Befreie deine Ernährung von weißem Mehl und Zucker und allen Lebensmitteln, in denen Zucker verarbeitet wurde.

Punkt 5: Gewöhne dich an drei Mahlzeiten pro Tag. Kauf hochwertige Produkte, wenn möglich aus Bio-Anbau, ein und verzichte auf Produkte aus Massentierhaltung. Morgens kann zum Beispiel eine von meinen wellenMUTIGEN Frühstücksvarianten auf dem Programm stehen (siehe Anhang). Mittags dürfen der Fettanteil und die Menge nicht zu groß sein, damit der Körper nicht aufgrund der Verdauungstätigkeit in eine Müdigkeitsattacke verfällt: Salate, eine kleine Portion Pasta mit Tomatensoße, etwas Obst oder Naturjoghurt wären gut geeignet. Abends konzentrierst du deine Nahrungsmittelauswahl auf gute Proteine, hochwertige Fette und etwas Gemüse.

Zur Auswahl stehen Gerichte, die folgende Komponenten enthalten können:
- Eier
- hochwertige Fleisch- und Wurstwaren, kein fettes Fleisch
- Fisch und Meeresfrüchte
- Salat und viele Gemüsesorten der Saison
- ausgewählte Obstsorten der Saison im begrenzten Maß
- Hülsenfrüchte
- Gemüsesuppen
- Nüsse und Kerne
- Sojaprodukte (keine fertigen Gerichte)
- begrenzt: einige Käseprodukte, etwas Naturjoghurt und Quark
- Sprossen
- pflanzliche Öle, Mandeln, Nüsse, Oliven, Avocado

Für Veganer oder Vegetarier sollte abends pflanzliches Protein auf dem Programm stehen. Solltest du dich bisher nicht vegan ernährt haben, kann es eine sehr hilfreiche Erfahrung sein, zumindest einen Tag pro Woche auf tierische Produkte zu verzichten.

Punkt 6: Verwende gute Fette und kalt gepresste Öle: Arganöl, Distelöl, Hanföl, Kokosöl, Kürbiskernöl, Leinöl, Olivenöl, Traubenkernöl, Walnussöl, Sesamöl, Erdnussöl und eine kleine Handvoll Mandeln pro Tag.

Punkt 7: Genieße jede Mahlzeit achtsam und in Ruhe und bleibe nur beim Essen. Reserviere dir Zeit fürs Essen. Achte auf ausreichend Schlaf und wenn möglich auf einen geregelten Schlafrhythmus

Punkt 8: Absolviere den Trainingsplan (du findest ihn im Anhang) regelmäßig. Wenn du schon einen eigenen Plan hast, kannst du natürlich auch gerne bei deinem Sportprogramm bleiben.

Punkt 9: Entwickle ein gesundes Bauchgefühl für Heißhunger, Hunger, Sättigung, Gier, Lust beziehungsweise Appetit oder Völlegefühl. Oft haben wir das gesunde Hungergefühl verlernt und essen entweder zu spät oder zu früh etwas. »Satt« bedeutet nicht »vollgestopft«. Wer satt ist, fühlt sich wohl und warm um die Bauchgegend herum und nicht unangenehm gefüllt und unbeweglich. Fühle in dich hinein und finde heraus, was und in welcher Menge du essen möchtest, bevor du Speisen auswählst, und lass nicht den gierigen Papageien entscheiden, was und wie viel du isst.

Punkt 10: Finde heraus, welchen Stellenwert und welche Funktion Essen und Bewegung in deinem Leben haben. Was ist Essen für dich? Nahrungsaufnahme, Genuss, Zwang, ein Freund, ein Feind, Kompensation? Wie ist deine Beziehung zu Bewegung und Fitness? Vermeidest du Anstrengung am liebsten, findest du Ausreden oder bewegst du dich gerne? Kannst du spüren, wie sich dein Wohlbefinden durch sportliche Aktivität ändert?

Zweiter Lebensbereich: Zufriedenheit im Beruf

Wir schenken unserer beruflichen Aufgabe einen großen Teil unserer Lebenszeit. Beinhaltet innere Führung nicht auch, dir deinen Beruf so erfüllend wie möglich zu gestalten? Zunächst einmal macht es Sinn, dich selbst zu hinterfragen, wie du aktuell zu deinem Beruf stehst, wie du dich damit fühlst und was er für dich bedeutet.

Beantworte dazu die anschließenden Fragen ehrlich und ganz in Ruhe. Am besten machst du dir Notizen in dein Buch dazu.

- Suche ich einen Arbeitsplatz oder eine Aufgabe?
- Warum übe ich meinen Beruf aus?
- Was ist beruflicher Erfolg für mich? Wie wichtig ist mir Erfolg im Beruf?
- Worauf bin ich stolz?
- Was strebe ich in meinem Leben in beruflicher Hinsicht an? Was ist mir dort wichtig?
- Steht mein Einsatz im Verhältnis zu dem, was dabei herauskommt?
- Setze ich die richtigen Prioritäten in Bezug auf meine beruflichen Ziele?
- Was stimmt mich zufrieden? Was liebe ich an meinem Beruf?
- Was stimmt mich unzufrieden? Kann ich etwas tun, um diese Themen aufzulösen?
- Macht mir der Beruf grundsätzlich Freude oder fühle ich immer wieder, dass ich eigentlich hier nicht hingehöre und es Zeit für eine Veränderung wird?
- Was sind meine größten Stärken? Kann ich meine Stärken einsetzen?
- Was sind Schwächen? Behindern sie mich? Kann/möchte ich daran etwas ändern und wenn ja, was?
- Habe ich das Gefühl, etwas Sinnvolles zu tun? Worin liegt dieser Sinn?
- Gibt es äußere Faktoren, die mich belasten (Entfernung, Arbeitsgebiet, Arbeitsplatzsituation, Arbeitszeiten, Gehalt) und könnte ich daran etwas ändern?
- Welche giftigen mentalen Zustände erzeuge ich häufig während oder nach meiner Arbeitszeit (Ungeduld, Sorge, Hass, Wut, Angst, Missgunst, Verurteilung, Ärger, Neid)? Kann ich berufliche Themen auch einmal loslassen?
- Wenn Zeit und Geld keine Rolle spielen würden, würde ich dann diese Aufgabe auch tun oder etwas ganz anderes?

Nachfolgend findest du typische Stressoren im Beruf, die sich langfristig sehr belastend auf die berufliche Zufriedenheit auswirken können. Mir ist in der Begleitung von Klienten immer wieder aufgefallen, dass bei einer beruflichen Überlastung mehrere dieser Stressoren zusammenkamen. Kreuze an, was auf dich zutrifft.

Berufliche Stressoren:
- ❏ übermäßige Kontrolle
- ❏ Überforderung, Unsicherheit
- ❏ mangelnde Unterstützung
- ❏ starker Verantwortungsdruck
- ❏ unklare Aufgabenverteilung
- ❏ Konkurrenzdruck
- ❏ soziale Konflikte, Mobbing
- ❏ mangelnde Anerkennung
- ❏ mangelnder Entscheidungsspielraum oder Handlungsspielraum
- ❏ zu hohe Eigenansprüche, Perfektionismus
- ❏ fehlende Entwicklungsmöglichkeiten
- ❏ zu hohes Arbeitsaufkommen, keine Zeit für Pausen
- ❏ fehlende Sinnhaftigkeit des Tuns, kein Gesamtüberblick
- ❏ finanzielle Unzufriedenheit oder Sorgen
- ❏ Harmoniesucht
- ❏ übertriebene Härte sich selbst gegenüber, keine Schwäche zeigen können

Übung 19: Berufliche Zufriedenheit schaffen und Stress reduzieren

Welche Erkenntnisse hast du durch meine Fragen gewonnen? Konntest du Stressoren finden? Welchen Einfluss hast du auf sie? Welche wellenMUTIGEN Werkzeuge, die du bisher kennengelernt hast, könnten dir helfen, Stress abzubauen? Auch hier ist gegenwärtige Präsenz der wesentliche Einflussfaktor, der Stress reduziert. Kein äußerer Auslöser kann Stressempfinden extern auslösen. Stress entsteht in uns selbst, indem unser Papagei die Dimensionen

Zeit und Bewertung hinzufügt. In der Gegenwart kann kein Stress überleben. Definiere drei berufliche Ziele für die nächsten vier Wochen nach den SPEZI-Kriterien und überlege dir, was dir dabei helfen kann, sie zu erreichen. Im Fokus sollten die Reduzierung von Stress und die Förderung beruflicher Zufriedenheit stehen. Nutz vor allem deine innere Stimme und die Verbindung zu deinem inneren Ziel. Baue Kontakt zu deinen Gefühlen auf, lasse sie zu und frage dich, ob die Gedanken, die du dir machst, das Ziel fördern.

20

Übung 20: Reinen Tisch machen!

Welche Entscheidung möchtest du treffen, die du schon lange vor dir herschiebst? Vor welchen Aufgaben beziehungsweise Themen flüchtest du immer wieder? Welches Gespräch wäre längst notwendig, um Dampf abzulassen? Stelle dich in den nächsten vier Wochen bestmöglich allen Entscheidungen und Aufgaben, die dein Schweinehund bisher erfolgreich verdrängt hat. Es ist wahnsinnig erleichternd, wenn der Haufen auf deinem Schreibtisch oder das schlechte Gewissen in deinem Kopf kleiner wird. Jetzt ist Platz dafür. Wenn du am Ende der vier Wochen einen großen Fortschritt erzielt hast, belohne dich mit etwas Besonderem.

> Wer wellenMUTIG ist, sammelt keinen inneren oder äußeren Ballast an, sondern sorgt für Belastungsfreiheit.

Dritter Lebensbereich: Erfüllende Beziehungen

Der dritte Lebensbereich, der für deine Selbstbalance eine wesentliche Rolle spielt, sind deine Beziehungen. Täglich kommen wir mit anderen Menschen in Kontakt. Kein Mensch kann ohne andere Menschen überleben. Das wertvollste Geschenk, das in der Bindung zu anderen Menschen steckt, ist die Chance, dass wir uns immer weiter über uns selbst bewusst werden. Das wesentliche Ziel zwischenmenschlicher Beziehungen liegt in gemeinsamen Erfahrungen und Entwicklungen, nicht im dauerhaften Glück. Streben wir dieses Ziel an und verbinden es mit der Absicht der echten Liebe, entsteht Glück von ganz allein.

Es entsteht ein einmaliger Raum, den wir nirgendwo anders finden können. Jede zwischenmenschliche Erfahrung ist ein Spiegel für uns selbst. Wir erfahren, wer wir sein wollen und wer wir nicht sein wollen, welche versteckten wunden Punkte wir in uns tragen, wo unsere alltäglichen Übungsfelder liegen, welche Ängste in uns verankert sind, wie wir unsere Rollen verstehen und was wir in einer Beziehung schaffen und ausdrücken wollen. Du kannst dich nur selbst erfahren durch das, was du nicht bist. Unser Ego bewertet Menschen und Verhaltensweisen mit gut oder schlecht, richtig oder falsch. Dein Sein weiß, das alles so ist, wie es ist, und sich unterscheiden muss, damit der Mensch sich erkennt. Schätz deshalb alle Begegnungen wert, weil sie wichtige Trainer und Lehrer deiner eigenen Bewusstheit sind. Jede schmerzhafte oder komplizierte zwischenmenschliche Erfahrung, die dich an deine Grenzen bringt oder sogar darüber hinausgeht, kann dein inneres Wachstum besonders beschleunigen, wenn du die Lernaufgabe annimmst und dir die richtige Frage dazu stellst:

»Was sagt das über mich aus? Wo bin ich noch nicht achtsam genug? Was kann ich tun, damit es sich bessert?«

Und nicht: »Was hat der andere falsch gemacht?«

Wie erfüllend deine wichtigsten Beziehungen sein können, hängt besonders davon ab, mit welcher Grundeinstellung du sie eingehst und welche Verbindung du aufbauen möchtest. Suchst du eine Beziehung, um ausschließlich das Wellenmeer zu erleben und den Vorstellungen deines Papageien von Partnerschaft, Freundschaft oder Elternschaft nachzugehen, oder möchtest du Tiefe und innere Verbundenheit erleben?

Sehr häufig sind menschliche Beziehungen eine Gemeinschaft der Papageien und spiegeln die Resultate der vier Geisteskrankheiten wieder:

- Das Streben nach Glück durch den Partner gefolgt von Frust, Enttäuschung, Unzufriedenheit, Streit, Vorwürfen, Missgunst, Nutzenorientierung (»Wie kann ich den anderen für mich benutzen?«), oberflächlicher Kommunikation und wenig echtem Interesse für den anderen.
- Das Gefühl von mangelnder Anerkennung, Machtkämpfe, Gefühle investieren, anstatt sie zu verschenken, hohe Erwartungshaltungen, Abwertung, Unehrlichkeit, Verletzung, Betrug, Missbrauch, Selbstdarstellung
- Verlustängste, Unterdrückung, Eifersucht, Abhängigkeit, Misstrauen
- Streben nach neuer Beschäftigung, Aktivitäten, Input oder Langeweile

All das kannst du auflösen, indem du die Bindung die Lebendigkeit der Tiefe erfahren lässt und ein emotionales Risiko der Intimität und aufrichtigen, wertschätzenden Kommunikation eingehst. Ansonsten gestaltest du mit Menschen vielleicht eine Zeit lang ein wunderschönes Schaufenster, aber dahinter ist es modrig und leer und niemand ist zu Hause.

Es wird dir viel Kraft schenken, dich in die Nähe von Menschen zu begeben, die dein Streben verstehen und die vielleicht schon dort sind, wo du hinkommen möchtest, anstatt dich immer wieder vor denen zu rechtfertigen, die deine Tiefe nicht teilen.

Es gibt nichts Wertvolleres als eine Freundschaft oder intime Beziehung, die durchlässig für das Licht des Selbstgewahrseins und das höchste Gefühl ist: Liebe!

Es gibt kein Wort, das in Beziehungen häufiger missbraucht oder fehlgedeutet wird als das Wort Liebe. Den Unterschied zwischen dem, was dein Ego unter Liebe versteht, und dem Seinsgefühl hast du ja schon kennengelernt.

Was bedeutet das jetzt konkret für die Gestaltung deiner Beziehungen? Liebe bedeutet nicht, dass du dem anderen keine Grenzen setzen darfst und ständig gestattest, was sie oder er will. Zum Schutze für dich und die andere Person ist ein Nein mit hoher Qualität und Klarheit manchmal genauso notwendig wie ein aufrichtiges Feedback oder das Ansprechen von Störgefühlen. Du übernimmst dadurch viel mehr Verantwortung für die Beziehung und für alles, was innerhalb dieser Verbindung entsteht, als wenn du alles unter den Teppich kehrst. Manchmal kann auch das Beenden einer Beziehung ein Akt der Liebe und Fürsorge sein.

Welche Erfahrungen hast du in Beziehungen bisher selbst gemacht? Was ist die Voraussetzung für eine erfüllende Partnerschaft? Eine erfüllende Liebesbeziehung braucht ein paar Tugenden, damit sie gelingen kann. Wie du weißt, gehören Bindung und Freiheit aus dem Verständnis der Tiefe des Wellenmeeres untrennbar zusammen. Wenn das geschieht, kann dort etwas ganz Besonderes wachsen, das erhaben über die Höhen und Tiefen des Alltags ist.

Tugenden für erwachte Liebesbeziehungen
Die Basis für alles ist, dass beide Dimensionen des Menschseins miteinander erlebt werden. Genießt und gestaltet die Oberfläche, setzt euch zusammen Ziele und entwickelt gemeinsame Interessen. Teilt aber auch das Sein, anstatt euch im Lärm des Wellenmeeres zu verlieren. Ihr braucht nicht ein schönes Erlebnis nach dem anderen, sondern Qualität im Erleben. Schweigt miteinander und fühlt euch ohne Worte. Wenn ihr etwas über euer wahres Wesen erfahren möchtet und den anderen auf der Seelenebene berühren wollt, ist Stille der einzige Weg dorthin. Löst euch von dem Irrtum, dass sie langweilig oder leer ist. Wie du weißt, ist sie der Raum des höchsten Potenzials. Lasst diesen Raum auch in eure Sexualität einfließen und ergänzt körperliche Lust und Befriedigung durch die Tiefe der Seinsgefühle. Plötzlich werdet ihr feststellen, dass selbst nach Jahren das körperliche Miteinander Freude bereitet und lebendig ist. Ihr teilt etwas miteinander, was euch keine Affäre der Welt geben kann, und werdet auch schwierige

Phasen miteinander durchstehen. Hört euch wirklich zu, anstatt nur hinzuhören und derweil mit euren eigenen Gedanken und Urteilen beschäftigt zu sein. Andernfalls habt ihr eine Beziehung zu eurem Papageien, aber nicht zu eurem Partner. Seid das leere Gefäß, das sich mit dem füllt, was den anderen beschäftigt und bedeutsam für ihn ist. Unterstützt euch darin, das Beste in euch zum Ausdruck bringen zu können.

Vertrauen anstatt Kontrolle und Naivität
In eurem alltäglichen Miteinander werdet ihr immer wieder Situationen erleben, die sich durch Nichtwissen auszeichnen. Unser Papagei reagiert auf diese Unsicherheit wie du weißt gerne mit Misstrauen und Kontrolle. Kontrolle zerstört Vertrauen und verhindert Freiheit. Naivität hingegen erscheint zwar unwissend und unschuldig, ist aber oft ein Nicht-wahrhaben-Wollen der Wahrheit – also Flucht. Beides sind Feinde des Vertrauens. Vertrauen beinhaltet den Aspekt des Sich-Anvertrauens und der eigenen Vertrauenswürdigkeit. Vertrauen löst Distanz auf und schafft eine lebendige Verbundenheit.

Vergebung anstatt Hartherzigkeit und Intoleranz
Wer vergeben kann, ist nicht nachtragend und kann sich von der Vergangenheit befreien. Ihr könnt akzeptieren, wie es war, und damit abschließen, ohne eure Wahrnehmung des anderen immer wieder mit Gedanken oder Emotionen aus dem vergangenen Erleben einzufärben. Macht euch eins bewusst: Nur wenn es in eurer Beziehung Vergebung gibt, kann es auch Wahrheit geben. Jeder Mensch, der spürt, dass seine Aufrichtigkeit böse bestraft wird, wird sich in einer neuen Situation höchstwahrscheinlich dagegen entscheiden. Gesteht euch Fehler und Unzulänglichkeiten zu. Betrachtet das Große und Ganze und seziert nicht jede einzelne Welle auf der Oberfläche.

Die eigene Fülle entdecken, anstatt zu erwarten, dass der andere dich glücklich machen muss
Niemand kann diesem Anspruch gerecht werden. Selbst wenn es in der ersten Phase der Verliebtheit so erscheint, kommt jede Liebesbeziehung in eine nächste Phase, die diese Vorstellung wieder zerstört. Unsere Verliebtheit galt einem Idealbild, das sich dein Papagei vom anderen gemacht hat. Verwechseln wir diese Illusion mit der Wahrheit, werden wir sehr enttäuscht sein und uns wieder trennen in der Fehlannahme, dass der andere sich zum Negativen verändert hat. Leider werden wir dann die gleiche Erfahrung immer und immer wieder machen mit neuen Partnern. Ist die Verliebtheit vorbei, sind wir enttäuscht. Die Wahrheit ist, dass sie oder er immer schon so war, doch deine Vorstellung das alles ausgeblendet hat.

Liebe löst sich von einer Vorstellung und ist frei für das, was aus der Tiefe entsteht. Wenn du in dir selbst keine Tiefe erfährst und dich nur durch deinen Marktwert definierst, wird dir das deine Liebesbeziehung immer widerspiegeln. Frage dich bei einem Mangelgefühl immer wieder: »Welchen Aspekt meiner Fülle lebe ich noch nicht?« Löse dich davon, es deinem Partner vorzuwerfen. Keine Rolle der Welt, kein Mensch kann dich erfüllen. Je mehr eine Rolle zu deinem Ersatz-Ich wird, desto schneller wirst du leiden. Selbst deine Funktion als Mutter oder Vater ist nicht dazu da, um an diese Rolle anzuhaften und dich ausschließlich dadurch zu definieren. Kinder sind Gäste und erhalten das Geschenk der Liebe. Elternschaft ist ein sehr intensives Erfahrungsfeld, aber keine Rettung für Leere in dir selbst oder in deiner Liebesbeziehung.

Seid offen für die Welt des anderen, anstatt euch in euren Vorstellungen festzubeißen
Löse dich von der starren Vorstellung, Recht haben zu müssen. Aus der Betrachtung des Wellenmeeres sind unsere Überzeugungen Geschichten unserer Papageien, aus denen er seine Identität bezieht – nicht mehr und nicht weniger. Fragt euch immer wieder neu, ob ihr eure Geschichte retten wollt oder ob ihr an einer erfüllenden Beziehung interessiert seid. Was ver-

gibst du dir, wenn du den anderen Standpunkt einfach respektierst und den ersten Schritt zur Versöhnung machst?

Entscheidet euch, aus dem höchsten Gefühl heraus zu agieren, anstatt in der Schmerzwolke Bindungen zu zerstören und den anderen zu verletzen
Es ist Übungssache, dich im Streit nicht zu verlieren, und erfordert Achtsamkeit und innere Stärke. Du hast auf deiner wellenMUTIGEN Reise jetzt alles an die Hand bekommen, was du dafür brauchst. Der Rest ist Training. Zynismus und Boshaftigkeit sind einfacher als Liebe und kein Zeichen von Stärke. Große Wellen können euch stärken und zusammenschweißen, wenn ihr nicht sofort alles über Bord werft und die ganze Beziehung infrage stellt. Arbeitet gemeinsam an den Themen, die im Raum stehen, und respektiert die Gefühle und Bedürfnisse des anderen. Leider sind Beziehungen auf der Oberfläche in unserer Gesellschaft sehr schnell austauschbar geworden. Wenn du heute eine Beziehung beendest, kannst du morgen schon mit dem nächsten Date aus dem Internet schmusend beim Italiener sitzen. Doch ist das wirklich erfüllend?

Offene Kommunikation anstatt Distanz
Sprecht über eure Gefühle, Wünsche und Bedürfnisse und versucht nicht, sie zu verbergen. Sucht das Gespräch, wenn euch etwas beschäftigt, und versucht, dem anderen in Ruhe zu vermitteln, was in euch vorgeht. Auch wenn dein Papagei lieber beleidigt reagiert – springe über deinen Schatten und öffne dich schonungslos. Oft sind es Missverständnisse, die sich zu großen Streitigkeiten entwickeln. Wie kann der andere dich lieben, wie du wirklich bist, wenn er gar nicht weiß, wer das ist, weil du nicht zeigst, wer du wirklich bist?

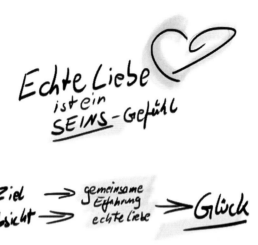

Übung 21: Deine Beziehungen (er)füllen

Was ging in dir vor, als du den letzten Abschnitt gelesen hast? Nimm dir einen Zettel und einen Stift und schreibe die wichtigsten Beziehungen auf, die du zunächst in das Zentrum deiner Aufmerksamkeit stellen möchtest. Wähl dir die Punkte heraus, in denen du dich entwickeln möchtest. Was wirst du in den nächsten Wochen tun? Womit fängst du gleich heute an?

Diese Übung ist ganz besonders hilfreich: Wenn du beobachtest, dass dein Papagei sich zurückgestellt, ungeliebt oder benachteiligt fühlt, begib dich aus der Opferposition hinaus und verschenke Liebe. Schenke dem anderen genau das, was du jetzt gerade nicht bekommst. Vorsicht: Ich meine ein Geschenk und nicht ein Invest, das du mit emotionalen Zinsen (Erwartungen) belegst und vergütet haben willst. Frag dich in Streitsituationen: »Was würde die innere Königin oder der König jetzt tun?«

Vierter Lebensbereich: Persönlicher Freiraum

Selbstbalance erfordert, dass du in der Lage bist, dir Zeit für dich selbst zu nehmen. Wenn ich mit Menschen in Berührung komme, die ein Ungleichgewicht in ihrem Leben spüren, dann ist ein wesentlicher Aspekt der, dass sie sich zu wenig Freiraum für sich selbst und ihre Bedürfnisse schaffen. Das Gefühl, im Alltag allen möglichen Aufgaben und Rollen gerecht werden zu müssen, bestimmt den Tagesablauf und am Ende ist vom Tag zu wenig Zeit übrig. Der Kopf ist voll, der Körper angespannt und nach einer kurzen Zeit der Berieselung durch das Fernsehen ist es Zeit für die Nachtruhe, denn am nächsten Morgen klingelt ja schon wieder früh der Wecker und das ganze Spiel beginnt von vorne. Am Wochenende ist der Tag mit Besuchen und Erledigungen durchgetaktet, wie viele meiner Klienten es gerne ausdrücken, oder es wird Büroarbeit nachgeholt, die während der ganzen Termine innerhalb der Woche liegen geblieben ist.

Genauso wie die Beziehung zu einer anderen Person nur durch gemeinsame Zeit gepflegt werden kann, kann auch deine persönliche Balance nur dann gegeben sein, wenn du freie Zeit mit dir allein hast, um mit dir in eine Beziehung zu gehen. Persönlicher Freiraum stärkt deine Fähigkeit der internen Referenz. Das bedeutet, dass du selbst fühlen kannst, was gut für dich ist, was dir wichtig ist und was du möchtest. Fehlt diese Fähigkeit, kann es passieren, dass du abhängig von der äußeren Referenz anderer Menschen wirst, leicht zu verunsichern bist, keine Entscheidungen treffen kannst und du dich wie ein Fähnchen im Winde drehst. Dabei geht es nicht um endlose Stunden, sondern um ein regelmäßiges, freies Zeitfenster von hoher Qualität, das du bewusst für dich einplanst. Dein persönlicher Freiraum beginnt zunächst damit, dass du deine Bedürfnisse, Werte und Interessen hinterfragst. So kannst du dich auf der Oberfläche des Meeres zielgerichtet bewegen.

Hier sind vier wesentliche Fragen, die dir Richtung geben. Nutze deine innere Stimme, um sie zu beantworten:

- Was ist mir in meinem Leben wirklich wichtig? Welche Werte verkörpern das, was mir wichtig ist?
- Spiegelt mein Denken und Handeln meine Werte wider?
- Welche Bedürfnisse beziehungsweise Interessen stelle ich immer wieder hinten an, obwohl sie wesentlich zu meiner Zufriedenheit beitragen?
- Was werde ich tun oder loslassen, um diese Bedürfnisse/Interessen zukünftig zu integrieren?

Freiraum ist die Grundvoraussetzung, damit das, was du im letzten halben Jahr für dich an Achtsamkeit und Selbstgewahrsein erschließen konntest, sich nicht wieder in den Fluten des Meeres auflöst. Natürlich ist es wichtig,

dass auch nach dieser Wellenreise die formlose Tiefe Teil deines Alltags ist und du diese Fähigkeiten dort weiter einsetzt und weiterentwickelst. Doch reicht das nicht aus, um frei und erfüllt in deiner Selbstbalance zu sein. Jeder Mensch braucht die Möglichkeit, irgendwann am Tag innerlich in Herz und Geist nach Hause zu kommen, loszulassen und sich voller Ruhe und Freude innere Aufmerksamkeit zu schenken. Stille ist dein inneres Zuhause. Wie du weißt, sind Seinsgefühle und das Kernselbstwertgefühl Dreh- und Angelpunkt von innerer Freiheit und Erfüllung. Diese kannst du nur durch innere Einkehr erfahren. Kannst du schon inmitten deiner Alltagswellen entspannt einfach nur dasitzen und Tiefe fühlen? Oder reißen sie dich noch hin und her und du weißt nicht, wohin mit dem ganzen Druck?

Stimmst du mir zu, dass dieser wahnsinnig produktive innere Frieden für jeden Menschen wesentlich ist und genauso seinen Platz braucht wie Essen, Trinken, Zähneputzen, Schlafen und eine warme Dusche? Ebenso wie es bei der sportlichen Aktivität nicht darum geht, ob, sondern nur darum, wann du sie ausführst, ist die innere Einkehr und das Alleinsein Zeichen von natürlicher Selbstfürsorge. Wir tun damit nicht nur uns etwas Gutes, sondern allen anderen Menschen um uns herum auch. Du brauchst eine Möglichkeit, täglich deinen Geist zu trainieren, neue Energie zu sammeln und dein Gemüt zu befreien. Es ist unrealistisch, alle Übungen aus diesem Buch dauerhaft durchzuführen. Doch gibt es etwas, worin du alle Übungen einfließen lassen kannst und immer wieder nach innen tauchen kannst.

Tauchen lernen: Meditation ist der Weg in die Tiefe

Das Wort Meditation lässt sich von dem lateinischen Wort »meditari« (deutsch: nachsinnen) ableiten. Durch Achtsamkeit und Konzentration soll sich der Geist beruhigen und sammeln. Es ist der lebendigste ruhigste Zustand, denn Körper und Geist sind dabei hellwach. Rund um das Thema Meditation gibt es viele Vorurteile, Missverständnisse und Fehlannahmen. Meditation ist weder das Sahnehäubchen auf dem Cappuccino, das nur einige Menschen benötigen, noch ist es nur manchen Menschen gut möglich, zu meditieren. Sie ist keine Entspannungstechnik und auch keine Alltagsflucht. Ruhe ist nur ein Element der Meditation, die wesentlichen Ziele sind Klarblick, Einsicht und Nähren des Geistes.

In vielen östlichen Kulturen gilt Meditation als die zentrale bewusstseinserweiternde und vollkommen natürliche tägliche Übung. Angestrebt ist die Erfahrung von Seinszuständen: Stille, Leere, Raum, Energie, Freude, Aufmerksamkeitslenkung, Loslassen, Einssein, Gegenwärtigkeit, Gedankenfreiheit, Beobachten, ohne zu bewerten, Klarheit, Gewahrsein, tiefe Entspannung, Vergebung oder bedingungslose Liebe. Es gibt viele Meditationstechniken und Entwicklungsstufen. Neben den traditionellen Meditationstechniken werden viele von fernöstlichen Lehren inspirierte und an westliche Bedürfnisse angepasste Meditationsformen angeboten.

Rein auf die äußere Form bezogen, unterscheidet man die passive Meditation (im Stillen sitzend) und die aktive Meditation, die körperliche Bewegung (zum Beispiel Putzen, Gartenarbeit, Gehen oder Bogenschießen) und achtsames Handeln einschließt.

Ich möchte dir gerne das Tauchen beibringen und dich mit der Atemmeditation vertraut machen. Die Atemmeditation ist eine der bekanntesten passiven Meditationsformen aus den traditionellen buddhistischen Kontemplationsschulen. Basis der Übung im aufrechten Sitzen ist die vollkommene Achtsamkeit auf Körper, Geist und Emotionen, ohne an ihnen zu haften. Ziel ist innere Befreiung und Heilung durch die Nicht-Anhaftung an das Ego. Schon vier Tage pro Woche zwanzigminütiges meditatives Training genügen, um kognitive Fähigkeiten wie Aufmerksamkeit, Lernen, Gedächtnis und Konzentration deutlich zu verbessern, und führen zu erkennbaren Veränderungen im Gehirn.

Welche positiven Wirkungen von Meditation sind allgemein zu erkennen?

Körperlich	Geistig	Emotional
Senkung von Blutdruck und Cholesterinspiegel	Junghalten des Gehirns	Verbesserung des Selbstwertgefühls (Kernwert), Selbstakzeptanz
Senkung des Stresshormonspiegels, körperliches Wohlbefinden, gesteigerte Energie	innerer Frieden, Ruhe, Gleichgewicht, Konzentration	Lebensfreude, positive Stimmung, verbesserter Kontakt zu Gefühlen
Körperbeherrschung	Kreativität	Verminderung von Angstgefühlen
Leistungssteigerung im Sport	Besserung bei Schlafstörungen, erholsamerer Schlaf	Regulierung negativer Emotionen, Ausweitung und Integration positiver Gefühlszustände
Verringerung von chronischen Schmerzen	Reduzierung der Ausdünnung der Großhirnrinde	Minderung von Depressionen
Reduzierung von Migräneattacken	geistige Klarheit und Wachheit	Loslassen der unheilsamen Wurzeln (Anhaftung und Ablehnung) und Förderung von Gleichmut und Gelassenheit
Aktivierung der Selbstheilungskräfte	verbesserte Selbstreflexion und Merkfähigkeit	Entwicklung von Liebesfähigkeit, Mitgefühl

Es ist eine sehr gute Entscheidung, mit Meditation zu beginnen. Egal, in welcher Lebenssituation du bist – es wird immer ein Gewinn sein. Deine bisherige Reise hat dich optimal vorbereitet und dir den Einstieg erleichtert. Viele Basiselemente der Meditation sind in den wellenMUTIGEN Übungen schon enthalten. Jetzt geht es um Vertiefung, wenn du wirklich tauchen lernen willst. Die Meditation ist ein Weg, der dich dahin führen kann, hinter der gegenständlichen Wirklichkeit der Form, in der du lebst, die absolute Wahrheit zu sehen und damit die Dinge so, wie sie wirklich sind.

Dauerhafte Übung 22: Atemmeditation

Die Übung 1 kannst du jetzt durch Atemmeditation ersetzen. Üb dreißig Minuten täglich morgens oder vor dem Zubettgehen. Stelle dir dafür wieder einen Wecker. Ich meditiere beispielsweise täglich vor meiner Arbeit von fünf Uhr bis sechs Uhr und mache kurz vor dem Zubettgehen noch einmal eine kurze innere Einkehr von zehn Minuten.

Haltung
Setz dich aufrecht (zum Beispiel auf ein Meditationskissen) an einen ruhigen Ort und trage bequeme Kleidung. Lehne dich wenn möglich nicht an. Die Beine sind gebeugt und gekreuzt (wenn du auf einem Meditationskissen sitzt. Auf einem Stuhl kannst du die Beine in Höhe der Fußknöchel kreuzen.) Der Brustraum ist offen und frei. Zwischen Ellenbogen und Körper ist etwas Raum. Deine Hände ruhen vier Fingerbreit unter dem Nabel auf dem Schoß. Die linke Hand ruht in der rechten Hand und die Handflächen weisen nach oben. Ziehe das Kinn ganz sanft Richtung Hals, damit der Nacken sich strecken kann.

Hinwendung zum Meditationsobjekt *
Schließ deine Augen, das hilft, deine Aufmerksamkeit nach innen zu richten. Richte die Aufmerksamkeit entspannt auf deine Atmung. Beobachte den Atemfluss, ohne ihn aktiv zu kontrollieren. Stell dir vor, dass ein langes Atemrohr vom Schädel bis unter den Bauchnabel verläuft, durch das die Luft hinein- und wieder herausfließt.

Etikettieren **
Es ist natürlich, dass zu Beginn die Aufmerksamkeit deines Papageien wegdriftet und du ihm folgst. Dein Papagei wird zunächst mit großer Unruhe und Widerständen reagieren. Vielleicht bist du auch erschrocken, wie viel innere Unruhe da ist und wie wenig du deine Aufmerksamkeit führen kannst. Kehre entspannt immer wieder zum Atem zurück. Deine Gedanken dürfen kommen und gehen. Du brauchst dich nicht mit ihnen zu identifizieren.

Ablenkungen während der Meditation können sein:
- Gedanken
- Emotionen und körperliche Empfindungen
- Sinneswahrnehmungen

Wenn du bemerkst, dass du diesen Ablenkungen nachgehst, dann benenne (etikettiere) die Ablenkung kurz und kehre dann wieder zur Atmung zurück. Zu Beginn wirst du viele Etiketten verteilen, doch nach und nach wird dein Geist zur Ruhe kommen. Das Geheimnis liegt darin, die Ablenkung zu erkennen und dich davon zu lösen, ohne dich zu ärgern. Übe diesen Atemfokus immer wieder und bleibe geduldig, ohne eine Erwartungshaltung zu haben. Resultat-Orientierung ist der Feind einer guten Meditation. Manchmal können Hilfsmittel *** eine gute Unterstützung sein.

Die meditativen Vertiefungen
Kann dein Geist längere Zeit auf ein Meditationsobjekt konzentriert (einspitzig – auf einen Punkt ausgerichtet) bleiben, dann eröffnen sich dir die meditativen Vertiefungen. Wann du diese Vertiefungen erfahren wirst, kann ich dir nicht genau sagen. Es hängt vom Training und deinem Bewusstseinszustand ab. Manche Menschen erreichen sehr schnell die erste Vertiefungsebene, andere nach vielen Wochen oder Monaten und wieder andere nie, weil sie nicht genug Geduld haben. Jeder kann dort hinkommen, denn es ist nur eine Frage der Konzentration. Ich kann dir nur versprechen, dass die Schwierigkeiten des Anfangs nur die Wehen der eigentlichen Meditationserfahrung sind. Bei mir dauerte es vier Monate, bis ich die

erste Vertiefungsstufe erreicht hatte, und ein wesentlicher Auslöser dafür war, dass ich meine Trainingszeit von dreißig Minuten morgens auf sechzig Minuten verlängerte. Ich werde dieses intensive Glücksgefühl, das den ganzen Körper in Wellen durchlief und mir eine Gänsehaut verpasste, nie vergessen. Es war das schönste Gefühl, das ich je erlebt habe.

Im Buddhismus werden acht meditative Vertiefungen (Jhanas) genannt: vier feinkörperliche Vertiefungen. Das sind Erfahrungen, die uns bereits von unserem weltlichen Sinneserleben bekannt sind und sich ähnlich anfühlen: entzückendes körperliches Wohlbefinden, Freude, Zufriedenheit, Frieden. Vier formlose Vertiefungen. Diese haben keine Verwandtschaft mit weltlichem Erleben: Raumunendlichkeit, Bewusstseinsunendlichkeit, Leere, Stille (weder Wahrnehmung noch Nichtwahrnehmung).

Durch die Vertiefungen kommst du automatisch zu der Einsicht, dass alle deine Bedürfnisse aus dir selbst heraus gestillt werden können. Die tiefen Seinsgefühle führen zu Erfüllung und Freiheit. Und zwar nicht nur während der Meditation, sondern auch im Alltag.

Da ich dir in diesem Buch zunächst den Einstieg in die Meditation zeigen möchte, werde ich die Vertiefungen oder weitere Meditationsformen nicht weiter ausführen. Zu viel Wissen kann der Erfahrung im Weg stehen. Bleibe zunächst bei der Basistechnik und übe sie täglich. Im Anhang findest du noch eine weitere Meditationstechnik, die du der Basistechnik hinzufügen kannst. Nach den vier Wochen kannst du diese Techniken gerne einige Monate beinbehalten und zunächst vielleicht die Dauer verlängern. Wenn du tiefer einsteigen möchtest, kann eine Lehrerin beziehungsweise ein Lehrer oder ein Seminar oder ein Kurs weiterhelfen.

* Was ist ein Meditationsobjekt?
Ein Meditationsobjekt ist etwas vor unserem geistigen Auge, auf das der Geist mit Konzentration während der Meditation gerichtet bleibt.

Der Atem ist dazu besonders gut geeignet, denn wir haben ihn bis zum Lebensende dabei. Er verbindet uns alle, ist neutral, beeinflusst direkt den Geist (Bauchatmung aktiviert das Entspannungszentrum im Gehirn), ist gegenwärtig und fließt vollkommen natürlich. Geübte können sich dem Meditationsobjekt so hingeben, dass sie eins mit dem Atem werden und nur noch der Atem da ist.

** Etikettieren: Wie gehe ich mit Ablenkungen während der Meditation um?
Jedes Etikett, das du einer Wahrnehmung verpasst, macht dich zum Beobachter des Erlebten und verhindert die Identifikation mit Denken, Fühlen und Wahrnehmen.

Etiketten können zum Beispiel sein: Drama, Zukunft, Vergangenheit, Planen, Hoffen, Ärger, Freude, Erinnerung, Ablenkung, Unsinn, Fantasie, Ängste et cetera. Jedes Etikett ist ein Hinweis darauf, wo die Aufmerksamkeit hingeht, und hilft dir, etwas über dich zu erfahren. In der Meditation kehrst du nach dem Etikettieren wieder zur Achtsamkeit auf den Atem zurück. Meditation öffnet die Seele und Verschüttetes kommt nach oben. Es ist möglich, dass nach einiger Zeit intensive Gefühle nach oben kommen. Auch hier gilt: Versuche, das Gefühl wahrzunehmen, ohne dich damit zu identifizieren, benenne es und erkenne seine vergängliche Natur.

*** Hilfsmittel für die Atmung
Hilfsmittel können zu Beginn helfen, den Geist zu beschäftigen und schneller in die Konzentration zu kommen. Hier einige Beispiele. Bleibe bei einer Variante und wechsel nicht hin und her, denn das bringt wieder Unruhe in die Meditation.

Den Atem zählen
1 (einatmen), 1 (ausatmen),
2 (einatmen), 2 (ausatmen),
und so weiter bis 10, dann wieder von vorne.

Ein festgelegtes Mantra nutzen: Mit der Atembewegung kannst du ein Wort sprechen, zum Beispiel:
Frie (einatmen), den (ausatmen),
Ru (einatmen, he (ausatmen).

Ein inneres Bild nutzen: Mit der Atembewegung visualisierst du ein inneres Bild, zum Beispiel:
eine kommende Welle (einatmen),
eine gehende Welle (ausatmen).

Den Windhauch an der Nasenspitze spüren: Mit der Atembewegung nimmst du den Windhauch wahr, der an der Nasenspitze durch das Ein- und Ausatmen entsteht. Du richtest die Aufmerksamkeit auf diesen Punkt. Wer wellenmutig ist, ist einflussreich, denn er lässt sich nicht mehr impulsartig von Sinnesreizen zu Reaktionen verleiten.

Hindernisse in der Meditation
Natürlich gefällt es deinem Ego nicht, wenn du mit der Meditation beginnst. Wie du weißt, ist die Gegenwart für den Papageien störend und er versucht, ihr ständig zu entkommen. Dein Selbstgewahrsein entmachtet deinen Papageien und natürlich kämpft er um seinen Posten in der Chefetage. Es ist vielleicht ähnlich wie mit einem völlig unerzogenen Hund, der plötzlich bei Fuß gehen soll. Sein Verhalten könnte dir folgende Hindernisse in den Weg stellen:

Unruhe: Er folgt nicht und will nicht auf deine Kommandos hören.
Begierde nach anderen Reizen: Die Hundedame auf der anderen Straßenseite ist viel attraktiver.
Bequemlichkeit: Er hat keine Lust und möchte lieber schlafen oder fressen.
Ärger: Er zwickt und wehrt sich.
Skepsis: Er bellt und ist verwirrt, weil er nicht weiß, was du von ihm willst.

Dein Ego wird eventuell mit den gleichen Hindernissen reagieren. Erkenne und überwinde sie.

Das erwachte Paar besinnt sich
Klaus und Sigrid sind ein Paar von Anfang fünfzig und sind schon seit dreißig Jahren verheiratet. Sie haben beide aktuell große Schwierigkeiten damit, dass ihr Sohn aus dem Haus geht und zweihundert Kilometer vom Heimatort entfernt mit einem Studium beginnt.
Insbesondere Sigrid kann nicht loslassen und ist immer gereizter, trauriger und ungehaltener, je näher der Tag des Auszuges kommt. Sie steigert sich seit einigen Wochen in Ängste hinein und überschüttet ihren Sohn mit guten Ratschlägen und Nähe. Sie leidet nachts unter heftigen Schwitzattacken und weint tagsüber oft. Ihr Sohn Max ist ein absolutes Wunschkind. Drei Jahre haben sie für eine Schwangerschaft gekämpft mit allen Mitteln der Medizin, da es lange nicht klappen wollte. Sigrid hat mit der Geburt ihres einzigen Sohnes Max aufgehört zu arbeiten, weil sie voll und ganz für ihn da sein wollte. Nun bricht eine Welt für sie zusammen und eine bedrohliche Leere kommt manchmal in ihr hoch, wenn sie an die Zeit ohne Max denkt.
Klaus geht anders mit der Situation um. Er raucht viel, geht lange arbeiten, kommt nach Hause und spricht einfach nicht mehr. Er will mit dem Thema in Ruhe gelassen werden und verschwindet nach dem Abendessen entweder vor den Fernseher, zum Sport oder in sein Homeoffice. Die Ehe ist voller Spannung, jegliche Kommunikation bleibt aus und die Unzufriedenheit und Distanz zwischen den beiden wird immer größer.
Sigrid erleidet einen psychischen Zusammenbruch und kommt kurzzeitig ins Krankenhaus. Das ist der Anlass für beide, sich Hilfe zu holen.
Ihr Wunsch ist es, konstruktiv mit Max Auszug umgehen zu können und die neue Lebensphase als Chance sehen zu können, wieder andere Prioritäten zu setzen und die Partnerschaft zu beleben.
In der Anamnese wird deutlich, dass beide nicht mit unangenehmen Gefühlen umgehen können. Sigrid neigt zur Dramatisierung und Klaus verdrängt alles und lenkt sich ab. Er flüchtet vor seinen Gefühlen. Des Weiteren fällt ihnen auf, dass der Lebensbereich Beziehung in den Jahren, die sich um Max drehten, immer weiter in den Hintergrund getreten ist und nun brach liegt. Sigrid hat außer der Mutterrolle nicht wirklich eine erfüllende Aufgabe und leidet unter einem schwachen Selbstwertgefühl. Sie hat auch nie wirklich

etwas für sich getan und hat sich immer dadurch definiert, für ihre Familie da zu sein.

Für beide geht es im ersten Schritt darum, herauszufinden, welche aktuellen Bedürfnisse und Werte jedem wichtig sind, und sich wertschätzend darüber auszutauschen. Achtsamkeit ist die erste Fähigkeit, die beide entwickeln, um Bewusstheit über die eigene Software, die Geisteskrankheiten des Papageien, ihre eigenen Reaktionsmuster zu bekommen. Wir stellen dann das Entwickeln einer erwachten Liebesbeziehung in den Vordergrund und Schritt für Schritt integrieren beide die einzelnen Aspekte. Ihr wesentliches Augenmerk lenken sie auf die Tugend der offenen Kommunikation. Liebe als das höchste Gefühl.

Für Sigrid bildet der Zugang zum Kernselbstwertgefühl ein wesentliches Fundament für eine Neuorientierung.

Für den Zugang zu tiefen Emotionen und der Tiefe in der Liebesbeziehung beginnen sie mit der Atemmeditation, die für beide zunächst sehr ungewohnt ist. Besonders Klaus belächelt diese Herangehensweise zunächst und ist skeptisch. Doch nach wenigen Wochen ist er selbst überrascht und stellt fest, dass sich etwas in ihm ändert. Für ihn fühlt es sich so an, als ob er plötzlich ein Sensibelchen geworden ist. Es gelingt ihm nicht mehr, seine Gefühle zu verdrängen, und alles, was sich dort über die Jahre angesammelt hat, kommt Schritt für Schritt nach oben. Er lernt, diese Gefühle zu betrachten, zu fühlen, zu achten und ihre Vergänglichkeit zu erkennen. Verdrängen ist nicht notwendig, Zulassen ist der direktere Weg zur Befreiung – das ist seine Erkenntnis. Klaus wird erst bewusst, wie viel Ärger er auf der Arbeit und seiner Frau gegenüber empfunden hat, als dieser weniger wird.

Auch Sigrid hat mit der Meditation zunächst ihre Schwierigkeiten. Sie ist zwar Feuer und Flamme dafür, hat aber viel zu hohe Erwartungen und setzt sich extrem unter Druck, dort schnell vorwärtszukommen. Sie fürchtet auch hier, wieder nicht gut genug zu sein. Wir stellen die Meditation zunächst wieder zurück und rücken vier Wochen das Kernselbstwertgefühl und die Arbeit mit positiven Affirmationen in den Vordergrund.

Sechs Wochen später beginnt sie erneut mit der Meditation und ist verwandelt. Das Resultatsdenken hat abgenommen und sie kann sich voller Freude entspannt auf das Training einlassen. Sigrid kann durch die Morgenmeditation ihre Dramaanfälle und Panikattacken innerhalb von drei Monaten deutlich reduzieren. Ebenso gelingt es ihr häufig, ihr destruktives Gedankenmuster in Bezug auf Max zu unterbrechen und das Grübeln zu lassen.
Durch die Meditation kommt ihr die Erkenntnis, dass sie eine Aufgabe braucht, in der sie ihre Talente ausdrücken kann. Sie beginnt damit, Gedichte zu schreiben. Schon früher hatte sie ein Talent für Sprache. Doch ihre Eltern hatten sie zu einer Banklehre angehalten und als folgsame Tochter hatte sie sich dem gefügt. Sie erkennt jetzt erst, dass der erlernte Beruf niemals etwas war, was ihr Freude bereitete. Die Rolle als Mutter war auch eine Flucht vor der beruflichen Unzufriedenheit. Sie hat sich damit nie beschäftigt.
Die Gedichte verschenkt sie im Bekanntenkreis und schon bald fertigt sie weitere auf Bestellung an. Durch die neue Aufgabe und die regelmäßige Meditation entdeckt sie unabhängige Freude und Zufriedenheit in sich. Sie gewinnt die Zuversicht, dass diese innere Fülle die Leere, die Max hinterlässt, füllen kann. Die Schwitzattacken sind ganz verschwunden. Nach sechs Monaten des Coachings steht Max Auszug vor der Tür. Beide können jetzt dem Schmerz begegnen, ihn zulassen und fühlen. Gleichzeitig können sie Max loslassen und mit guten Wünschen begleiten, ohne Erwartungen an ihn zu stellen oder ihn mit Sorgen zu überhäufen.
Beide wollen das Meditieren beibehalten und besuchen sogar einmal im Jahr ein Schweigeretreat in einem Kloster, um noch besseren Kontakt nach innen zu finden. Klaus hätte nie gedacht, dass seine berufliche Leistungsfähigkeit so enorm davon profitieren würde. Er kommuniziert überzeugender, spürt auch in hohen Belastungsphasen innere Ruhe, kann sich über Stunden sehr gut konzentrieren und setzt beruflich andere Prioritäten. Er spürt nicht mehr den Impuls, sich mit jedem anzulegen, der nicht nach seiner Vorstellung handelt.
Mittwochs fährt er am frühen Nachmittag nach Hause und geht mit Sigrid in die Sauna oder spazieren. Abends kochen sie zusammen. Früher war Klaus dafür zu ungeduldig. Für gutes Essen war er immer zu haben, aber kochen

nervte ihn. Nun bringt er Ruhe mit und kann das Zubereiten der Speisen mit Freude erleben. Auch seine Geschwindigkeit, mit der er Nahrung zu sich nimmt, spiegelt im Gegensatz zu früher Selbstbalance wider. Er raucht bedeutend weniger, obwohl er dieses Ziel gar nicht vor Augen hatte. Irgendwie gibt ihm die Zigarette nichts mehr und er spielt schon mit dem Gedanken, ganz aufzuhören. Spannend findet Sigrid, dass sich auch ihr Freundeskreis ausgedünnt hat. Sie wählen die Treffen sorgsamer aus und treffen sich mit Menschen, die ähnliche Werte teilen und in die gleiche Richtung schauen. Qualität geht auch hier vor Quantität. Klaus sagt, dass die Meditation das Dominosteinchen gewesen ist, das mit Leichtigkeit sehr viele andere Steine mit in Bewegung gesetzt hat.

Meditation und Liebe

Liebe und Meditation gehören zusammen. Durch regelmäßige Meditation entwickelst du die Liebesfähigkeit deines Herzens. Es geht dabei nicht um die persönliche, sondern um die unpersönliche Liebe. Du liebst das, was ist, nicht das, was dir gehört. Die landläufige Meinung ist, dass wahre Liebe nur für ganz bestimmte liebenswerte Personen, also den Richtigen oder die Richtige, reserviert ist. Doch wahre Liebe ist kein Zufall. Wahre Liebe ist eine Stärke und Qualität, die wir gezielt trainieren können. Sie ermöglicht uns, das Herz zu öffnen und aus einer unendlichen Weite und Weisheit sprechen oder wirken zu können – egal, wer da ist. Diese Kraft ist durch reines Denken nicht zu erreichen. Wahre Liebe bringt Denken und Fühlen in Harmonie.

Die zweite Basis-Meditation im Anhang eignet sich besonders für die Entwicklung der Liebesfähigkeit. Doch auch ganz allgemein ist Meditation ohne Hingabe nicht möglich. Abneigung, Erwartungen oder Ungeduld behindern dich und du wirst von ganz allein lernen, Schritt für Schritt loszulassen.

Wer wellenMUTIG ist, stellt immer wieder Balance zwischen den vier zentralen Lebensbereichen her und erkennt Meditation als Weg zu sich selbst.

5.
Dein Reiseziel erreichen

5.1 WellenMUT ist Lebendigkeit

Jetzt hast du dich sechs Monate auf die innere Reise begeben und verschiedene Stationen des Selbstgewahrseins und der inneren Führung durchlaufen. Du hast zwischen Oberfläche und Tiefe deines Menschseins unterscheiden gelernt und eine Verbindung zwischen beiden Dimensionen hergestellt. So wie Tod nicht das Ende vom Leben sein kann, sondern nur eine Veränderung der Form im unendlichen Raum des formlosen Lebens ausdrückt, ist das Ende dieses Buches nicht das Ende deiner Reise.

Wenn du deine Chance zur Selbsterfüllung nutzen willst, dann verändert sich jetzt nur die Form deiner Reise und deine Entwicklung geht weiter. WellenMUT ist kein fester Endzustand, sondern ist Lebendigkeit und steht für Dynamik, Energie, Freude und Bewegung.

Jeder kennt das Sprichwort »Der Weg ist das Ziel«. Dieses Sprichwort steht für die Verbindung zwischen äußeren und inneren Zielen – genau das, was du auf deiner wellenMUTIGEN Reise gelernt hast. Anhaftung am Zielfokus verhindert Lebendigkeit und schafft Enttäuschung und du verpasst alle schönen Gelegenheiten, die entlang des Weges auf dich warten.

Lebendigkeit steht dafür, innerhalb der Wellenbewegungen des Lebens immer wieder seinen inneren Ruhepol zu finden, um sich frei und erfüllt über die gedanklichen Muster des Verstandes zu erheben.

5.2 Seenot überwinden

Niemand ist dagegen gefeit, in Seenot zu geraten und von einer großen Welle erfasst zu werden. Wann immer du in eine Krise gerätst oder ein Sturm dich erfasst, solltest du wissen, dass jeder Mensch bestimmte Phasen innerhalb der Krise durchläuft. Wir können keine Phase auslassen – auch wenn wir uns das häufig einbilden. Wie lange diese Phasen dauern, hängt von der Intensität der Krise ab und von deiner Fähigkeit des Selbstgewahrseins. Ein wellenMUTIGER Meister erlebt keine Krisen mehr, weil er alle Facetten des Lebens als Geschenk sieht und sie annimmt. Doch du musst kein Meister sein, um Krisen erfolgreich zu überwinden. Der Unterschied zwischen einem wellenMUTIGEN und einem unbewusst lebenden Menschen, der in Seenot gerät, ist, dass der wellenMUTIGE Mensch die Krise als eine Herausforderung ansieht, während der unbewusste Mensch sie als eine Bestrafung betrachtet.

An folgenden Stufen der Krise kannst du dich orientieren und meinen wellenMUTIGEN Notfallplan nutzen

	Unbewusste Reaktion	WellenMUTIGES Agieren
Erste Phase: Schock	Flucht, nicht wahrhaben wollen, dagegen kämpfen, Hass, Ablehnung	Akzeptanz, Liebe, das annehmen, was ist
Zweite Phase: Verzweiflung, Chaos, dunkle Schmerzwolke	Dramatisierung, Zusammenbruch, Depression, Verdrängung, Selbstmitleid, Panik, Leid, Schuld suchen	Verantwortung übernehmen, Verletzung, Schmerz und Angst zulassen und ihnen begegnen, Gegenwärtigkeit, Achtsamkeit, Raum, Geduld üben
Dritte Phase: Stabilisierung und Zuversicht	Schnell wieder die alten Gewohnheiten aufnehmen, zur alten Unbewusstheit zurückkehren, sich abhängig machen von Rettern und die Tiefe verlieren, starre Vorstellungen der Lösung entwickeln, Scheinstabilität im Marktwert, Verblendung durch die vier Geisteskrankheiten	Freiraum beibehalten, Selbstgewahrsein, bewusste Reflexion, Offenheit, Humor, dem Lebensfluss vertrauen

Vierte Phase: Neuorientierung	Stagnation in Phase drei, nur scheinbar Neuorientierung, da keine echte innere Reife stattgefunden hat, Reparatur an der Oberfläche	Echte Einsicht und innere Stärke, Mut zu neuen Schritten

5.3 Innere Gesetze für wellenMUTIGEN Erfolg

Damit unsere gemeinsame Reiseroute dir in guter Erinnerung bleibt und du sie leicht in den Alltag integrieren kannst, habe ich daraus wellenMUTIGE Erfolgsgesetze für dich zusammengestellt, die du immer wieder für dich anwenden kannst. Natürlich kannst du sie auch anderen vermitteln. Aber sei vorsichtig und trage sie nur an Menschen heran, die von sich aus neugierig darauf sind.

Erstes wellenMUTIGES Gesetz: Wissen ist nicht Weisheit
Wissen ist Ansammlung von Gedanken. Dein Papagei kann sich möglicherweise vorstellen, einreden und daran glauben, was WellenMUT ist. Doch Weisheit entsteht durch Erkenntnis aufgrund des Erlebens von WellenMUT. Nur dadurch kannst du wissen, wer und was du wirklich bist. Wer erkannt hat, zweifelt nicht. Weisheit macht den Unterschied.

Zweites wellenMUTIGES Gesetz: dein Sein ist unbegrenzt und bedingungsfrei
Du hast Zugriff auf Freiheit, unbegrenztes Potenzial, unendliche Möglichkeiten und einhundert Prozent Selbstwertgefühl. Dazu brauchst du die Verbindung zum gegenwärtigen, formlosen Raum (Tiefe, Stille).

Wie gelingt dir das?
- Achtsamkeit auf Körper, Gedanken, Gefühle, Taten
- Auflösen von destruktiven Überzeugungen und Glaubenssätzen

- Sinnesreize nur wahrnehmen, anstatt sie sofort zu benennen oder zu reagieren
- Offenheit anstatt Verurteilung oder Erwartung
- Atemfokus
- schweigen
- Zeit in der Natur
- Stille und Raum fühlen
- durch Meditation Tiefe spüren lernen
- dich nicht durch deinen Papageien und seine Meinung oder seine Rollen definieren
- eigene Entscheidungen treffen

Drittes wellenMUTIGES Gesetz: Liebe ist die größte Macht, die alles mit Leichtigkeit bewegt
Alles, was durch das höchste Gefühl motiviert ist, führt gleichzeitig zu deinem höchsten Wohl und zum höchsten Wohl von Anderen und führt nicht zu sinnlosem Energieverlust. Alles, was aus echter Liebe entsteht, schafft Verbundenheit und trennt nicht.

Wie gelingt dir das?
- Löse dich von den unheilsamen Wurzeln (Ablehnung/Hass, Anhaftung/Gier).
- Fördere Mitgefühl, Großzügigkeit, Gleichmut und Mitfreude, nur dein Papagei schafft die Illusion der Trennung. Das Sein ist alles und jeder verkörpert eine Facette des Lebens.
- Lerne loszulassen. Die Essenz der Liebe ist Freiheit.
- Teile mit anderen liebevolle Güte, entdecke und fördere ihre liebevollen Seiten.
- Erkenne im Anderen die Unbewusstheit und nicht die Bösartigkeit oder die Minderwertigkeit.
- Fühle einen Menschen, anstatt nur darüber nachzudenken oder zu sprechen, wer er ist. Lerne zu verzeihen.

- Höre auf deine innere Stimme und treffe mutig Entscheidungen, achte deine Bedürfnisse.
- Entwickle deine Liebesfähigkeit in der Meditation, lasse dich ein und öffne dich.
- Tue etwas aus ganzem Herzen oder lasse es.

Viertes wellenMUTIGES Gesetz: Gleichartige Energien ziehen sich an
Es ist unbedeutend, was du willst. Das Universum gibt dir das zurück, was dein Geisteszustand aussendet. Das, was in dir ist, wirst du erfahren. Entscheidend ist immer die Absicht, die dein Handeln motiviert.

Was bedeutet das?
- Schenken erzeugt Wohlstand, gib das, was du bekommen willst.
- Klage nicht über das, was dir fehlt, sondern fühle so, als ob du es schon erhalten hast.
- Jeder Gedanke und jede Aufmerksamkeit erschafft mehr von der gleichartigen Energie. Sei dir dessen bewusst, was du durch Denken, Sprechen, Fühlen, Tun und deine Aufmerksamkeit erschaffst, und lenke es in Richtung dessen, was du erfahren willst.
- Sei dir deiner Absichten (»Welche innere Motivation habe ich?«) bewusst, wenn du etwas tust, und mach dich nicht abhängig von einem Ergebnis. Richte dich innerlich richtig aus und lasse dann los und konzentriere dich auf die Gegenwart, anstatt zu warten, zu hoffen und zu betteln. Du brauchst nichts festzuhalten oder krampfhaft zu suchen, nur die Fülle zu spüren.
- Dankbarkeit vergrößert das, was du wertschätzt.

Fünftes wellenMUTIGES Gesetz: Jeder ist so gemeint, wie er ist
Du brauchst nichts zu suchen, auszugleichen oder aufzubauen, um etwas zu erreichen. Du bist schon etwas, das du nur zum Ausdruck zu bringen brauchst. Du kannst durch dein besonderes, einzigartiges Talent schöpferisch und kreativ tätig sein. Das gelingt dir nur, wenn du durch dich selbst erfährst, was gut für dich ist.

Wie gelingt dir das?
- Richte dein Handeln nach dem höchsten Gefühl aus und fühle den König in dir.
- Such Stille in dir, um deinen Erfahrungsraum zu erweitern.
- Verändere Überzeugungen innerhalb deines Marktwertes, die dich schwächen.
- Stärke dein Kernselbstwertgefühl.
- Strebe nach einem hohen Ziel und gehe den Weg dorthin mit Liebe.
- Entwickle deine Herzensqualität.
- Erkenne deine Stärken und bringe sie schöpferisch und mutig zum Ausdruck.
- Nutze deine innere Stimme und löse dich von äußeren Lebenskonzepten, die dich zwanghaft bestimmen.

Sechstes wellenMUTIGES Gesetz: Freiheit und Erfüllung sind ein Seinszustand und können nur durch Tiefe erreicht werden
Je mehr du das dauerhafte Glück auf der Wellenoberfläche suchst und versuchst, anzuhäufen oder festzuhalten, desto unzufriedener wirst du sein. Tief in dir ist eine Quelle von Glück und Freiheit, die nicht auf eine ideale Lebenssituation angewiesen ist.

Wie gelingt dir das?
- Fördere die heilsamen Wurzeln.
- Vertiefe durch regelmäßige Meditation die Seinsgefühle.
- Genieß Glück durch Sinneskontakte, hafte aber nicht daran an.
- Nutze jeden Konflikt als Wachstum und jeden Menschen als hilfreichen Lehrer.
- Fülle Leere nicht sofort mit etwas oder kompensiere sie, sondern spüre, dass sie Fülle ist.
- Definiere äußere Ziele und lebe dein inneres Ziel.
- Erlebe Unmittelbarkeit und verankere die Qualitäten eines Freigeistes.

Siebtes wellenMUTIGES Gesetz: Ausgewogenheit und Selbstbalance sind der Schlüssel zu nachhaltigem Erfolg
Alle Extreme führen irgendwann zu einem Ungleichgewicht und sind nicht von Dauer. Weder die übermäßige Sinnesbefriedigung noch der Verzicht auf alle äußeren Freuden oder strenge Kontrolle funktionieren auf Dauer. Ohne Freiraum keine Selbsterfüllung.

Wie gelingt dir das?
- Integriere die Selbstbalance in die vier Lebensbereiche und meditiere täglich.
- Beobachte, wo du zu Extremen neigst, und spüre, wie die tatsächliche Auswirkung ist – nicht nur die kurzfristige.
- Konzentriere dich auf Weniges, aber Wesentliches und schenke diesem dann deine ganze Aufmerksamkeit und Freude.
- Folge nicht den extremen Vorstellungen deines Papageien, wenn es um Veränderung geht, sondern fühle in dich hinein und beachte den gesamten Kontext. Frage dich: »Könnte ich mir diese Veränderung auf Dauer vorstellen?«
- Sei dir bewusst, dass Rauschmittel nicht real dein Bewusstsein erweitern, dich nicht wirklich glücklich machen können und dich auch nicht von hemmenden Gedanken und Gefühlen befreien.

5.4 Der mittlere Pfad

»Als der Buddha zu seiner spirituellen Suche aufbrach, führte er ein Leben voller Entbehrungen und strenger Askese. Eines Tages gingen zwei Musiker an dem Baum vorüber, unter dem er meditierend saß. Einer sagte zum anderen: ›Spann die Saiten deiner Sitar nicht zu fest, oder sie werden reißen. Und lass sie nicht zu locker hängen, denn dann kannst du darauf keine Musik machen. Halte dich an den mittleren Weg.‹ Diese Worte trafen den Buddha mit solcher Wucht, dass sie seinen Weg der Spiritualität grundlegend veränderten. Er war überzeugt, dass die Worte für sein Ohr bestimmt waren.

Von diesem Augenblick an gab er alle strengen Grundsätze auf und begann einem Weg zu folgen, der leicht und hell war, den Weg der Mäßigung. Und tatsächlich wird sein Zugang zur Erleuchtung der ›Mittlere Pfad‹ genannt.«

Anthony de Mello (1931–1987), Jesuitenpriester und spiritueller Lehrer

Und nun wünsche ich dir, dass du auf die Weise erwacht bist, die gut und hilfreich für dich und deinen Lebensweg ist. Ich habe mich sehr gefreut, dich ein Stück dieses Weges begleiten zu dürfen, und bedanke mich bei dir von Herzen für deine Zeit und Aufmerksamkeit, die du WellenMUT gewidmet hast. Wenn du die Reise über die sechs Monate noch einmal vertiefen möchtest, kannst du alle Stationen gerne noch einmal wiederholen.

Verinnerliche die wellenMUTIGEN Gesetze und du wirst staunen, was in dir steckt!

Nun ist es an der Zeit, deinen Brief hervorzuholen, den du dir zu Beginn deiner Reise geschrieben hast. Haben sich deine Wünsche erfüllt? ☺

Die wellenMUTIGEN Gesetze in Kurzform

Wissen ist nicht Weisheit: Du bist mehr als Denken – bringe dich ins Erleben, übe dich täglich in Achtsamkeit und löse dich von den vier Geisteskrankheiten des Papageien.

Dein Sein ist unbegrenzt und bedingungsfrei: Meditation und der Kontakt zum formlosen Raum/Stille bringen dich in Kontakt mit deinem unendlichen Potenzial.

Liebe ist die größte Macht, die alles mit Leichtigkeit bewegt: Entwickle deine Liebesfähigkeit und schenke dir und anderen das höchste Gefühl und die damit verbundenen Gefühle: Akzeptanz, Mitgefühl, Freude, Gleichmut.

Gleichartige Energien ziehen sich an: Sei dir bewusst, dass immer das wächst, worauf du deine Energie richtest. Deine Umwelt ist ein Spiegel für das, was in dir ist.

Jeder ist so gemeint, wie er ist: Finde Kontakt zu deinem Kernselbstwertgefühl und deiner inneren Stimme. Nutze diesen Schatz, um in Verbindung mit deinem inneren Ziel mutig das zum Ausdruck zu bringen, was in dir steckt.

Freiheit und Erfüllung sind ein Seinszustand und können nur durch Tiefe erreicht werden: Integriere die Qualitäten eines Freigeistes und löse die Abhängigkeit von Resultaten, Erwartungen und Streben nach dauerhaftem Glück durch äußere Glücksgefühle. Finde Glück und Freiheit unabhängig von äußeren Wellen im Sein.

Ausgewogenheit und Selbstbalance sind die Schlüssel zu nachhaltigem Erfolg: Schenke den vier zentralen Lebensbereichen Aufmerksamkeit und finde deine Balance in der Ausgeglichenheit und Konstanz.

Stell dir vor, du stehst auf einer großen Sanddüne und dein Blick wandert über das endlos weite blaue Meer vor dir. Der Himmel ist klar und blau. Hier und da sind ein paar Wolken zu sehen, die sich sanft vor die Sonne schieben. Du beobachtest, dass das Meer bewegt ist – es steht niemals still, und immer wieder ist die Oberfläche von Wellen und Schaumkronen durchzogen. Dabei gleicht keine Welle der anderen. Eine fließt rhythmisch in die andere, alles ist in ständiger, harmonischer Bewegung. Das unterschwellige, hypnotische Rauschen bringt dich sofort in Verbindung mit deiner Stille. Entspannt und frei stehst du einfach nur da. Deine Tiefe ist dir vertraut. Du bist im Sein versunken und spürst Fülle und Energie in dir. Zeit und Gedanken verschwinden und ein bekanntes Gefühl von Ruhe und Wohlbefinden taucht in dir auf. Du erinnerst dich, dass du dieses Gefühl in Ansätzen zum ersten Mal gespürt hast vor deiner Reise. Damals dachtest du, dass das Meer diesen Zustand in dir auslöste. Da war alles noch etwas anders in dir. Heute weißt du, dass alles in dir ist.

Du blickst auf deine Entwicklung zurück und lächelst.

Wer wellenMUTIG ist, kann den Höhen und Tiefen des Lebens frei und erfüllt begegnen.

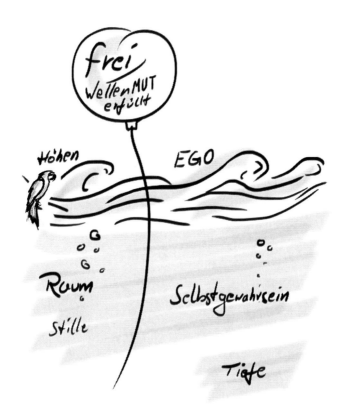

Anhang

Übersicht der wellenMUTIGEN Übungen

Übung 1: Innere Einkehr, Seite 122

Übung 2: Atemfokus, Seite 123

Übung 3: WellenMUTIGER König sein, Seite 137

Übung 4: Wertschätzung von Geschenken, Seite 138

Übung 5: Zwischenraum-Bewusstsein, Seite 145

Übung 6: Naturkontakt, Seite 146

Übung 7: Innehalten, Seite 146

Übung 8: Aus der Fülle handeln, Seite 147

Übung 9: Den Wellengang akzeptieren, Seite 155

Übung 10: Anhaftung loslassen, Seite 158

Übung 11: Anfängergeist reaktivieren, Seite 169

Übung 12: Etwas zu lachen haben, Seite 175

Übung 13: Unmittelbarkeit erleben, Seite 177

Übung 14: Wohlgeformte Ziele definieren, Seite 184

Übung 15: Innere und äußere Ziele synchronisieren, Seite 192

Übung 16: Herzensintelligenz trainieren, Seite 198

Übung 17: Die innere Stimme wahrnehmen, Seite 202

Übung 18: WellenMUT Trainings- und Ernährungsplan, Seite 211

Übung 19: Berufliche Zufriedenheit schaffen und Stress reduzieren, Seite 215

Übung 20: Reinen Tisch machen!, Seite 216

Übung 21: Deine Beziehungen (er)füllen, Seite 223

Dauerhafte Übung 22: Atemmeditation, Seite 229

WellenMUT Trainingsplan

Ausdauer	Kräftigung
Minimalprogramm	
Zweimal pro Woche 45 Minuten Ausdauer bei 70 bis 75 Prozent maximaler Herzfrequenz. Nach dem Training Beinmuskulatur dehnen. Jeden Tag so viel wie möglich bewegen: • Treppen steigen • kleine Distanzen ohne Auto erledigen • ab und zu die Beine vertreten • mit dem Rad zur Arbeit fahren • zu Fuß ins Restaurant gehen • …	Zweimal pro Woche 30 Minuten Kräftigungsübungen, danach 10 Minuten Dehnung und Mobilisation.
Optimalprogramm	
Zweimal pro Woche 60 Minuten Ausdauer bei 70 bis 75 Prozent maximaler Herzfrequenz. Nach dem Training Beinmuskulatur dehnen. Einmal pro Woche 45 bis 60 Minuten zügig bei 80 Prozent Herzfrequenz oder Intervalltraining: Wechsel zwischen niedriger und hoher Intensität (zum Beispiel 5 Minuten 85 Prozent maximale Herzfrequenz, 5 Minuten 70 Prozent maximale Herzfrequenz). Jeden Tag so viel wie möglich bewegen: • Treppen steigen • kleine Distanzen ohne Auto erledigen • ab und zu die Beine vertreten • mit dem Rad zur Arbeit fahren • zu Fuß ins Restaurant gehen • …	Zweimal pro Woche 45 Minuten Kräftigungsübungen, danach 10 Minuten Dehnung und Mobilisation. Einmal pro Woche Pilates oder Yoga. Muskelaktivität in den Alltag integrieren: • Zähneputzen auf Zehenspitzen • bewusst Taschen tragen • aufrecht sitzen ohne Lehne • Hausarbeit oder Gartenarbeit zum Training nutzen • …

WellenMUT Dehnungs- und Mobilisationsübungen

**Jede Übung etwa
30 Sekunden halten**

1. Übung für den **Rücken**

2. Übung für **Beine und Hüfte**

3. Übung für die **Beinrückseite**

4. Übung für **Gesäß und Beine außen**

Übung für den **ganzen Körper** 5

Eine weitere Übung für den **ganzen Körper** 6

Übung für die **Beinvorderseite** 7

Übung für die **Beininnenseite** 8

9 Übung für den **Nacken**

10 Übung für **Schultern und Arme**

Übung für die **Waden** 11

Übung für den **seitlichen Rumpf** 12

Übung für die **Hüfte** 13

WellenMUTIGE Kräftigungsübungen

Übung für den **Rücken**: Arme und Oberkörper hoch und tief heben. Kopf liegt auf dem Handrücken. Dreimal fünfzehn Wiederholungen.

Übung für den **ganzen Körper**: Auf Ellenbogen und Fußspitzen stützen und den Körper in der Luft halten. Dreimal dreißig Sekunden.

Übung für den **seitlichen Rumpf**: Auf Ellenbogen und Füßen abstützen und dreimal dreißig Sekunden halten pro Seite.

Übung für das **Gesäß**: Das Gesäß hoch und tief heben und dabei den Boden nicht berühren. Dreimal fünfzehn Wiederholungen.

Übung für den **Bauch**:
Oberkörper mithilfe der Bauchmuskeln hoch und tief heben. Dreimal fünfzehn Wiederholungen.

Übung für den **Brust und Arme**:
Liegestütz mit Knien auf dem Boden. Dreimal fünfzehn Wiederholungen.

Übung für den **ganzen Körper**:
Das Bein angewinkelt hoch und tief bewegen. Dreimal fünfzehn Wiederholungen pro Bein.

Übung für den **oberen Rücken**: Die Arme auf Schulterhöhe nach hinten zusammenziehen. Dreimal dreißig Sekunden halten.

Übung für die **äußeren Oberschenkel**: Gestrecktes Bein hoch und tief heben. Dreimal fünfzehn Wiederholungen pro Bein.

Übung für die **Beine**: Kniebeugen machen und dabei die Arme nach vorne Strecken. Dreimal fünfzehn Wiederholungen pro Bein.

WellenMUT Frühstücksmüsli

Zutaten für 1 Person

2 EL Haferflocken 2 EL Dinkelflocken 2 TL Haferkleie 1 EL Kokosflocken 2 TL Leinsamen	mit etwas Wasser einweichen und 10 Minuten stehen lassen.
1 Tasse Mandelmilch 2 EL Magerjoghurt 1 EL Magerquark ½ Smoothie	über die Flocken geben und Zutaten miteinander vermengen.
3 EL Obst der Saison klein schneiden (zum Beispiel Erdbeeren, Blaubeeren, Apfel) 1 EL gehackte Mandeln etwas Ahornsirup, Honig oder Orangensaft	miteinander vermengen und über die Quarkmasse verteilen. Nach Belieben garnieren und gekühlt servieren.

WellenMUT Frühstücksidee: Vitalschüssel

Zutaten für 1 Person

1 Orange
1 EL Mohn
1 EL gehackte Walnüsse
1 Kiwi
5 EL Fruchtjoghurt Diät Pfirsich-Maracuja
1 EL Haferkleie
2 EL Haferflocken
etwas Mandelmilch
frische Minze
Honig

Haferflocken, Haferkleie, Joghurt und etwas Milch vermengen.
Orange und Kiwi in feine Filets schneiden. Mit etwas Honig vermengen und über die Haferflocken geben.
Mohn und Mandeln in einer Pfanne anrösten und darüber verteilen. Mit Minze garnieren.

WellenMUT Frühstücksidee: Gemüserührei

Zutaten für 1 Person

1 Ei
2 Eiweiß
2 gehackte Tomaten
1 TL Tomatenmark
2 EL frisches gehacktes Gemüse nach Wahl
etwas Rapsöl
1 EL Mineralwasser
Salz, Pfeffer
1 Prise Koriander
etwas Cayennepfeffer

Gehackte Tomaten und Gemüse in einer Pfanne mit Koriander und Cayennepfeffer und 1 TL Tomatenmark vermengen und etwas anbraten. In einer Schüssel Eier mit Wasser schaumig schlagen und dann in einer anderen Pfanne zu Rührei braten. Mit Salz und Pfeffer würzen und zu dem Gemüse reichen.
Alternativ kannst du auch Lachs oder Garnelen dazu anbraten.

Gutes gegen Stress

Vitamin C: In 15 Minuten Stress verliert der Mensch 300 bis 350 mg Vitamin C. Das schwächt das Immunsystem und bietet eine größere Angriffsfläche. Machen dich mit Paprikaschoten, rohem Sauerkraut, Kartoffeln, Kohlgemüse, Petersilie, Grapefruits, Orangen, Mandarinen und Kiwis stressfest!

Vitamin B1: Das Nerven-Vitamin steckt vor allem in Haferflocken.

Vitamin B2: Es bremst die Stresshormone und ist in Pilzen, Sonnenblumenkernen, Sesamsamen, Lachs, Mandeln, Sojaprodukten, Vollkorngetreide, Eiern, Rindfleisch und Joghurt zu finden.

Vitamin B6: Wer zu wenig Vitamin B6 hat, schläft meist schlecht und hat ebenso schwache Nerven. Da es zwar im Darm in geringen Mengen selbst hergestellt werden kann, aber dabei nicht gespeichert wird, muss es in ausreichenden Mengen über diese Nahrungsmittel zugeführt werden: Avocados, Sojabohnen, Weizenkeime, Walnüsse, Fisch, Bananen, Vollkorngetreide, Spinat, Geflügel.

Magnesium: Das Anti-Stress-Mineral wird bei Stress aus den Körperzellen gedrängt. Das gefährdet Herz und Kreislauf. Deshalb brauchen wir dann dringend Nachschub, zum Beispiel mit der Einnahme folgender Lebensmittel: Naturreis, Kürbiskerne, Bananen, Mandeln, Hülsenfrüchte, gekochter Schinken, Kartoffeln, Tomaten, Vollkorngetreide und Salat.

Kalium: Wir nehmen Kalium mit Brokkoli, Kohlrabi, Sellerie, Äpfeln und Milch auf. Es stärkt die Nerven!

Zink: Ängsten, schlechter Laune und Nervosität wird mit Zink entgegengewirkt. Es ist in Austern, Haferflocken, Linsen, Eigelb, Walnüssen und Vollkorn enthalten.

Kupfer: Durch Bierhefe, Schokolade, Weizenkeime, Pilze und Obst wird unser Körper mit Energie gegen Stress versorgt.

Phosphor: Gibt Antrieb für positives Denken und Fühlen. Phosphor ist in Weizenkeimen, Sojabohnen, Thunfisch, Teigwaren, Obst und Gemüse enthalten.

Happy Food

Gerade wenn es draußen lange dunkel und kühl oder nass ist, schlägt das vielen Menschen aufs Gemüt. Wir können uns auch jetzt schon dabei helfen, uns besser zu fühlen. Du brauchst also nicht zu warten, bis der Frühling anfängt. Über die Ernährung kannst du dein Wohlbefinden gezielt steuern. Wir können heute nachweisen, dass bestimmte Nahrungsmittel positive Auswirkungen auf unseren Glückshormonspiegel (Serotonin) haben. Wir können also gute Laune fördern und depressive Verstimmungen lindern, indem wir unsere Ernährung darauf abstimmen.

Die Glücklichmacher in unserem Essen haben einen Namen: Tryptophan und Serotonin. Dabei handelt es sich um Eiweißbausteine: Aminosäuren. Wissenschaftler haben herausgefunden, dass depressive Menschen häufig einen niedrigen Serotoninspiegel haben. Dieser Mangel des Botenstoffes Serotonin wird mit einer traurigen Grundstimmung in Verbindung gebracht. Eine gesteigerte Produktion des Serotonins kann also glücklich stimmen. Doch Serotonin aus der Nahrung dringt nicht ins Gehirn vor, da es die Blut-Hirn-Schranke nicht passieren kann. Dies gelingt nur der Vorstufe, der Aminosäure Tryptophan. Tryptophanreiche Lebensmittel können helfen, den Serotoninspiegel zu erhöhen und so die Laune und das Wohlbefinden zu verbessern.

Lebensmittel, die den Tryptophan- und Serotoninspiegel erhöhen:
- exotische Früchte wie Ananas und Passionsfrucht
- Nüsse zum Beispiel Cashewkerne und Erdnüsse
- getrocknete Früchte wie zum Beispiel Datteln und Feigen
- Weizenkeime
- Magerquark
- Sojabohnen, Sesam und Sonnenblumenkerne
- einige Käsesorten wie Edamer und Emmentaler
- Tomaten, Steinpilze
- Fisch
- Schokolade (am besten dunkle)
- grüne Bohnen, Kichererbsen

Es gibt mehrere Studien, die sich damit beschäftigen, ob der Verzehr von Fisch Depressionen lindern kann. Interessant ist: Je mehr Fisch verzehrt wird, desto seltener werden in einem Land Depressionen beobachtet. In Ländern wie Japan oder Taiwan gibt es circa sechzig Mal weniger Depressive als in Deutschland. Forscher vermuten, dass die im Fisch enthaltenen Omega-3-Fettsäuren dafür verantwortlich sein könnten. Ähnlich wie einige Antidepressiva können sie in den Gehirnstoffwechsel eingreifen. Ein niedriger Blutspiegel von Omega-3-Fettsäuren führt zu einem Serotoninmangel. Da Fisch auch Vitamin D enthält und dieses Vitamin die Serotoninproduktion im Gehirn fördert, könnte das auch den stimmungsaufhellenden Effekt erklären.

Vitamin-D-reiche Lebensmittel:

- Austern, Fischleber, Fischlebertran, Fettfische (zum Beispiel Hering, Makrele, Lachs, Aal, Sardinen, Thunfisch, Heilbutt, Rotbarsch, Kaviar, weniger in Forelle, Makrele und Dorsch), Muscheln, Austern, Fischöl,
- Milch,
- Champignons,
- Käse,
- Butter.

Zweite Basis-Meditation: Liebende Güte

Diese Meditation trainiert die Liebesfähigkeit deines Herzens und die innere Kraft. Sie führt auch direkt zu einem gestärkten Kernselbstwertgefühl. Indem du dich selbst liebst und mit dir eins bist, fühlst du dich von äußeren Einflüssen auch weniger angegriffen. Ein wohlwollender, freundlicher und friedvoller Umgang mit anderen Menschen wird dir mithilfe dieser Meditation leichtfallen.

Diese Übung nennt man im Buddhismus Metta-Meditation (auf Pali Freundschaft oder Güte). Sie ist eine der ältesten Meditationspraktiken und wird im asiatischen Raum schon Kindern sehr früh beigebracht. Du kannst diese Meditation separat oder in Kombination mit der ersten Meditation machen.

Begib dich in die bekannte Sitzposition und konzentriere dich einzige Zeit auf den Atemfluss.

Stelle dir eine Person vor, die du ganz besonders gern hast (du kannst auch ein Tier nehmen). Fühle die Liebe und Zuneigung in dir und verbinde dich mit diesem Gefühl.

Sende durch dein Herz gute Wünsche und verbinde dich mit dem Herzen dieser Person:
- Mögest du Liebe und Mitgefühl erfahren.
- Mögest du zufrieden und glücklich sein.
- Mögest du dich in Körper und Geist wohlfühlen.

- Möge dein Schmerz sich mindern.
- Mögest du in Frieden leben.

Natürlich kannst du auch andere Wünsche auswählen. Wiederhole die Wünsche und spüre, dass du ganz von diesem Gefühl erfüllt bist.

Wende diese Wünsche jetzt auf dich an:
- Möge ich Liebe und Mitgefühl erfahren.
- Möge ich zufrieden und glücklich sein.
- Möge ich mich in Körper und Geist wohlfühlen.
- Möge mein Schmerz sich mindern.
- Möge ich in Frieden leben.

Versuche, das gleiche Gefühl der Liebe für dich zu empfinden.

Wenn du die nächste Trainingsstufe erreichen möchtest, dann erweitere den Personenkreis:
- deine Familie
- Freunde
- Arbeitskollegen
- Bekannte
- Menschen, die zunächst Abneigung bei dir erzeugen
- alle Menschen, alle Geschöpfe, die Natur

Du wirst sehr überrascht sein, welche Wunder diese Übung in dir bewirkt.

Lesenswertes

Bandler, Richard (2015): Leitfaden zu persönlicher Veränderung. Die Geheimnisse schneller und bleibender Lebensveränderung mit Neurolinguistischem Programmieren. Bookmark NLP, Möhnesee.
Bandler, Richard; Owen Fitzpatrick (2016): Gespräche: Freedom is Everything & Love is all the Rest. Bookmark NLP, Möhnesee.
Berschneider, Werner (2001): Wenn Macht krank macht. Narzissmus in unserer Arbeitswelt. Präsenz, Bad Camberg.
Bodhi, Bhikkhu (2008): In den Worten des Buddha. Beyerlein & Steinschulte, Stammbach.
Branden, Nathaniel (2011): Die 6 Säulen des Selbstwertgefühls. Erfolgreich und zufrieden durch ein starkes Selbst. Piper, München.
Chödrön, Pema (2001): Wenn alles zusammenbricht. Hilfestellung für schwierige Zeiten. Goldmann, München.
Chopich, Erika J. (2009): Aussöhnung mit dem inneren Kind. Ullstein, Berlin.
Chopra, Deepak (2004): Die sieben geistigen Gesetze des Erfolges. Allegria, Berlin.
Chopra, Deepak (2014): Wonach wir wirklich hungern. Mit der Chopra-Methode Erfüllung finden und dauerhaft abnehmen. Gräfe und Unzer Verlag GmbH, München.
Corssen, Jens (2004): Der Selbst-Entwickler. Das Corssen Seminar. Marix, Wiesbaden.
Covey, Stephen (2005): Die 7 Wege zur Effektivität. Prinzipien für persönlichen und beruflichen Erfolg. Gabal, Offenbach am Main.
Eggler, Anitra (2012): E-Mail macht dumm, krank und arm. Digital Therapie für mehr Lebenszeit. Orell Füssli, Zürich.
Einsenhut, Andrea (2013): Ausdauertraining. Grundlagen – Methoden – Trainingssteuerung. BLV Buchverlag, München.
Ennenbach, Matthias (2010): Buddhistische Psychotherapie. Ein Leitfaden für heilsame Veränderungen. Windpferd, Oberstdorf.

Ennenbach, Matthias (2012): Praxisbuch Buddhistische Psychologie. Konkrete Behandlungsmethoden und Anleitung zur Selbsthilfe. Windpferd, Oberstdorf.
Gay, Friedbert (2003): Das persolog® Persönlichkeits-Profil. Persönliche Stärke ist kein Zufall. Gabal, Offenbach am Main.
Geurtz, Jan (2011): Süchtig nach Liebe. Ein Weg zu Selbstakzeptanz und Glück in Beziehungen. Silberschnur, Güllesheim.
Grün, Anselm (2013): Einfach leben. Das große Buch der Spiritualität und Lebenskunst. Herder, Freiburg im Breisgau.
Gyatso, Geshe Kelsang (2014): Wie wir den Geist verstehen. Die Natur und die Kraft unseres Geistes. Tharpa, Berlin.
Heintze, Anne (2015): Seelenpartner. Liebe ohne Limit. Bedingungslose Liebe finden und schenken. Integral, München.
Hohensee, Thomas (2015): Gelassenheit beginnt im Kopf. So entwickeln Sie einen entspannten Lebensstil. Knaur Menssana, München.
Hottenrott, Kuno; Georg Neumann (2010): Methodik des Ausdauertrainings. Hofmann, Schorndorf.
Khema, Ayya (2010): Die Ewigkeit ist jetzt. Frieden finden durch die Lehre des Buddha. Jhana Verlag im Buddha-Haus, Oy-Mittelberg.
Khema, Ayya (2011): Die Kunst des Loslassens. Der Weg der meditativen Vertiefungen. Jhana Verlag im Buddha-Haus, Oy-Mittelberg.
Khema, Ayya (2015): Meditation ohne Geheimnis. Eine Führung ins Innerste. Jhana Verlag im Buddha-Haus, Oy-Mittelberg.
Khema, Ayya (1999): Unsere Umwelt als Spiegel. Der Weg des Buddha zur Selbsterkenntnis, Jhana Verlag im Buddha-Haus, Oy-Mittelberg.
Kinslow, Frank (2011): Suche nichts – finde alles! Wie Ihre tiefste Sehnsucht sich erfüllt. VAK, Kirchzarten.
Klemme, Felix (2016): Natürlich essen. Das ganzheitliche Ernährungskonzept. Knaur Balance, München.
Kornfield, Jack (2008): Das weise Herz. Die universellen Prinzipien buddhistischer Psychologie. Arkana, Göttingen.
Kornfield, Jack (2013): Erleuchtung finden in einer lauten Welt. Buddhas Botschaft für den Westen. Arkana, Göttingen.

Lauren, Mark (2011): Fit ohne Geräte. Trainieren mit dem eigenen Körpergewicht. riva, München.
Lindau, Veit (2014): Liebe Radikal. Wie du deine Beziehungen zum Erblühen bringst. Kailash, München.
Lindau, Veit (2016): SeelenGevögelt. Manifest für das Leben. Goldmann, München.
Maaz, Hans-Joachim (2014): Die narzisstische Gesellschaft. Ein Psychogramm. dtv, München.
Miller, Alice (2012): Das Drama des begabten Kindes und die Suche nach dem wahren Selbst. Suhrkamp, Berlin.
Norbekov, Mirsakarim (2006): Eselsweisheit. Der Schlüssel zum Durchblick oder wie Sie Ihre Brille loswerden. Arkana, Göttingen.
Ott, Ulrich (2015): Meditation für Skeptiker. Ein Neurowissenschaftler erklärt den Weg zum Selbst. Droemer, München.
Prieß, Mirriam (2013): Burnout kommt nicht nur von Stress. Warum wir wirklich ausbrennen – und wie wir zu uns selbst zurückfinden. Südwest, München.
Ricard, Mattieu (2009): Glück. Knaur Menssana, München.
Rinpoche, Tenzin Wangyal (2011): Den feinstofflichen Körper aktivieren. Tibetische Yoga-Übungen für innere Weisheit und Klarheit. Arkana, Göttingen.
Rinpopche, Sogyal (2010): Das tibetische Buch vom Leben und vom Sterben. Ein Schlüssel zum tieferen Verständnis von Leben und Tod. Knaur Menssana, München.
Röhr, Heinz-Peter (2011): Narzissmus. Dem inneren Gefängnis entfliehen. Patmos, Ostfildern.
Röhr, Heinz-Peter (2012): Vom Glück sich selbst zu lieben. Wege aus Angst und Depression. Patmos, Ostfildern.
Schaffer, Ulrich (2010): Handbuch der Mutigen. Verlag Kreuz, Freiburg im Breisgau.
Schaller, Heidrun (2015): Die Paleo-Revolution. Gesund durch Ernährung im Einklang mit unserem genetischen Erbe. books4success, Kulmbach.

Shan, Han (2013): Achtsamkeit. Die höchste Form des Selbstmanagements. Scorpio, München.
Tolle, Eckhart (2003): Stille spricht! Wahres Sein berühren. Arkana, Göttingen.
Tolle, Eckhart (2010): JETZT! Die Kraft der Gegenwart. Kamphausen, Bielefeld.
Tolle, Eckhart (2015): Eine neue Erde. Bewusstseinssprung anstelle von Selbstzerstörung. Arkana, Göttingen.
Treutwein, Norbert (2016): Übersäuerung. Krank ohne Grund. Störungen im Säure-Basen-Haushalt natürlich und wirksam ausgleichen. Südwest, München.
Trungpa, Chögyam (1996): Spirituellen Materialismus durchschneiden. Wie die Selbsttäuschung auf dem geistigen Weg zu erkennen ist. Theseus, Bielefeld.
Trungpa, Chögyam (2000): Erziehung des Herzens. Buddhistisches Geistestraining als Weg zu Liebe und Mitgefühl. Arbor, Freiburg im Breisgau.
Walsch, Neale Donald (2009): Gespräche mit Gott. Vollständige Ausgabe. Arkana, Göttingen.
Wardetzki, Bärbel (2007): Weiblicher Narzissmus. Der Hunger nach Anerkennung. Kösel, München.
Werdetzki, Bärbel (2009): Eitle Liebe. Wie narzisstische Beziehungen scheitern oder gelingen können. Kösel, München.

Encourage

Gracia Thum
Encourage
Mut zu Veränderung
Klarheit – Entscheidungsstärke – Wirksamkeit
1. Auflage 2017

208 Seiten; Broschur; 24,95 Euro
ISBN 978-3-86980-347-0; Art.-Nr.: 999

Mutige Menschen fordern ein, was sie für richtig halten. Sie stehen zu ihrer Meinung. Sie akzeptieren die Möglichkeit des Scheiterns und wagen sich in neue unbekannte Welten. Sie handeln trotz Unsicherheit.

Ist Mut angeboren oder kann man Mut erlernen? Was machen Menschen, die wir mutig nennen, anders? Woher nehmen sie ihre Zuversicht und ihre Stärke?

Antworten darauf liefert das neue Buch von Gracia Thum. Es nimmt Sie mit auf die Reise zu Ihren Emotionen und illustriert, wie Sie mutiges Handeln in Ihrem Alltag erlernen können. In klaren einfachen Schritten lernen Sie, Mut als ENCOURAGE-Kompetenz zu leben. Eine Kompetenz, die Voraussetzung für entschlossenes Handeln und souveräne Entscheidungen ist.

www.BusinessVillage.de

Resilienz

Denis Mourlane
Resilienz
Die unentdeckte Fähigkeit
der wirklich Erfolgreichen
7. Auflage 2015

232 Seiten; Hardcover; 24,80 Euro
ISBN 978-3-86980-249-7; Art.-Nr.: 940

Bestseller, 7. Auflage über 10.000 verkaufte Exemplare

Erfolgreiche Menschen haben eine Eigenschaft, die sie von anderen unterscheidet und doch sofort wahrnehmbar ist: Gelassenheit. Sie meistern schwierige Situationen scheinbar mit Leichtigkeit, persönliche Angriffe prallen an ihnen ab und selbst unter hohem Druck büßen sie ihre Leistungsfähigkeit nicht ein.

Was machen diese Menschen anders? Sie beherrschen die Gelassenheit im Umgang mit sich, mit ihren Mitmenschen und mit den Herausforderungen, die das Leben und ihre tägliche Arbeit für sie bereithalten. Eine Eigenschaft, nach der sich immer mehr Menschen sehnen und die in der heutigen Zeit immer bedeutender wird. Resiliente Menschen verbinden diese Fähigkeit mit einer erstaunlichen Zielorientierung, Konsequenz und Disziplin in ihrem Handeln und erreichen dadurch etwas, was sie von vielen anderen unterscheidet: persönlichen Erfolg UND ein sehr großes Wohlbefinden.

In einer der wahrscheinlich spannendsten Reisen, der Reise zu Ihrem eigenen Leben, bringt Ihnen Dr. Denis Mourlane das Konzept der Resilienz näher und zeigt Ihnen, wie Sie es in Ihren Alltag integrieren.

Buch der Woche im Hamburger Abendblatt am 23./24. März 2013!

www.BusinessVillage.de

Willenskraft

Michael Langheinrich
Willenskraft
Wenn Aufgeben keine Alternative ist
1. Auflage 2016

296 Seiten; Hardcover; 24,80 Euro
ISBN 978-3-86980-341-8; Art.-Nr.: 991

Selbstdisziplin, Entschlossenheit und Durchhaltevermögen sind wohl die hervorstechendsten Eigenschaften von willensstarken Menschen. Scheinbar wie am Schnürchen gleiten sie zum Ziel: Sie widerstehen Verlockungen, überwinden Bequemlichkeit und verkraften selbst herbe Rückschläge.

Doch wie gelingt ihnen diese unerschütterliche Willenskraft? Gerade in der heutigen Zeit, in der eine immer größere Selbstverantwortung und Selbstorganisation der Menschen verlangt wird, ist Willenskraft die entscheidende Fähigkeit, um sich zielkonsequent zu verhalten, über sich selbst hinauszuwachsen und nicht zu früh aufzugeben. Sie ist der Baustein für ein glückliches und erfolgreiches Leben.

Michael Langheinrich nimmt Sie mit auf eine spannende Reise, bringt Ihnen das Konzept der Willenskraft näher und zeigt, wie Sie es in Ihren Alltag integrieren.

Erfolg muss man wollen
»[...] Genauso wie wir uns mit Sport fit halten, sollten wir unsere Willenskraft trainieren. Mit seinem Buch ›Willenskraft. Wenn Aufgeben keine Alternative ist‹ bietet Michael Langheinrich nicht nur einen Einstieg ins Thema. [...] Überzeugend ohne akademische Tiefenbohrung entwickelt Langheinrich Kapitel für Kapitel eine sehr überzeugende Gesamtsicht auf das Thema. [...] Seit etwa zwei Jahren erleben die Begriffe Willenskraft und Disziplin eine gewisse Renaissance in der Ratgeberliteratur. Dieses Buch ist gut durchdacht und leicht lesbar. Die sechs Bausteine des dargestellten Willenskraft-Prinzips kann jeder leicht in der Praxis ausprobieren. [...]« Buch der Woche (Berliner Morgenpost, 38. Woche 2016)

www.BusinessVillage.de

Motivier dich selbst

Nicola Fritze
Motivier dich selbst. Sonst macht's keiner!
50 Impulse, um in Schwung zu kommen
1. Auflage 2016

208 Seiten; Broschur; 14,95 Euro
ISBN 978-3-86980-343-2; Art.-Nr.: 994

Unzufrieden im Job, zu wenig Bewegung, Frust oder Dauerstress? Dann verändere dein Leben! Du weißt, es muss sich was ändern. Nur wo fängst du an? Und wie?

Wenn du weiterhin auf den motivierenden Schubser von außen wartest, kannst du lange warten. »Motivier dich selbst. Sonst macht's keiner!« gibt dir fünfzig Impulse, wie du in kleinen Schritten Veränderungen anstößt und Schwung in dein Leben bringst.

Nicola Fritze, Deutschlands erfolgreiche Motivationsexpertin, zeigt dir, wie du das Steuer selbst in die Hand nimmst, Frustration abschüttelst, das ewige Aufschieben beendest und in deinem Leben durchstartest.

Mit diesem Buch richtest du deinen inneren Kompass neu aus und veränderst dein Denken, Wahrnehmen und Handeln. Du wirst innere Blockaden überwinden, dich von schlechten Angewohnheiten trennen, dein Selbstwertgefühl steigern und mit Gelassenheit und Freude der Mensch sein, der du sein willst.

www.BusinessVillage.de